Shere Hite, Kate Colleran

Keinen Mann um jeden Preis

SERIE PIPER

Zu diesem Buch

Immer mehr Frauen entscheiden sich, alleine zu leben. Shere Hite hat in zahlreichen Interviews herausgefunden, daß die meisten Single-Frauen sich wohlfühlen, oft sogar besser leben, befreit von ehelichen Pflichten und männlicher Bevormundung. Der Mythos vom »weiblichen Masochismus«, so die Autorinnen, hat ausgedient. Frauen lieben, aber nicht um jeden Preis! »Keinen Mann um jeden Preis« ist die Essenz des dritten Hite-Reports »Frauen und Liebe«. Am Beispiel zahlreicher Berichte und Kommentare von Frauen, über ihre Situation und ihr Lebensgefühl, beschreiben Shere Hite und Kate Colleran, was derzeit in der Liebe so oft schiefläuft und warum.

Shere Hite, geboren 1942 in einer Kleinstadt in Missouri/USA. Studium der Geschichte. Viele Jahre in der Frauenbewegung aktiv. Ab 1976 Veröffentlichung der »Hite-Reports« über weibliche und männliche Sexualität. Lehrte an Universitäten in Florida und New York. Sie lebt heute, verheiratet mit einem deutschen Pianisten, in Köln.
Kate Colleran, geboren 1959 in New York. Studium der Anglistik in England. Tätig als Publizistin und am Theater. Lebt in New York.

Shere Hite, Kate Colleran

Keinen Mann um jeden Preis

Aus dem Amerikanischen von
ILS und Margaret Minker

Piper München Zürich

Bearbeitung: Margaret Minker

Ungekürzte Taschenbuchausgabe
Piper Verlag GmbH, München
1. Auflage März 1992
4. Auflage Februar 1999
© 1989 Shere Hite und Kate Colleran
Titel der englischen Originalausgabe:
»Good Guys, Bad Guys and Other Lovers«,
Pandora Press, London 1989
© der deutschsprachigen Ausgabe:
1989 Falken Verlag GmbH, Niedernhausen/Taunus
Umschlag: Büro Hamburg
Simone Leitenberger, Susanne Schmitt, Andrea Lühr
Umschlagfoto: Michael Dannemann
Gesamtherstellung: Clausen & Bosse, Leck
Printed in Germany ISBN 3-492-21226-3

Inhalt

Bleiben oder gehen?

Die guten Seiten

Sich als Single wohl fühlen (auch wenn die ganze Welt kopfsteht)

Die Liebe zwischen Mann und Frau in den neunziger Jahren: Den Gefühlsvertrag ändern

Wenn Frauen ihre Beziehungen zu Männern beschreiben, gibt es bestimmte Grundmuster von Gefühlen und Geschehnissen, die immer wieder vorkommen. Die Gefühle kennen wir alle, aber die Muster wurden noch nie präzise umrissen – zumindest nicht aus der Sicht der Frauen.

Wir stellen hier einige der verwirrendsten Situationen dar, die Frauen in Partnerschaften beschrieben haben – und eine neue Interpretation dessen, was dahinterstecken könnte. Wie oft haben Sie schon erlebt, daß Frauen Geschichten wie die folgenden erzählen:

> »Ich versuche, ihn offener zu machen. Ich möchte über unsere Beziehung sprechen, über unsere Gefühle und die Probleme, die wir damit haben, eine Situation zu beschreiben oder Kompromisse zu finden. Er ist wenig gesprächig, so daß ich immer den Anfang machen und alles aus ihm rausholen muß. Meistens leiste ich den Löwenanteil bei der Lösung der Probleme. Wenn er es schwierig findet, sich auszudrücken, zieht er sich einfach zurück. Ohne Kommunikation, wie sollen wir denn da irgend etwas auf die Reihe kriegen?
> Ich liebe ihn, und ich weiß, daß er mich liebt. Ich bitte ihn immer, mir alles zu sagen. Er erzählt mir nie, wenn er niedergeschlagen oder deprimiert ist. Er sagt, er wolle andere mit seinen Problemen nicht belästigen. Ich hätte es riesig gerne, wenn wir alles miteinander teilen würden.«

Eine junge Frau erinnert sich an eine frühe Partnerschaft, in der sie sich ängstlich und unsicher fühlte, aber nie genau wußte, weshalb eigentlich:

> »Als ich fünfzehn war, lernte ich Charly kennen. Es war Liebe auf den ersten Blick. Unser erstes Rendezvous wurde von un-

seren Freunden arrangiert. Er kam an einem Nachmittag im Sommer zu uns herüber, als meine Eltern nicht zu Hause waren. Wir sanken uns sofort in die Arme und schliefen miteinander. Wir sprachen überhaupt nichts. Danach stand er auf und steckte seinen Kopf in eine Schüssel mit Eiswasser. Ich fühlte mich wie nach einer Initiation, in ein Geheimnis eingeweiht. Und ich hatte das Gefühl, daß ich meine Sache gar nicht so schlecht gemacht hatte. Je länger aber unsere Beziehung dauerte, desto ängstlicher wurde ich. Ich wußte nie, was er fühlte, oder ob ich alles ›richtig‹ machte oder nicht. Manchmal hatte ich das Gefühl, wenn ich es schaffte, ihn dazu zu bringen, mich zu lieben, wären vielleicht alle meine Bedürfnisse erfüllt. Ich lebte in einem Zustand der Verunsicherung. Ich glaubte, daß ich mich niemals entspannen oder mein Aussehen vernachlässigen dürfe, sonst würde er mich verlassen. Ich versuchte, die perfekte Freundin zu werden – ein sexy aussehendes Spielzeug, das Mädchen an seiner Seite, seine Bewunderin. Die wenigen Male, wo ich einmal mein wirkliches Ich zu zeigen wagte, erhielt ich eine solche Abfuhr, wie ich sie schlimmer nicht hätte erwarten können. Ich rannte nur noch in einem konfusen Panikzustand herum.«

Eine andere Frau, etwas älter, geschieden, beschreibt sehr treffend ihre Gefühle für den Mann, mit dem sie eine Beziehung hat:

»Letztes Wochenende haben wir uns getroffen. Wir sind Boot gefahren, haben im Geschäft um die Ecke eingekauft und waren um zehn bei ihm zu Hause. Er wollte uns das Abendessen machen. Er griff nach mir und küßte mich. Ich stand im Dunkeln am Fenster und beobachtete ein Gewitter, als er hinter mir auftauchte und seine Arme um mich legte, mich zärtlich streichelte, mich einige Male um und um drehte. Später, als wir gemeinsam das Abendessen kochten, legte er wieder die Arme um mich und begann nun, mich ernsthaft zu küssen und zu streicheln. Wir waren beide sehr erregt. Das Abendessen ließen wir stehen und schliefen miteinander. Danach aßen wir unser Essen und gingen ins Bett...

Am nächsten Morgen fragte ich ihn, ob er das Ganze bedauere, und er sagte nein. Wir saßen etwa eine Stunde beim Frühstückskaffee beisammen, bevor ich ging. Als ich weg mußte, küßte er mich wieder. Es war Sonntag morgen, und jetzt ist es schon Donnerstag abend. Ich weiß nicht, ob er sich vielleicht jetzt sagt, daß er es mit mir nicht schafft... oder daß er mich will, aber Angst vor der Beziehung hat. Ich fühle mich nun weniger offen und weniger einbezogen.«

Muster, die Sie zur Genüge kennen

Was haben diese Frauen gemeinsam? Sie sagen, daß sie gern bessere Beziehungen zu den Männern hätten, die sie lieben, daß dies aber schwierig sei. Sie sind es müde, immer diejenigen sein zu müssen, die die gesamte Beziehungsarbeit leisten. Die meisten Frauen berichten, sie gäben den Männern mehr an Gefühl und Zuwendung, als sie wiederbekommen. Ist das ein Einzelproblem? Warum geht das vielen Frauen so? Und warum ist dieses Problem so schwer lösbar?

Emotionale Zurückhaltung

Eines der größten Beziehungsprobleme, die Frauen beschreiben, ist ein Verhalten seitens der Männer, das wir emotionale Zurückhaltung, Vorenthalten von Emotionen, nennen. Bei diesem Verhaltensmuster ist die Person zwar nicht offen aggressiv, richtet aber zwischen sich und ihrer Umwelt eine Mauer auf, die andere auf Distanz hält. Männer benutzen diese emotionale Zurückhaltung Frauen gegenüber häufig, um in ihrer Beziehung das Heft in der Hand zu behalten. Und das funktioniert so: Nach der anfänglichen »Jagdphase«, in der der Mann sich sehr interessiert und aufmerksam gibt, wird er in seinem Verhalten ambivalent und läßt die Frau ständig raten, wie er sich denn wohl gerade fühlt. Auf diese Weise und bevor sie sich's versieht, verbringt sie jede Menge Zeit damit, herauszubekommen, was eigentlich los ist, warum sich alles ändert, warum die Beziehung so instabil zu sein scheint. Sie fängt dann an, ihm mehr und mehr zu Gefallen zu tun, und versucht dadurch, die frühere Liebe wieder herzustellen – oder doch wenigstens das Gefühl, begehrt zu werden. Das ist der reinste Machtkampf, obwohl viele Männer noch nicht einmal merken, daß sie ihn führen.

»Warum redet er bloß nicht mit mir?«

Wie oft haben Sie sich schon gefragt oder haben gehört, wie eine Ihrer Freundinnen sich fragte: »Warum redet er eigentlich nicht mit mir? Interessiert ihn denn nicht, was ich denke? Und wenn nicht, warum ist er dann eigentlich mit mir zusammen und erzählt mir, daß er mich liebt?«

Dieser Rückzug ins Schweigen wird häufig als »Mangel an Kommunikation« bezeichnet. Das ist jedoch viel zu ungenau: Tatsächlich sieht es in aller Regel so aus, daß *die Frau* ständig versucht, ihn offener zu machen und ihn dazu zu bewegen, daß er mit ihr redet. Es ist also keine gegenseitige Angelegenheit. Frauen beteuern immer wieder, daß sie sehr wohl ihre Gefühle mitteilen können, mit ihren Freundinnen reden können, und zwar in einer Weise, die den meisten Männern fremd zu sein scheint. Sie meinen, die meisten Männer öffneten sich einfach nicht so wie Frauen, und vor allem hörten sie nicht richtig zu.

Darauf zu warten, daß ein Freund oder Liebhaber endlich den Mund aufmacht und mit Ihnen redet, ist ziemlich frustrierend – gelinde ausgedrückt! Kommt Ihnen das, was diese Frauen erzählen, irgendwie bekannt vor?

> »Seine Weigerung, mir gegenüber wirklich offen zu sein, macht mich einfach fertig. Er sagt mir einfach nicht, was los ist. Ich muß immerzu nachfragen – und dann fallen seine Antworten sehr knapp aus, als wäre ein Preis dafür ausgesetzt, möglichst wenig Informationen über sich preiszugeben! Sie können sich nicht vorstellen, wie viele Stunden ich damit verbracht habe, herauszufinden, ob er mit mir tatsächlich nicht sprechen *kann* oder nur nicht *will*.«

»Er ist oft stundenlang schweigsam, wenn wir allein sind, was mir ganz schön auf die Nerven geht. Ich möchte, daß er mehr über Gefühle, Reaktionen und Probleme spricht, aber er ist einfach nicht daran interessiert. Er läßt sich nur dann auf ein Gespräch mit mir ein, wenn er sieht, daß ich verzweifelt bin und zu weinen beginne...«

Warum ist das so? Mögen Männer nicht gerne mit uns sprechen?

Oder wie eine Frau es ausdrückt: »Möchten Männer eigentlich nicht wissen, was die Frau zu sagen hat, mit der sie schlafen?«

Manche Männer glauben, daß »echte Männer« über Gefühle nicht sprechen – daß das Frauensache sei. »Echte Männer« seien vernünftig, logisch, wissenschaftlich und objektiv. Trotz allen Aufhebens um den sogenannten »Neuen Mann« geraten die meisten Männer noch immer in Panik, wenn sie es mit Gefühlen zu tun bekommen!

Diese Wortlosigkeit läßt die Frauen oft ratlos zurück: »Kann er nicht sprechen? Oder *will* er nicht?« Viele Männer glauben noch immer, daß sie in der Welt den schweigsamen Cowboy spielen müssen – andere wiederum wollen sich einfach nicht mitteilen. Die meisten Männer sind so erzogen worden, nur ja keine Schwäche zu zeigen, und über ihre Gefühle zu reden gehört für viele von ihnen in diese Kategorie.

Vielen Männern wird sogar beigebracht, sie sollten selbst dann nicht allzu befühlsbetont sein, wenn sie sich verlieben:

»Als er sich zu mir beugte und sagte: ›ich liebe dich‹, bedeutete mir das sehr viel. Ich lächelte, und mir traten Tränen in die Augen, und er sagte: ›Mein Gott, wein' doch nicht, ich habe doch nur gesagt, daß ich dich liebe, es hat sich doch nichts geändert, so viel bedeutet das doch nun auch wieder nicht! Du lieber Himmel!‹«

»Hört er wirklich zu?«

Eine andere Möglichkeit, emotionale Zurückhaltung zu üben, ist, einfach nicht zuzuhören:

»Es ist zumindest seltsam, wenn Sie mit einem Mann ein Gespräch führen, in dem Sie ihm etwas erzählen, was Ihnen sehr wichtig ist und was Sie schon die ganze Zeit innerlich geprobt haben, um so fair und offen wie irgend möglich zu sein, und er macht einfach mit dem weiter, was er gerade tut. Es hat mich immer verblüfft, daß mein Freund sich in demselben Zimmer mit mir aufhalten kann, wo ich gerade in Tränen aufgelöst bin, und mich nicht einmal ansieht. Mir wäre das umgekehrt einfach unmöglich.«

»Als wir anfingen, uns zu treffen, hörte er zu – zumindest dachte ich, er höre zu. Vielleicht war er aber auch nur ganz fasziniert von meiner Gegenwart. Später merkte ich, daß er das Zimmer verließ, wenn ich sprach, oder einfach beschäftigt aussah und mir überhaupt keine Antwort gab, selbst wenn ich meinen Gedankengang mit einer Frage abschloß. Das tat mir sehr weh.«

»Meine Freundinnen sind wirklich daran interessiert, wie es mir geht. Wir sprechen miteinander und hören einander abwechselnd zu. Bill hingegen will nur eine gute Zuhörerin für das, was er zu sagen hat. Wenn ich anfange, eine Meinung von mir zu geben, sieht er plötzlich unbehaglich drein.«

Manchmal sind Frauen überrascht, wenn sie merken, daß ihnen ein Mann zwar offensichtlich zuhört – zumindest *sieht er so aus*, als ob er zuhören würde –, daß aber später auch nicht die Spur einer Erinnerung dessen verbleibt, was sie gesagt haben.

»Ich berichte ihm etwas, und ein paar Tage später meint er: ›Also davon hast du mir überhaupt nie etwas erzählt.‹«

»Er hört nicht, was ich sage; er hört, was er hören will.«

Eine Frau erinnert sich an so etwas wie ein Nicht-Gespräch an der Uni:

»Don war sehr freundlich und liebevoll, aber meinte keineswegs, daß das, was Frauen zu sagen haben, auch nur im entferntesten so wichtig sein könnte wie das, was Männer zu sagen haben. Wir verbrachten oft ganze Abende mit seinen und meinen Freunden, und das Gespräch hörte sich dann ungefähr so an:

Junge 1: Mensch, Donny, denen haben wir es aber ganz schön gezeigt! (Dabei macht er das Victory-Zeichen und umschlingt Don in einem halben Nelson.)

Junge 2: Klar, da hast du wohl nicht allzu gut abgeschnitten, was Don?

Junge 1: Hey, Don, willste'n Bier? Candy, willste'n Bier? (Don küßt mich auf die Wange, und während er weggeht, fragt er mich, ob ich ein Bier will. Ich merke, daß es ganz egal ist, was ich sage, ich würde auf jeden Fall ein Bier bekommen. Er nimmt ganz einfach an, daß ich mag, was er mag.)

Junge 2: Candy, wo hast du bloß diesen Hut her? (Rückt an meinem Hut herum und zwickt mich in die Wange, wie man das bei einem kleinen Kind tut.)

Junge 3: Komischer Hut. Ich mein' nicht komisch, nur so einen Hut habe ich noch nicht gesehen. (Das sagt er, ohne mich anzusehen, guckt irgendwo in den Raum.)

Ich: Weißt du, den habe ich aus dem Geschäft in Northampton, in dem Hüte und Handschuhe verkauft werden. (Ich sehe ihn an, während ich das sage, merke aber, daß auf die Frage keinerlei Antwort erwartet wurde. Schweigen.)

Junge: Sag mal Don, gehst du zur Weihnachtsparty?

Don: Ja, Candy und ich gehen hin.

Ich: Wann ist das? (Keiner antwortet mir – ich habe nun das Gefühl, daß ich auf und ab springen und mit den Händen vor ihren Gesichtern herumfuchteln sollte, um endlich bemerkt zu werden. Hallo! H-A-L-L-O!!)

Junge 2: Ich gehe mit Melissa.
Junge 1: Melissa Capen?
Junge 2: Ja...
Junge 1: Nein, echt? Sie ist ganz gut drauf... Ich muß weg... Wir haben Professor Valentine morgen früh und dann eine Prüfung über die Grundsätze der amerikanischen Verfassung:
Ich: Die habe ich letztes Jahr auch gemacht... Normalerweise stellt er folgende Fragen...
Junge 2: Sam sagte mir, daß ich alles im ersten Kapitel des grünen Buches finde.
Ich: Also hör doch mal, ich weiß, was er für Fragen stellt...
Junge 1 zu Junge 2: Wirklich, weiß er das ganz genau?
Ich: Hey, Jungs, ich wollte euch nur sagen – (Auf Stirn und Oberlippe bilden sich nun kleine Schweißperlen.)
Sie beschließen hierauf einmütig, daß das Gespräch vorbei sei – und hätte man sie nachher gefragt, woran sie sich erinnern, würden sie vermutlich nicht einmal mehr wissen, daß ich überhaupt dabei war.«

Das kommt Ihnen sicher sehr bekannt vor? Den meisten von uns ist das schon passiert, und zwar auch mit sehr netten Männern. Sie sind tatsächlich oft sehr nett, nicht aber in ihrer Einstellung Frauen gegenüber. Sie gehen manchmal ganz einfach davon aus, daß Frauen überflüssig sind – schließlich zählen doch nur ihre Kumpels.

Eine Frau beschreibt ihre Gefühle, wenn sie spürt, daß ihr einfach nicht zugehört wird:

»Wenn er sich so verhält, fühle ich mich wie in Fesseln, zornig und gefangen, als trüge ich eine Maske und kann sie nicht herunterreißen. Er sieht mich an, gleichzeitig aber auch durch mich hindurch. Ich rede doch verständlich, warum kann er mir also nicht zuhören?«

Daraus können wir ersehen, daß diese Männer uns tatsächlich nicht ernst nehmen und schon gar nicht daran interessiert sind, wer wir wirklich sind! Die Themen, die wir anschneiden, greifen sie einfach nicht auf. Eine Frau sieht das so:

> »Klar, wir reden. So lange ihn das Thema interessiert. Wenn ich etwas anschneide, was *mich* interessiert, kann ich es vergessen. Inzwischen habe ich es aufgegeben.«

Wenn Ihre Bemerkungen mit eisigem Schweigen quittiert werden

Frauen erzählen, daß sie oft auf eisiges Schweigen treffen, wenn sie ihre Ansichten erläutern. Auf der Straße konnten wir einmal folgendem Pseudogespräch zuhören:

> Frau: Ein hübscher Hund.
> Mann: (Keine Antwort)
> Frau: Hat der aber ein hübsches Fell.
> Mann: (Schweigen)

Welche Wirkung hat dieser Gefühlsentzug? Wenn Frauen versuchen, mit schweigsamen Männern oder mit solchen zu leben, die so wenig wie möglich reden und noch weniger von sich geben, sind sie oft sehr frustriert. Diese Männer gehen mit Frauen keine wirkliche Partnerschaft ein. Unter diesen Umständen kann eine Frau Panikgefühle und Unsicherheit entwickeln: »Er hat mich doch geliebt und begehrt – was ist denn bloß passiert?« Sie fängt an nachzudenken: »Dieser Mann ist so anders als der, in den ich mich verliebt habe. Welches ist denn der Echte – der, den ich damals kennenlernte, oder dieser hier? Doch der, den ich damals kennenlernte; er benimmt sich jetzt bestimmt nur deshalb so, weil er irgendein Problem hat. Ich werde ihm dabei helfen, es zu lösen. Ich liebe ihn schließlich, ich kann ihn doch nicht allein lassen, nur weil wir im Moment Schwierigkeiten haben... Gemeinsam werden wir es schon schaffen!«

Wenn aber eine Frau einem Mann sagt: »Du verhältst dich jetzt so anders, fast feindselig – warum denn nur?«, hört sie oft nur: »Ich habe doch nichts falsch gemacht! Ich habe ja nicht einmal etwas gesagt.« Eben.

Dieses Gefühl der Unsicherheit ist eine reale und überaus logische Reaktion auf eine sehr wirkliche Situation, nämlich eine Partnerschaft, in der sich der Mann verweigert. Das Ungenannte, das in Beziehungen dieser Art fehlt, ist die echte Bereitschaft des Mannes, seinen Gefühlen Ausdruck zu verleihen – der Partnerin tieferen Einblick in sein Innenleben zu gewähren.

Wenn Frauen manchmal mit einem Mann über diese emotionale Distanziertheit sprechen wollen, dreht er sich um und sagt: »Hör mal, laß mich in Ruh. Dein Bedürfnis nach mehr Kommunikation ist unrealistisch – es gehört zu deinem unbewältigten Vaterkomplex!« Doch nur weil es stimmt, daß viele Väter mit ihren Töchtern (oder der Mutter) nicht über ihr Befinden oder ihre Gedanken sprechen, bedeutet dies nicht, daß der Wunsch der Frauen nach mehr Kommunikation neurotisch ist. Es ist etwas Unbewältigtes, aber ein unbewältigtes »männliches« Problem unserer Gesellschaft – einer Gesellschaft, die Männer davon abhält, »wie Frauen zu sprechen«. Und diese Haltung der Verschlossenheit ist es, von der die Frauen liebend gern möchten, daß Männer sie ändern. Die Frauen haben sich in den vergangenen zwanzig Jahren geändert; die Männer können es auch tun.

Warum ist er bloß so ambivalent?

Eine andere Form emotionaler Zurückhaltung läßt uns oft rätseln: »Wenn er mich liebt, weshalb ist er dann an einem Tag so distanziert und am nächsten so warmherzig?« Bei dieser Art der Zurückhaltung erwartet der Mann stets, daß die Frau ihm immerzu ihre Liebe zeigt, er selbst sich jedoch ambivalent benehmen und seine Liebe nur gelegentlich zeigen kann (eben noch oft genug, um sie zu halten?). Häufig behauptet er dann, er sei »nicht sicher« oder »könne sich noch nicht recht entscheiden«.

Eine Frau erzählt von ihrer komischen Erfahrung, die sie in einer sogenannten Beziehung mit einem Mann machte, der sie an der Nase herumführte, ihr gelegentlich zeigte, daß er sie mochte, sie aber meist über seine Gefühle im unklaren ließ:

»Er erzählte mir, daß er noch mit einer anderen Frau ausgehe, die zwar nett, aber nicht besonders aufregend sei – er sagte, ›das gewisse Etwas‹ fehle dabei. Ich wußte, was er meinte, weil ich das auch schon erlebt hatte. Obwohl wir uns sehr zueinander hingezogen fühlten, kamen wir überein, lieber nicht miteinander ins Bett zu gehen, bevor er nicht frei wäre. Er behauptete, es könne sich höchstens um ein paar Wochen handeln. Als er jedoch das nächste Mal in der Stadt war, verbrachten wir trotzdem die Nacht zusammen, und er sagte, er liebe mich. Dann habe ich zehn Tage lang nichts von ihm gehört. Als er das nächste Mal anrief, erklärte ich ihm, niemand könne mit mir schlafen und sich dann einfach nicht melden! Er entschuldigte sich, und ich habe das akzeptiert, weil unsere gemeinsame Nacht wirklich sehr schön gewesen war. Und ich wußte einfach, was ich ihm bedeutete – zumindest dachte ich das.
Danach schliefen wir so oft miteinander, wie wir konnten. Er sagte mir immer die schönsten, romantischsten und leidenschaftlichsten Sachen; am nächsten Tag allerdings druckste er dann herum und erklärte, er sei sich immer noch ›nicht ganz im klaren‹, ›nicht sicher‹. Es war zum Auswachsen. Und jedes Mal, wenn das passierte, wurde ich mißtrauischer und ärgerlicher. Aber ich zappelte an der Angel.
Ich war nämlich dabei, mich ganz schrecklich zu verlieben. Ich glaubte allen Ernstes, ihm ginge es genauso – aber wenn es Spitz auf Knopf ging, dann wollte er immer bloß ›das Richtige tun‹, und das bedeutete, die andere nicht zu verletzen und mich auch nicht. Jedesmal, wenn er kam, dachte ich: ›Aber jetzt ist es soweit. Unsere Nacht zusammen ist bestimmt so schön, daß er morgen aufwacht und sich sagt, was zum Teufel mach' ich da eigentlich, diese Frau so lange warten zu lassen? Ich sollte jetzt einfach mal das Risiko eingehen und hier bei ihr suchen, was ich immer zu finden hoffte!‹
Eines Tages jedoch erklärte er mir, wir könnten einander nicht mehr ›in dieser Form‹ sehen. Auf keinen Fall hätte ich mit ihm nur gut Freund sein können, und so sagte ich ihm, ich wolle ihn nie wiedersehen.

Ein paar Monate später rief er mich wieder an, um mir zu erzählen, daß er die Beziehung mit der anderen nun beendet hätte. Ich erklärte ihm, er könne zum Teufel gehen. Viel später bekam ich heraus, daß er diese Beziehung genau seit vierundzwanzig Stunden ›beendet‹ hatte! Heute ist er immer noch mit ihr zusammen.«

Ratespiele – warum lieben Männer das?
»Was mich in einer Partnerschaft geradezu wahnsinnig macht, ist, wenn ich nicht weiß, ob er mich wirklich liebt und ob er mich einmal heiraten will. Ob er nun deswegen nichts sagt, um herauszufinden, wie gut wir zusammenpassen, bevor er das Thema aufs Tapet bringt, oder ob er mich nur als Abenteuer ansieht, das dauert, so lange es eben dauert?«

Wer sich diese Frau so anhört, fühlt sicher mit ihr – hören wir uns dabei nicht selbst reden oder viele andere Frauen, die wir kennen? Wie viele Stunden sind wir mit unseren Freundinnen zusammengesessen, um herauszufinden, was im Kopf eines Mannes vorgeht!

Dieser vage, unangenehme Zustand des Nichtwissens, dieses dauernde Rätselraten, was eigentlich los ist, resultiert aus dem Verhaltensmuster vieler Männer, Gefühle vor Frauen nicht zu äußern und keine Auskunft zu geben. Es ist schwierig, sich mit der Tatsache abzufinden, daß diese Zurückhaltung eine Art der Machtausübung und Kontrolle ist, die von manchen Männern – sogar denen, die wir lieben – in Beziehungen bewußt eingesetzt wird. Es tut weh, zu erkennen, daß jemand uns festhalten will, indem er uns gerade ein paar Bissen hinwirft, um unseren Appetit zu reizen, aber nicht genug, um eine Beziehung wachsen zu lassen.

Am Anfang, in der romantischen Phase, kann diese Unsicherheit noch sehr aufregend sein. Nach einigen Verabredungen – vor allem nach der ersten gemeinsamen Nacht – wird jedoch das, was die meisten Männer als unwiderstehliches, interessantes Verhalten ansehen, schnell zu einem Problem, das in einer Partnerschaft Unsicherheit, Angst und Mißtrauen erweckt.

»Egal, wie oft Ihnen das passiert ist, es wird niemals einfacher«, sagt eine Frau, die genau dieses wohlbekannte Verhalten der Männer beschreibt, zuerst ganz verrückt zu spielen und dann nicht einmal mehr anzurufen.

Wenn Männer sich so zwiespältig benehmen, führt das bei Frauen meist dazu, daß sie sich ungeheure Sorgen machen. Wir versuchen, das Problem zu lösen, indem wir erst sein Verhalten analysieren und dann unser Verhalten entsprechend verändern. Wir füllen die Leere, die durch sein Schweigen oder seine Ambivalenz ausgelöst wird, indem wir uns den Kopf zerbrechen: »Habe ich etwas getan? Habe ich etwas unterlassen? Ist mein Körper schön genug? Bin ich intelligent genug? Wie will er mich? Warum spricht er nicht mit mir darüber?« Und wenn Sie dann das Thema aufs Tapet bringen (das heißt, ihn fragen), hören Sie vermutlich: »Was soll das alles? Das bildest du dir doch alles nur ein. Kannst du nicht ein wenig Frieden geben?«

Eine Frau beschreibt, wie sie sich mehr und mehr auf die Interessen des Mannes konzentrierte, so sehr, daß sie ihre eigenen darüber völlig vernachlässigte.

> »Als J. J. sagte, er wäre in einer Woche in der Stadt, und wir ausmachten, an einem Abend auszugehen, stellte ich meine ganzen Pläne darauf ein, ihn zu sehen. Dann erschien er nicht, und meine ganze Woche war geschmissen. Ich als erwachsene Frau war bereit, alles zu verändern, um es ihm recht zu machen. Ich hatte alles stehen und liegen lassen, weil ich geglaubt hatte, er sei wichtiger. Ich war so verletzt und zornig, als ich dann nie wieder von ihm hörte.«

Und eine andere Frau beschreibt, wie sie durchlebte, was wohl zu den unverbindlichsten »Beziehungen« gehört, die hier aufgezeichnet sind:

> »Ich war zu meinem ersten Footballspiel gegangen. Bisher hatte ich mich hauptsächlich mit Männern getroffen, die eher klein gewachsen waren und beim vergeblichen Versuch, ihrem Rockidol möglichst ähnlich zu sehen, eher seltsam aus-

schauten. Ich war absolut fasziniert von den riesigen Kerlen, die ich hier zu Gesicht bekam. Sie fluchten und rauften miteinander, und ich lachte über Witze und Bemerkungen, die ich zwar nicht verstand, bei denen ich aber den leisen Verdacht hatte, sie würden auf meine Kosten gemacht. Ich hätte es gern gehabt, daß sich einer von denen in mich verliebte.
Eines Abends gingen eine Freundin und ich zu einer Fete. Als wir ankamen, schallten tierische Geräusche und laute Musik aus den Fenstern. Wir gingen nach unten, um uns ein Bier zu holen. Ich hatte schon gelernt, daß das Wichtigste bei diesen Feten ist, immer so auszusehen, als wüßtest du genau, was läuft und was du vorhast. Nur ja nicht verletzlich oder konfus wirken!
Ich stand also da und tat so, als würde ich mit meinen Freundinnen über unglaublich wichtige, faszinierende Dinge sprechen und irrsinnig komische Witze erzählen, und die Jungs taten dasselbe. Worauf wir aber wirklich warteten, war, daß einer von ihnen endlich von uns Notiz nahm.
Dann erhielt ich einen Rippenstoß von einer meiner Kommilitoninnen, die bei den Jungs nicht so beliebt war, das aber für ihr Leben gern gewesen wäre. Sie flüsterte mir ins Ohr: ›Und das ist Al.‹ Er erschien im Türrahmen wie einer von diesen Riesen-LKW's, die personifizierte Kraft. Und er wußte genau, wie er wirkte. Auf der Wange hatte er eine Verletzung vom letzten Spiel, trug ein altes kariertes Hemd, seine Jeans hingen ihm über die Hüften und bedeckten gerade noch seinen kleinen Hintern, und er hatte ein breites Grinsen im Gesicht. Er war riesig, im höchsten Grade männlich, total mit seinen Freunden beschäftigt und ›absolut außer Reichweite‹.
Nichtsdestotrotz begannen Al und ich eine sporadische sexuelle Beziehung. Zum erstenmal passierte es bei einer Party nach einem Spiel. Auf dem Boden im Erdgeschoß stand rund zehn Zentimeter hoch warmes Bier. Die ›Männer‹ spielten etwas, das sie Bierschlittern nannten. Sie nahmen einen Anlauf und schlitterten durch das Bier quer durch das Zimmer. So richtig intelligente erwachsene Männer, alles klar?
Schließlich waren nur noch die Mädchen da, die einen Freund

hatten. Ich wollte daher gehen. Als er sah, daß ich mir meinen Mantel holte, rief er quer durch das Zimmer: ›Hey, Susie, bleib da!‹ Er kam zu mir herüber und hob mich hoch, mit einem Arm. Warf mich über die Schulter wie ein Müllerbursche. Er trug mich hinauf in das Zimmer von irgend jemandem. Als er mit mir über der Schulter – ich dauernd am Kichern – das Zimmer betrat, schaute sein Freund auf und sah uns. Kein Wort fiel, nur breites Grinsen und die berühmte Geste für Victory. Der Freund ging hinaus.

Wir hauten uns für ganze zehn Sekunden auf die Schlafkoje. Es war die körperlich absolut unbefriedigendste sexuelle Begegnung, die ich jemals hatte. Es war total beschissen, aber ich lächelte, weil ich ihn ›abgeschossen‹ hatte! Es war wie eine Ehrenmedaille, wie die Mitgliedskarte zu einem sehr exklusiven Club. Wir gingen wieder hinunter zur Fete und taten, als sei nichts geschehen.

In den darauf folgenden Wochen geschah ebensowenig. Keine Anrufe, manchmal ein kleiner Flirt auf einer Fete, aber auch viele Partys, bei denen nicht einmal geflirtet wurde, wo er nicht einmal mit mir sprach. Dann, eines Abends, gingen wir hinauf in sein Zimmer und liebten uns. Er sagte mir, daß ich schön sei. Ich war wie im siebten Himmel. Dann lud er mich für ein Wochenende ins Haus seiner Eltern ein. Wir waren sehr betrunken und schliefen auf einem Spielplatz im Dunkeln miteinander, während das Transistorradio Bruce Springsteen spielte. Dann kehrten wir zum College zurück. Und wieder nichts – kein Wort.

In den Frühjahrsferien trafen wir uns wieder auf einer Party. Wir tranken, alberten mit Freunden herum und gingen dann an den Strand. Ich schrieb seinen Namen in den Sand. Er zog meinen Stuhl zu sich hinüber (mit mir drauf) und fragte mich, was ich ihm gegenüber fühlte. Es war genau diese Kiste: ›Ich sag's dir nicht, solange du's mir nicht sagst.‹

Ich fragte mich, warum er es mir nicht zuerst sagen konnte, und redete um meine wirklichen Gefühle herum, wobei ich das Wort Liebe nicht in den Mund nahm, obwohl es genau das war, was ich fühlte. Es war klar, daß ich diesem Mann auf

keinen Fall sagen durfte, was ich fühlte, wenn ich ihn haben wollte.
Ich wollte unbedingt wissen, wie er zu mir stand, wollte so gerne, daß er mich liebte, aber ich hatte das Gefühl, es sei gescheiter, ihn im Ungewissen zu lassen, genauso wie er mich im Ungewissen ließ. Ich hatte dieses Risiko schon einmal auf mich genommen und mich damals wie bei einem Jojo-Spiel gefühlt. Ich wollte nicht, daß mir das noch einmal so ging, und fühlte mich eigentlich auch zu sehr herumgeschubst, um mich ihm gegenüber so verwundbar zu machen.
Er murmelte irgend etwas Unbestimmtes und fickte mich dann. Ich habe nie erfahren, was es bedeutete. Ich weiß es auch heute noch nicht. Ich habe ihn nie wieder gesehen. Es war alles so verwirrend, das Ganze.«

Kein Wunder, daß sie verwirrt war.

Doppeldeutige Botschaften von Männern

Doppeldeutige Botschaften sind ebenfalls ein bislang noch kaum diagnostiziertes Muster in Beziehungen, das sichtbar wird, wenn Frauen über alles offen reden. Es ist äußerst wichtig und hilfreich, dieses Verhalten zu analysieren, weil es Situationen betrifft, die wir immer wieder erleben.

Tatsache ist, daß die meisten Männer pausenlos einander widersprechende Signale aussenden. Die Frauen beschreiben das so:

»Wir waren nur schnell noch irgendwohin zum Essen gegangen. Es wurde aber spät und später, und ich sagte: ›Liebling, magst du schon vorausgehen und mit deiner Arbeit zu Hause weitermachen?‹ Nach einer kurzen Pause sagte er: ›Ach nein‹, aber mit einem Ton in der Stimme, der eigentlich ›ja‹ bedeutete. Ich sagte darauf: ›Nein wirklich, es ist in Ordnung, ich verstehe schon.‹ Er saß unbeweglich da wie ein Märtyrer. Wollte er wirklich lieber mit mir zusammen sein? Sofort fragte ich mich, ob ich womöglich auf ihn Druck ausübte. Warum nur konnte der Mann nicht einfach sagen, wie er sich fühlte?«

»Letzte Woche saß ich ihm in der Bar gegenüber, und er sagte dauernd wunderbare Sachen zu mir. Er machte ganz den Eindruck, als sei er verrückt nach mir, ich konnte es richtig sehen. Am nächsten Tag traf ich einen Freund von ihm, und der erzählte mir, er sei in Urlaub gefahren. Warum hatte er mir das nicht gesagt? Jetzt denke ich ständig über seinen Urlaub nach und was er wohl macht. Wäre er nur weniger lieb zu mir gewesen und weniger interessiert, dann würde ich mich nicht so aufregen.«

»Er fragte mich einmal, ob ich ihn heiraten wolle, aber dann ging er mit meiner Freundin aus. Er sagt, er liebe mich, und ich solle einen einmaligen Ausrutscher mit meiner Freundin nicht so ernst nehmen. Mache ich mir bloß Illusionen? Was will er wirklich?«

»Wir gingen aus und verbrachten einen sehr romantischen Abend. Ich trug den langen Rock, den er am liebsten mochte, und er sagte mir, ich sähe phantastisch aus! Dann aber verschwand er auf der Toilette und kam eine halbe Stunde lang nicht zurück. Ich fühlte mich schließlich gedemütigt, und es war mir peinlich, daß ich hier so lange alleine saß. Ich ging also hinunter und traf ihn doch tatsächlich, wie er mit einer Kellnerin in einem Minirock redete. Er sah ein bißchen beschämt aus, als sei er bei etwas ertappt worden, und kam dann nach oben. Dort sagte er, als wäre nichts geschehen: ›Nettes Mädchen, und so attraktiv! Tolle Beine!‹, dann beugte er sich vor, küßte mich auf die Wange und sagte: ›Ich liebe dich, du herziges, kleines Ding. Du siehst heute so zierlich aus wie eine Zwölfjährige.‹ Ich fühlte mich schrecklich.«

Wir können wir auf solche unterschiedlichen Signale reagieren? Frauen, die Männer lieben, die sich so benehmen, fühlen sich logischerweise verunsichert: Die Lage ist ja tatsächlich unklar. Frauen verhalten sich keineswegs irrational, wenn sie größere Klarheit haben wollen. Viel zu viele Männer verunsichern die Frauen, ob sie es nun ausdrücken wollen oder nicht, weil sie selbst unsicher sind, keine eindeutigen Botschaften von sich geben, sich nicht eindeutig benehmen. Was bedeutet das also? Frauen werden beschuldigt, zu klammern, liebesbedürftig zu sein, zu sehr auf Liebe fixiert, zu liebestoll. Die Wahrheit ist jedoch, daß die Männer oft doppeldeutige Botschaften von sich geben, die darauf schließen lassen, daß sie tatsächlich ambivalente Gefühle der Frau gegenüber hegen, die sie lieben.

In einer solchen Situation entwickeln sich die Dinge dann ganz logisch: Der Mann verhält sich zunächst sehr begehrend, und die Frau reagiert darauf; dann fängt er an, ein ambivalentes Verhalten an den Tag zu legen; dann versucht die Frau herauszufinden, was das bedeutet. Er stellt in Abrede, daß es irgendein Problem gibt, und sie beginnt, ihre eigenen Wahrnehmungen in Frage zu stellen. Wessen Realität ist die wahre? Wenn sie weiterfragt, weil sie sich weiterhin unsicher fühlt, beschuldigt er sie womöglich noch, dauernd zu bohren, und weist sie mit einem »laß mich doch in Ruhe« zurück. Und jetzt fühlt sie sich mit Recht ganz furchtbar.

Kein Wunder also, daß Hunderte von Frauen täglich nach irgend etwas greifen, das diese Frustrationen und Ängste etwas lindern hilft: Tabletten, Schokolade, Zigaretten und ähnliches.

Wenn also Frauen versuchen, eine echte Beziehung mit einem Mann zu leben, werden sie oft in einen Zustand der Angst versetzt, der damit endet, daß sie unverhältnismäßig viel Zeit damit zubringen, sein Verhalten zu entziffern. Das kostet Nerven und Kraft. Wie können Sie unter diesen Umständen eine positive Einstellung und Ihre Selbstachtung bewahren?

Wenngleich wir gesehen haben, daß all diese doppeldeutigen Botschaften uns logischerweise durcheinanderbringen, hören wir tief im Inneren doch immer wieder eine kleine Stimme, die uns zuflüstert: »Irgendwo hat er vielleicht doch recht. Ich bin ja wirklich sehr unsicher. Vielleicht bin ich hysterisch und gefühlsmäßig abhängig! Ich muß mich wohl ändern, oder ich vertreibe ihn. Ich muß mich weniger anhänglich zeigen und darf nicht so selbstsüchtig sein, ich will mich anstrengen, so zu sein, wie er mich haben will.« Das Schlimme daran ist jedoch, daß wir in dieser Konstellation den Anteil des Mannes an diesen Problemen vollkommen vernachlässigen – denn immerhin ist er an der Entstehung dieser Lage ganz maßgeblich beteiligt!

Frauen verdienen, daß Männer in viel direktere Kommunikation mit ihnen treten. Weshalb solche Spielchen spielen?

»Warum fühle ich mich einsam und unsicher, selbst wenn er mir sagt, daß er mich liebt?«

Bemerkenswert, wie viele Frauen berichten, daß sie das Gefühl haben: »Selbst wenn mir ein Mann sagt, daß er mich liebt, teilt er mir gleichzeitig (indirekt) mit, was mit mir angeblich nicht stimmt.«

Eine Frau erzählt ein besonders gemeines Erlebnis aus ihrem Leben:

> »Nach der ersten Nacht, in der wir miteinander schliefen, legte er seine Arme um mich und ließ seine Hände an meinen Hüften und meiner Taille entlanggleiten. Dann stand er auf und setzte sich in einen Sessel. Mir ging es wunderbar. Ich hatte seit neun Monaten keinen Sex gehabt, hatte seine Berührung genossen und mochte ihn wirklich sehr. Er fragte mich, ob ich mit meinem Gewicht zufrieden sei. Ich fühlte mich ein wenig verletzt, sagte aber ›ja‹. Er sagte nur ›ach so‹ und ging ins Badezimmer.
> Ich saß völlig zerschlagen da. Ich hatte doch gerade mit diesem Mann mein Bett geteilt, und schon beurteilte er meinen Körper, gab mir überhaupt keine Selbstbestätigung und zeigte mir keine Anerkennung. Als er wieder herauskam, fragte ich ihn, warum. Er sagte: ›Nun, ein paar Pfund weniger könnten dir schon gut tun.‹ Als er sah, wie mir die Kinnlade herunterklappte, sagte er: ›Sieh doch nicht so gekränkt drein. Schließlich hast du mich gefragt.‹ Aha. War also mein Fehler. Ich war nicht makellos, und es war schließlich mein Problem, wenn ich der Wahrheit nicht ins Auge sehen konnte. Bloß weil wir

zusammen geschlafen hatten, meinte er offensichtlich, jedes Recht zu haben, an mir herumzumäkeln. Und wenn mich das ärgerte, so war das Ganze nur meine Schuld, da ich ja selbst gefragt hatte.«

Viele andere Frauen leben ebenfalls in einer solchen Atmosphäre des Zwiespalts:

»Manchmal scheint er mich zu lieben und zu mögen, dann wieder nicht, oder er verhält sich kühl und abweisend. Er weigert sich, über unsere Zukunft zu sprechen, obwohl wir schon mehr als zehn Monate zusammen sind – oder überhaupt darüber zu sprechen, ob wir eine gemeinsame Zukunft haben. Er wechselt einfach das Thema, wenn ich davon anfange. Ich weiß nicht, was ich tun oder denken soll. Ich mag ihn wirklich, und deshalb will ich versuchen, es durchzuhalten. Irgendwie fühle ich mich aber oft auch sehr entfremdet und machtlos.«

»Das Problem ist, daß er am Anfang sagt, er sei verliebt und verletzlich – dann streitet er es ab oder verhält sich nicht so, verhält sich kühl. Ich frage mich, ob ich diesen Mann um jeden Preis will? Es ist irgendwie so, als ob mich jemand dorthin drängen würde, wo ich keinen Boden mehr unter den Füßen spüre – und wenn ich dann dort bin (das heißt, mit meinen Gefühlen), mich verliebt habe, ihm vertraue, dann sagte er: ›Wie bitte? Warum denn überhaupt, wieso ich?‹«

»Er sagt mir, daß er mich liebt, aber er ist so sprunghaft, trifft Verabredungen und sagt sie dann in letzter Minute ab und so weiter. Ich tue dann etwas, was ich wirklich ziemlich scheußlich finde. Ich rufe bei ihm an, um festzustellen, ob er wirklich zu Hause ist, wenn er mir gesagt hat, er würde daheim sein. Wenn er nicht abhebt, gehe ich in den Club, wo wir normalerweise hingehen, und tue so, als wäre ich mit Freunden ausgegangen, nur um zu sehen, ob er dort ist. Wenn nicht, versuche ich, bei seinen Freunden (hintenherum) herauszufinden, wo er ist. Wenn ich anrufe und er in der Wohnung ist, dann hänge ich auf und sage mir, ich sollte nicht so blöd sein.«

Lieben diese Männer ihre Frauen wirklich? Vielleicht ja, vielleicht nein. Wissen die Männer es etwa selber nicht? Ihre Verwirrung, das Vorenthalten von Informationen und die doppeldeutigen Botschaften können dazu führen, daß wir viel Zeit darauf verwenden, uns Klarheit zu verschaffen.

Männer, die so widersprüchliche Dinge tun, können ja schließlich nicht irrational sein, oder? Die müßten ja wissen, was sie wollen, nicht wahr? Wir sind doch diejenigen, die einfach nichts kapieren – alles klar?

Gibt es darauf eine Antwort? Lesen Sie weiter!

Männer als Stars

»Als ich drei oder vier Jahre alt war, lehrte mich meine Mutter, Staub zu wischen und Rücksicht zu nehmen. (›Laß deinen Vater in Ruh', er ist müde.‹)«

»Ich halte mich für amüsant, humorvoll und energisch, wenn ich in gemischten Gruppen bin, so eine Art Stimmungskanone – aber wenn dann mein Freund kommt... schwupp! verstumme ich. Ganz so, als hätte ich Angst, ihm die Show zu stehlen.«

Über den sogenannten Neuen Mann wird derzeit viel geredet. Welche Frau kann aber von sich sagen, daß sie in einer wirklich gleichberechtigten Partnerschaft lebt?

»Auf dem Papier könnte man unsere Beziehung schon als gleichberechtigt bezeichnen, aber in Wirklichkeit ist das natürlich Nonsens. Alle wichtigen Entscheidungen, auch jene, die hauptsächlich mich betreffen, werden ganz ohne mein Zutun gefällt.«

»Wir leben in einer winzigen Wohnung (ein Zimmer) über einer sehr lauten Straße. Mein Freund arbeitet nachts und muß daher wirklich seine Ruhe haben – trotz des Lärms. Ich muß eben zusehen, daß das Baby nicht schreit, und bemühe mich wirklich, alles zu tun, um auf ihn Rücksicht zu nehmen und dafür zu sorgen, daß er seine Ruhe hat – ich ziehe den Telefonstecker raus und schalte den Fernseher nicht ein. Wenn ich aber einen Zwölfstundentag hinter mir habe, zögert er nicht eine Sekunde, mich aufzuwecken, wenn er gerade Lust auf ein bißchen Sex hat. Wenn ich mich nicht gerade sehr begeistert zeige, ist er beleidigt und zieht sich zurück. Es kommt mir so vor, als ob *sein* Zeitplan und *seine* Bedürfnisse von uns beiden zuerst berücksichtigt werden müssen und meine Angelegenheiten erst in zweiter Linie wichtig sind.«

»Wenn ich am Telefon gerade mit einem Kunden spreche, bedeutet er mir, ich solle unterbrechen, weil er mit mir reden wolle. Wenn ich in einer Besprechung bin, läßt er mir Nachrichten hineinbringen. Ich hatte in meinem Gebiet Hunderte von Kunden zu betreuen und war daher sehr oft unterwegs. Wenn er anrief und ich gerade nicht da war, mußte ich ihm bei meinem Rückruf Rede und Antwort stehen, wo ich denn gewesen sei, bei wem und so weiter. Ich fühlte mich wie ein kleines Mädchen, das sich bei Papa immer an- und abzumelden hat.«

Viele Männer gehen davon aus, daß ihre Meinungen und Ideen wichtiger sind als die der Frauen, und ihre Bedürfnisse an erster Stelle stehen. Der typische Neue Mann wird dies natürlich überwiegend abstreiten, ganz überrascht tun oder vielleicht sogar ärgerlich auf eine solche Unterstellung reagieren. Viele Frauen müssen sich aber nun einmal damit herumschlagen, daß Männer meinen, ihre Ansichten seien die richtigen – keine Diskussion.

»Was wir tun, entscheidet immer er – ob wir auswärts essen, ob wir mit Freunden oder alleine essen, wann er mich anrufen wird und so weiter.«

Eine Frau hat das Gefühl, ihre Beziehung ginge deshalb zu Ende:

»Zuerst war es wie im Kino. Wir konnten gar nicht genug voneinander kriegen, körperlich und seelisch. Dann fing ich an, mehr Wert auf Gespräche mit ihm zu legen, um Dinge klarzukriegen, bevor sie sich zu größeren Problemen auswuchsen. Aber er wechselte immer das Thema, sobald ich etwas zu erklären begann. Er sagte dann immer, er würde jetzt arbeiten gehen, sich mit ein paar Freunden treffen, zum Fischen fahren. Das passierte immer genau dann, wenn ich gerade etwas aufs Tapet gebracht hatte. Es kam so weit, daß ich schließlich auf dem Fenstersims unserer Wohnung saß, ihn wegfahren sah, auf den Ring an meinem Finger hinunterblickte und mich fragte: ›Was ist bloß los? Wie konnte es dazu kommen? Es war doch nicht immer so, oder?‹«

Das Problem existiert schon seit langem. Unser Zuhause wurde offen oder heimlich vom selbsternannten Haushaltsvorstand kontrolliert, Papa sprach sein Machtwort, und damit war die Sache gelaufen. Jungen, die in dieser Atmosphäre aufwachsen, tendieren dazu, diese Denkweise auch in ihrem eigenen Leben zu verwirklichen und mit ihren Freundinnen/Ehefrauen genauso zu leben. Es sind dies Überbleibsel einer vergangenen Epoche, die auszurotten modernen Frauen heute so schwer fällt.

Viele Frauen erzählen, daß sie in ihrer Kindheit Dinge erlebt haben, die dieses Verhalten treffend illustrieren:

»Wenn ich nachmittags von der Schule heimkam, redeten Mutter und ich über das, was während des Tages vorgefallen war. Wir arbeiteten gemeinsam in der Küche oder standen einfach so rum und erzählten uns was. Sobald wir den Wagen in der Einfahrt hörten, wußten wir, daß Papa von der Arbeit heimkam, und der Ton änderte sich schlagartig. Meine Mutter wurde distanziert und bereitete sich darauf vor, ihn zu begrüßen. Den Rest des Abends verbrachten sie und ich in dieser distanzierten Atmosphäre und redeten nicht mehr richtig miteinander, als würden wir ihm sonst zu verstehen geben, daß er nicht mehr Mittelpunkt der Aufmerksamkeit sei. Das war nichts Greifbares, nur so eine Stimmung.«

»Ich lernte von meiner Mutter, die richtige Einstellung zu meinem Vater sei, mich ihm unterzuordnen und seinen Ansichten größte Aufmerksamkeit zu widmen.«

»Mein Vater kritisierte mich immer – egal ob es sich um Kleinigkeiten oder wichtige Dinge handelte. Wenn er an einem Abend beschloß, sich mit uns zu befassen, wußten meine Schwester und ich, daß wir unter ein paar Stunden nicht davonkommen würden. Wir durften überhaupt keine Meinung äußern und mußten uns stundenlang anhören, was ihm nicht paßte, seine endlosen Monologe darüber, daß wir in der Gosse enden würden, wenn wir unser Leben nicht so einrichteten, wie *er* es für richtig hielt. Er schaffte es doch tatsächlich, immer wieder auf Sex und die angebliche Haltlosigkeit der heutigen Frauen zu sprechen zu kommen. Wenn ich einmal versuchte, ihm zu antworten oder einfach meiner Meinung Ausdruck zu verleihen, erfolgte ein Ausbruch, der sich gewaschen hatte. Ich lernte zwar, daß es sich nicht auszahlte, mit ihm zu reden, versuchte es aber von Zeit zu Zeit trotzdem wieder, da mir mein Schweigen manchmal einfach zu schmerzlich wurde.«

Ist es Männersache, die »Wirklichkeit« zu definieren?

Frauen beschreiben immer wieder, daß Männer nur ihre eigene Meinung für richtig halten und das Recht für sich in Anspruch nehmen, die Meinungen und das Verhalten der Frauen zu kritisieren.

»Wenn wir eine Meinungsverschiedenheit haben, redet er mich so nieder, daß ich verstumme. Er muß einfach immer recht haben, was natürlich auch keine Lösung ist.«

»Er unterbrach mich am Telefon und sagte, daß ich verrückt und dumm sei, so eine Meinung zu vertreten.«

Sollten Sie in einer solchen Beziehung leben, kommt es sicherlich oft vor, daß Sie sich entschuldigen, obwohl Sie es gar nicht wollen, nur um Frieden zu haben. Das ist nicht nur schmerzlich, sondern kann auch gefährlich werden. Wenn wir unsere Gefühle verleugnen müssen und damit uns selbst aufgeben, wenn wir nicht mehr wissen, wie wir uns wirklich fühlen, wird dies auf die Dauer zu einer großen seelischen Belastung. Eine Frau beschreibt eine typische Situation:

»Ich trug ein hübsches Sommerkleid, das er zum erstenmal an mir sah. Vorne war es bestickt, mit winzig kleinen Löchern in der Stickerei. Es war rückenfrei, so daß ich keinen BH tragen konnte. Er sagte: ›Meine Güte, durch diese Löcher sieht man deine Brustwarzen! Willst du damit wirklich auf die Straße gehen?‹ Ich erklärte ihm, ich hätte geglaubt, es würde ihm gefallen, und daß sonst ja wohl niemand durchsehen könnte. Ich fand es romantisch. Er war wütend. Als wir nach Hause kamen, mußte ich mich eine Stunde lang dafür entschuldigen, daß ich ihn in aller Öffentlichkeit bloßgestellt und dieses verdammte, blöde Kleid angezogen hatte.«

Frauen in Nebenrollen

»Im allgemeinen leben Männer ihr Leben als Stars... viele von ihnen wenden niemals Zeit oder Mühe auf, um festzustellen, was in ihren Gefährtinnen vorgeht. Die sind eben nur Zweitbesetzung.«

Einer der Bereiche, der besonders viel über die Beziehungen zwischen Frauen und Männern aussagt, ist die Frage, wer auf wen wartet. Müssen zum Beispiel normalerweise Sie auf ihn warten? Sich fragen, wann er endlich kommt? Auch wenn es Ihnen gar nichts ausmachen würde, auf ihn zu warten, wenn Sie genau wissen, *wann* er voraussichtlich kommt – endlos zu warten, das bedeutet, daß er die Macht hat.

Anders ausgedrückt: Als Stars setzen Männer fest, was in der Beziehung als »emotionale Realität« zu gelten hat – indem sie die Frau psychologisch geschickt dazu bringen, seine Bedingungen zu akzeptieren, selbst wenn sie sich innerlich dagegen sträubt. Wenn sie mit ihm zusammen sein will, muß sie eben seine Definition der Realität übernehmen – und gibt sich damit auf. Sie muß die Idee verinnerlichen, daß ihre eigene Wahrnehmung der Realität »leicht verrückt«, »neurotisch«, zumindest aber »falsch« ist.

In Beziehungen sollten jedoch alle Situationen gemeinsam besprochen und ein Konsens erreicht werden. Die meisten Männer sind aber noch nicht bereit, Frauen in diesem Ausmaß überhaupt anzuhören. Ohne groß nachzudenken, gehen sie davon aus, ihre Sicht der Realität und der Beziehung sei die einzig Richtige.

Diese starke, bislang kaum durchleuchtete Dynamik kann eine Partnerschaft schwer schädigen, wie eine Frau beschreibt:

> »Ed glaubte wirklich, daß unsere Probleme grundsätzlich meine Schuld seien. Er wirkte so überzeugend, daß meine eigene Wahrnehmung dessen, was passierte, völlig verzerrt wurde. Je länger die Beziehung dauerte, desto stärker verstrickte ich mich in einen Teufelskreis, in dem ich meine Zweifel oder Probleme immer weniger ausdrücken konnte. Nach einiger Zeit zensierte ich *mich selbst* und ging davon aus, meine Probleme seien selbstgestrickt, und ich müsse eben an mir arbeiten, um sie zu lösen.«

Wenn Männer so tun, als wären ihre Bedürfnisse wichtig, unsere aber nicht, ihre Sicht der Realität wahr, unsere aber falsch, und wenn wir unsere Zweifel daran ausdrücken, wird uns beschieden, wir würden herumlabern oder seien unsicher. Die Männer verhalten sich dabei doppelzüngig (und mißbrauchen uns psychologisch). Unlogischerweise putzen sie uns für unsere logische Reaktion auf ihr tyrannisches Verhalten herunter.

Eine Frage für die neunziger Jahre
Sind Frauen auf die Liebe fixiert? Es gibt eine weithin vertretene Theorie, die besagt, wenn Frauen nur nicht »zu sehr liebten« (also sich mehr wie Männer verhalten würden), dann wären sie weitaus glücklicher und hätten mit der Liebe nicht so viele Probleme.

Wenn Frauen jedoch gezwungen wären, der Liebe nur noch den zweiten oder dritten Rang in ihrem Leben einzuräumen und so wettbewerbsbezogen zu werden wie echte Männer – also männlicher als die Männer! –, werden dabei nicht alle um etwas ärmer? Sollte es nicht vielmehr so sein, daß Männer eben mehr Liebe und Fürsorglichkeit entwickeln, um nur einige der traditionellen weiblichen Fähigkeiten zu nennen?

Das Interesse der Frauen an Liebe und persönlichen Beziehungen, ihre Diskussionen darüber – so oft ins Lächerliche gezogen – sind sehr wichtig. Was Frauen hier zu schaffen macht, ist eines der wichtigsten Themen unserer Zeit überhaupt: Wie wir lieben sollten, wie das Leben wieder gefühlsreicher, sensibler werden könnte und wie es zu verhindern ist, daß wir von denjenigen gedemütigt werden, die gleichzeitig von dieser Liebe und Fürsorglichkeit profitieren.

Statt daß Frauen nun weniger lieben, sollten besser die Männer mehr lieben, gefühlvoller werden und uns darin unterstützen? Warum müssen es immer die *Frauen* sein, die ihr Verhalten ändern sollen?

Gehässige Bemerkungen von Männern

> »Immer kritisiert er mich. Und dann sagt er: ›Was ist denn los? Kannst du keine Kritik vertragen?‹«

Der Frauenalltag wird immer wieder durch beiläufige Kritik »bereichert«, wie diese Frau sie beschreibt:

> »Als ich einmal eines Abends meine Haare nicht wusch, sagte mir mein Freund gleich: ›Aha, heute hast du dein Haar nicht

gewaschen, was? Ist nicht so schlimm, sieht auch so ganz gut aus‹, und dabei hatte er so eine zuckersüße, falsche Stimme. Ein anderes Mal trug ich aufreizende Dessous, weil ich meinte, sie würden ihm gefallen. Er: ›Was ist los, kannst du dir keine teureren Sachen leisten? Das schaut billig aus.‹ Und als ich mal mit Freundinnen ins Kino ging, schaute er nach, wann die Vorstellung aus war, wann ich also zu Hause sein sollte, und schrie mich an, weil ich ›die ganze Nacht mit den Mädels herumgezogen‹ sei. Ich weiß zwar, daß er sich unmöglich aufgeführt hat, aber ich habe diese Wochen doch tatsächlich gezögert, mit meinen Freundinnen erneut auszugehen.«

Ein solches Verhaltensmuster wirkt einschüchternd. Beim nächsten Mal versuchen wir dann oft, unser Verhalten nach seinen Erwartungen auszurichten. Eine Frau beschreibt das so:

»Seit ich mit ihm zusammen bin, hungere ich mir eine schlanke Linie an, rase von der Arbeit nach Hause, um die Wohnung richtig gemütlich herzurichten, damit er es schön hat. Was ich davon habe? Kürzlich sagte er zu mir: ›Du bist einfach so perfekt, ein richtiges Hausmütterchen – kannst du nicht ein bißchen femininer sein?‹ Jetzt zerbreche ich mir den Kopf, wie ich das nun wieder fertigbringen soll.«

Wenn sich die Frau dann beschwert, auf die Kritik mit Weinen reagiert oder eine Erklärung möchte, heißt es oft: »Was bist du nur so empfindlich? Ich habe doch nur Spaß gemacht!« (Und darauf folgt manchmal noch ein: »Du weißt doch, ich liebe dich!«) Diese billigen Seitenhiebe und unproduktive Kritik ähneln den doppeldeutigen Botschaften, von denen bereits die Rede war. Wieder einmal müssen Frauen sich mit ambivalenten Forderungen herumschlagen, die dazu führen, daß sie ständig darüber nachdenken und herauszufinden versuchen, wer und was sie eigentlich sind. Und dann hoffen sie, sobald dieses Problem gelöst sei, kehre auch die anfängliche Liebe wieder in die Beziehung zurück.

»Spaß« in der Sprache

Manche Kritik ist dermaßen platt, daß sie bereits als Floskel in die Sprache Eingang gefunden hat. Sie kennen doch diese alten, wohlbekannten Klischees, die gewöhnlich nur den Frauen vorbehalten sind! Sind solche Klischees schon mal auf Sie angewendet worden? Hat man Sie schon einmal wie folgt charakterisiert?

> »karrieregeil, fordernd, Meckerliese, neurotisch, Zicke, kapriziös, hysterisch, kreischend, unlogisch, kleinlich, immer auf Bestätigung aus, gefühlsduselig, viel zu sensibel, kindisch, pathetisch, neben der Schüssel, hilfsbedürftig, verrückt, unbeständig, launenhaft, lästig, mäkelig, schwierig...«

Schon mal gehört, daß ein *Mann* so bezeichnet wurde?

Leider übernehmen auch viele Männer, die ihre Frauen wirklich lieben, diese Sprache, wenn sie verärgert oder aufgebracht sind. Diese Ausdrücke schleichen sich im Gespräch einfach ein. Manchmal werden sie auch von Fremden benutzt, so »im Vorbeigehen«. Wenn sich eine Frau dann zur Wehr setzt, meint man gleich, sie würde überreagieren. Und doch ist es nur zu verständlich, wenn sich eine Frau gegen Bezeichnungen wehrt, die vor langer Zeit erfunden wurden, um sie herunterzumachen oder »auf ihren Platz« zu verweisen.

In der Regel gehen solche Ausdrücke bei uns zum einen Ohr hinein und zum anderen hinaus; aber wenn der Mann, den wir lieben, so mit uns redet, ist es schwierig, nicht von Selbstzweifeln gepackt zu werden. Wenn wir uns dann Bestätigung suchend an denselben Mann wenden, können wir durchaus damit rechnen, daß er uns erneut im Stich läßt! Das Ganze wächst sich alsbald zu einer Horrorshow aus, in der ein Schrecken den anderen nach sich zieht: Wir werden natürlich immer wieder etwas finden, was »unsere Schuld« ist, wenn unser Liebster uns immer wieder klarmacht, was alles mit uns nicht in Ordnung ist.

Lassen Sie sich von Klischees nicht einschüchtern!
Frauen werden von Männern gerne mit Etiketten versehen. Eine Frau sieht das so:

»Wenn meine Freundinnen und ich mit unseren jeweiligen Freunden Pläne schmieden wollen und sie fragen, wann sie wieder zurück sein werden und so weiter, nennen sie uns gleich ›Nervensägen‹, ›Polizistin‹, ›Gefangenenwärterin‹ und so weiter. Einer hat seine Freundin, die brav zu Hause darauf wartete, daß er von den Streifzügen mit seinen Freunden heimkam, sogar ›Henkerin‹ genannt!«

Diese Etikettierung kann Frauen wütend machen oder auch nur hysterisch auflachen lassen, je nachdem, in welcher Stimmung sie gerade sind. Es ist doch klar, daß kaum eine Frau gerne Spielverderberin sein oder als solche bezeichnet werden möchte. Frauen machen Vorschriften oder stellen Fragen, eben weil sich die Männer, mit denen sie leben, so wenig um sie kümmern. Diese Vorschriften und Fragen sind einfach ein Versuch der Frauen, die Beziehung aufrechtzuerhalten, indem sie *irgendwo* eine Grenze ziehen, bevor sie so zornig werden, daß sie einfach gehen.

Der feige Kritiker
Eine andere Form der Feindseligkeit ist noch schwerer durchschaubar. Hier ist der Herr Kritiker bemüht, seine Kritik so verschleiert vorzutragen, daß Sie schließlich fest überzeugt sind, verrückt zu sein. Er unterstützt diese Überzeugung, indem er Ihnen noch sagt: »Ich behandele dich wirklich mit Samthandschuhen – offensichtlich hast du tatsächlich Wahnvorstellungen.«

Dieses Muster versteckter Kritik, indirekt vorgebracht und dann indirekt bestritten, zog sich wie ein roter Faden durch die langjährige Beziehung dieser Frau:

»Nachdem ich mit Larry sechs Monate zusammen war – viele Feten und so weiter –, wollte ich mehr Zweisamkeit. Wir hatten so gut wie keine Zeit für uns allein und waren ein typisches Feten-Paar. Ich versuchte, mehr Romantik hineinzubringen, kochte feines Abendessen, wollte mit ihm ganze Abende im Bett verbringen und viel mit ihm zusammensein. Es war aber so, als würde ich gegen den Strom schwimmen. Ich versuchte alles, was ich konnte, fühlte mich aber immer einsamer. Andererseits war er immer abrufbar und ging gerne mit mir aus, so daß ich wirklich den Eindruck hatte, es läge ihm etwas an mir. Ich begann, jeden Morgen beim Aufwachen in Tränen auszubrechen, weil unsere ›Intimität‹ vom Vorabend ein solches Gefühl der Leere in mir hinterlassen hatte. Ich versuchte, ihm das zu sagen, aber wir stritten uns dann wieder, weil er es nicht ausstehen konnte, wenn ich weinte. Er bezeichnete meine Tränen als Schwangerschaftsbeschwerden, und damit war die Sache erledigt.

Ich beschloß, einen letzten, großen Versuch zu starten, das Blatt zu wenden. Wir hatten ein Paar aus Frankreich zu Besuch, und wir wollten ein großes Fest geben. Ich warf mich in ein paar hinreißende neue Sachen und hatte meinen großen Auftritt. Wie üblich sagte er nichts. Als jedoch die Französin aus ihrem Schlafzimmer kam, ließ er sie nicht aus den Augen und sagte: ›Sie sieht unglaublich toll aus! Französinnen haben einfach Stil, findest du nicht?‹ Er mußte doch wissen, wie ich mich dabei fühlte, der Sadist! Und was für eine miese Art, mich auf meinen Platz zu verweisen!«

Viele Frauen erzählen, daß sie sich in diesen Partnerschaften sehr einsam fühlen – einsamer, als wenn sie als Single lebten. Eine Frau sagt:

»In meiner letzten Beziehung mit einem Mann durchlebte ich Momente einer derartigen Einsamkeit, daß ich mich manchmal fragte, ob alle anderen Menschen vom Erdboden verschwunden wären. Ich habe viele Nächte durchgeheult. Ich bin so froh, daß ich mich schließlich von ihm habe scheiden lassen und ein neues Leben angefangen habe, denn ich fühlte mich so unglaublich einsam, als wir verheiratet waren. Isoliert. Ignoriert. Jetzt kann ich mich mehr meinem Sohn widmen, Spaß haben und das Leben genießen, ohne ständig befürchten zu müssen, ich würde gleich wieder kritisiert oder eiskalt behandelt – mein Mann war absolut genial, wenn es darum ging, Eiseskälte auszuströmen, wenn er keine Lust zum Reden hatte. Man hätte glauben können, man sei in Sibirien.«

Andauernd heruntergemacht zu werden, vor allem indirekt, Ihre Gedanken und Gefühle ignoriert (überhört) oder als lächerlich beiseite gewischt zu erleben, und das alles von dem, der Ihnen erklärt, wie sehr er Sie liebt – das ist, gelinde ausgedrückt, verwirrend. Wie sollen Sie die Gefühle, die wir mit dem Wort »Liebe« assoziieren, mit einem solchen Verhalten in Einklang bringen?

Kritik ist im Grunde normal. In einer wirklichen Partnerschaft kritisieren die Partner einander, weil sie sich lieben – dann aber mit Zärtlichkeit und einem konstruktiven Ziel. Was die Frauen jedoch hier beschreiben, ist etwas anderes: ständige, indirekte Kritik, in die Alltagsroutine eingebaut, Gewalt auf der Gefühlsebene. Wir haben die kränkenden Klischees schon aufgezählt, die in die alltägliche Sprache eingegangen sind – eine Sprache, die Männer meist ganz normal und in Ordnung finden. Das Problem wird von der Tatsache verstärkt, daß die Gesellschaft den Männern die »natürliche Star-Rolle« in einer Beziehung zuerkennt. Sie gehen deshalb davon aus, daß sie das Recht haben, Normen für unser Verhalten aufzustellen und uns jederzeit klarmachen zu dürfen, wann wir diesen Normen nicht entsprechen – was wir also mal wieder falsch machen.

Wenn diese emotionellen Angriffe in der Partnerschaft zum Alltag gehören, wird es schwer, einem Mann Einhalt zu gebieten und ihm klarzumachen, daß sein Vorurteile und Voraussetzungen fragwürdig sind – so daß er seine Einstellungen zu überdenken und eventuell zu ändern beginnt, bevor die Beziehung in die Brüche geht.

Sabotage

Einige Frauen berichten, es komme in ihrer Beziehung immer wieder vor, daß ihr Partner wichtige Dinge vergißt oder sie trivialisiert:

»Mein Mann machte mir das Leben schwer, aber nie so, daß ich ihn hätte festnageln können, und deshalb wirkte er immer wie ein Unschuldslamm. Zum Beispiel bereitete ich einen Grillabend für ungefähr vierzig Kolleginnen und Kollegen vor – für mich eine wichtige Sache. Als ich gerade nicht zu Hause war, rief ein Kollege an, um zu fragen, ob er noch Grillbesteck mitbringen sollte. Mein Mann sagte einfach ›nein‹, und dann hatte ich nicht genügend für alle zur Hand. Bis heute weiß ich nicht, ob er wirklich keine Ahnung hatte, daß ich davon nicht genügend besaß (aber warum hat er dem Mann dann nicht gesagt, daß er sie auf jeden Fall mitbringen solle?), oder ob er es mir heimlich heimzahlen wollte, weil ich ›dauernd so beschäftigt‹ war und ›so viel Wind machte‹ wegen meiner Party.«

»Es war mein neunundzwanzigster Geburtstag, und es ging mir sehr gut. Ich fuhr nach der Arbeit heim, bekam von meiner Mutter einen Blumenstrauß, Freundinnen riefen mich an, mein Freund jedoch ließ nichts von sich hören. Ich war enttäuscht, aber ich hoffte, er würde sich dafür später noch etwas einfallen lassen. Wir hatten ausgemacht, uns in meinem Lieblingslokal zu treffen, mein Freund und noch zehn andere Leute. Er mochte meine Freunde und Freundinnen zwar nicht besonders (und sie ihn auch nicht), aber ich dachte, heute abend würde es ausnahmsweise schon mal gehen, schließlich sei ja mein Geburtstag, und er würde doch sicher nicht unhöflich zu ihnen sein und mich damit demütigen. Ich war ziemlich früh im Lokal und wartete an der Bar. Meine Freunde kamen nach und nach, brachten Tulpen und kleine Geschenke mit. Es war so schön, und ich fühlte mich so glücklich zu spüren, wie gern sie mich hatten. Dann kam er herein, ohne ein

Lächeln oder irgend etwas. Er drückte mir eine alte Plastiktüte in die Hand. Ich machte sie auf, und drinnen lag ein Spielzeug, etwas für Drei- bis Vierjährige. So eins mit einer Schnur dran, an der man ziehen muß, und dann winkt es wie ein Schülerlotse oder sagt Dankeschön. Ich konnte es einfach nicht glauben. Ich sah meine beste Freundin an und merkte, wie sie innerlich kochte. Das war überhaupt nicht komisch; es war vielmehr, als habe er gesagt: ›Ich schenke dir, was ich will und wann ich will, und wenn's dir nicht gefällt, laß es bleiben.‹ So ungefähr: ›Wollen wir doch mal sehen, wieviel Demütigung du wegsteckst und dich immer noch nett benimmst.‹
Während des gesamten Abendessens ignorierte er mich entweder oder war unhöflich und beleidigend, was den ganzen Tisch zum Schweigen brachte. Es kamen noch mehr Freundinnen, und jetzt war es mir bereits peinlich, wie nett sie alle zu mir waren, weil man um so deutlicher spürte, wie scheußlich er sich mir gegenüber benahm. Ich habe mich so geschämt. Schließlich mußte ich vom Tisch aufstehen, weil ich meine Tränen nicht mehr zurückhalten konnte. Ich war so verletzt. Aber ich traute mich nicht, vor ihm zu weinen, denn Gott weiß, was er dann wieder für Kommentare abgegeben hätte. Meine Freundin ging auf ihn los, und als er sich weigerte, mit ihr über meinen Kummer zu reden, gingen sie schließlich alle. Sie konnten es einfach nicht mehr aushalten, und ich trage ihnen das nicht nach. Als wir dann bei ihm zu Hause waren, ging er auf mich los und schrie mich wegen meiner Freunde an, was für blöde Leute das seien, wie beschissen ich mich aufgeführt hätte, so herumzuheulen, was bloß mit mir los sei, blah, blah, blah. Ich saß nur da und weinte. Wie hätte ich ihm irgend etwas erklären können, wenn er doch so weit davon entfernt war zu merken, was *tatsächlich* vorgefallen war? Am Ende sagte ich nur immer wieder: ›Es ist mein Geburtstag, wie konntest du bloß so etwas machen? Ich habe Geburtstag!‹ Und dann verließ ich ihn.«

In einer emotional aggressiven Atmosphäre leben
Einer der häufigsten, wenn auch meist ungenannten Gründe für Streitigkeiten in einer Beziehung ist emotionale Gewalt. Die Atmosphäre, die dabei aufgebaut wird, nicht zuletzt durch die Sprache, die Frauen gegenüber benutzt wird – und durch andere ganz alltägliche Verhaltensweisen Frauen gegenüber –, bildet den Hintergrund der meisten Beziehungen zwischen Frauen und Männern. Dieses Bezugssystem kann so viel Spannungen, Abwehrhaltungen und Unbehagen erzeugen, daß viele alleinlebende Frauen sich scheuen, noch einmal neue Beziehungen einzugehen.

Den Gefühlsvertrag ändern

Die verflochtenen und standardisierten Verhaltensmuster, die Frauen und Männern beigebracht werden, bilden zusammen eine Art Gefühlsvertrag, in dem die Frau den Mann umsorgen und sich um seine emotionalen Bedürfnisse kümmern soll, nicht aber umgekehrt. Diese Wechselbeziehung wurde bislang in fast allen Analysen von Liebesbeziehungen außer acht gelassen. Das Muster sieht typischerweise so aus: Die Männer verweigern den Frauen gefühlsmäßige Teilnahme, distanzieren sich emotional (wer weniger verletzlich ist, hat auch mehr Macht...), nehmen Frauen nicht ernst, hören ihnen nicht zu – und gehen dann zu den Frauen und erwarten von ihnen Liebe, Zuneigung und Verständnis (»eine Frau sollte für den Mann da sein«).

Wie kann eine Frau auf jemanden reagieren, der einerseits oft distanziert und unzugänglich ist, sie gar lächerlich macht oder ihr nicht zuhört, dann aber zu ihr kommt, von ihr Liebe und Zuneigung will und behauptet, daß er sie liebt?

In den letzten Jahren sehen sich Frauen der Kritik ausgesetzt, sie »liebten zu sehr«, »gäben zu viel«, seien »zu fürsorglich« oder »auf Romantik fixiert«. Diese Theorie besagt, daß Frauen sich zu sehr auf die Liebe als Erfüllung ihres Lebens konzentrierten, daß wir Frauen zu anhänglich seien, weil wir dazu erzogen worden und deshalb psychisch abhängig, ja sogar psychisch »verkrüppelt« seien. Es wird uns gesagt: Wenn Frauen endlich aufhörten, sich so zu benehmen und zu sehr zu lieben (sich also eher wie Männer benähmen), dann wären sie glücklicher und hätten weniger Probleme in der Liebe. Das jedoch unterschlägt die anderen Teilnehmer an diesem Drama: die Männer. Eins steht nämlich fest: Problematische Situationen in einer Beziehung werden ebenso stark von den Männern wie von den Frauen beeinflußt. Das Verhalten der Männer aber wird so gut wie nie analysiert, und es wird bei Erörterungen der »weiblichen Psychologie« sogar explizit links liegengelassen, als ob die weibliche Psychologie im luftleeren Raum existierte. Wenn jedoch Männern allenthalben beigebracht wird, daß sie Frauen überlegen seien, privilegiert oder eben »anders« als Frauen, dann muß das auch Auswirkungen auf ihr Verhalten gegenüber Frauen haben (auch gegenüber denen, die sie wirklich lieben).

Wir haben gesehen, daß die Unsicherheitsgefühle, die Frauen häufig verspüren, Teil einer vielschichtigen Wechselbeziehung sind. Wenn ein Mann dabei bleibt, seine Gefühle zurückzuhalten, dann überläßt er es eindeutig der Frau, die Bürde der Beziehungsarbeit allein zu tragen und die Kommunikationswege begehbar zu machen. Damit machen Frauen Beziehungen überhaupt erst möglich. Welche Ironie, Frauen gerade das vorzuwerfen! Wie grausam, Frauen herabzuwürdigen und ihnen vorzuwerfen, sie seien »viel zu fordernd« und wollten »unentwegt über die Beziehung reden«!

Und auch das ist blanke Ironie: Einerseits wird den Frauen vorgeworfen, sie seien immer so gesprächsbedürftig und bräuchten ständig Kommunikation; andererseits bekommen Männer auf diese Weise jede Menge Aufmerksamkeit von Frauen, brauchen also nicht erst groß darum zu bitten (und darum fällt nicht auf, daß auch sie Aufmerksamkeit brauchen).

Ist es nicht interessant, daß sich die meisten Männer keineswegs an andere Männer wenden, um über ihre emotionalen Bedürfnisse zu sprechen? Im »Hite-Report über die Sexualität des Mannes« sagte die überwiegende Mehrheit der Männer, ihr »bester Freund« sei ihre Frau. In »Frauen und Liebe« hingegen erklären die meisten verheirateten Frauen, daß sie zwar ihre Männer liebten, aber wenn sie ein Gespräch bräuchten, müßten sie mit ihren besten *Freunden* reden – und das sind eben Frauen.

Kurz gesagt: Die Wirklichkeit sieht keineswegs so aus, daß Frauen sozusagen Freudsche Schattenwesen sind, die ihr Leben lang von Unsicherheitsgefühlen geplagt werden. Die Wahrheit ist, daß Männer durch unpassende und abschätzige Bemerkungen über Frauen eine Entwicklung in Gang setzen, in der Frauen nachfragen müssen, was denn hier eigentlich los ist: Warum der Mann solche Sachen sagt, und ob sie die Beziehung wirklich aufrechterhalten sollten. Es ist traurig, daß so viele komplexe Gefühle, die wir mit anderen Frauen sehr wohl teilen können, von Männern abgeblockt werden.

Frauen wünschen sich einfach, Männer könnten ihre veralteten Vorstellungen über Frauen und sich selbst endgültig über Bord werfen, keine Angst mehr davor haben, als »schwach« angesehen zu werden, nur weil sie *wirklich* lieben, und letztlich die Frau als gleichwertige Partnerin akzeptieren. Die meisten Frauen möchten, daß die Männer das Blatt wenden und anfangen, gleichermaßen gefühlvoll zu lieben – ohne Ängste.

Emotionale Gewalt: Eine Definition

Was wir bisher in all ihren möglichen Verkleidungen beschrieben haben, können wir nun auch benennen: emotionale Gewalt. Die emotionale Gewalt oder auch Ohrfeigen auf der Gefühlsebene, emotionale Aggression und Unterdrückung sind in unserer Gesellschaft derart weit verbreitet, derart Teil unseres Alltags, daß sie allgemein als »Realität« akzeptiert werden; uns wird beigebracht, die »menschliche Natur« sei eben so und »Männer« könnten »gar nicht anders«.

Emotionale Gewalt ist ein riesiges gesellschaftliches Problem – und nicht etwa biologisch determinierte »menschliche Natur«. Doch hat man bislang noch keineswegs allgemein eingesehen, daß die Muster der Liebesbeziehungen die Diskriminierung von Frauen in der Gesellschaft widerspiegeln. Die Beziehungsprobleme, die sich aus dem zweitrangigen Status der Frau ergeben, werden meist unter den Teppich gekehrt, als »Frauenprobleme« verharmlost (Frauen seien eben »neurotisch«, jammerten ständig herum und beklagten sich) und auf diese Weise als individuelle Probleme abgestempelt. Emotionale Gewalt wird auch von Ärzten mit dem Mantel des Schweigens zugedeckt, indem sie Frauen zu viele Beruhigungsmittel verschreiben, und von Ratgeber-Büchern verschwiegen, die Frauen beibringen, wie sie »damit leben lernen« sollten.

Die negative Freudsche Vorstellung vom Wesen der Frau und ihrem daraus resultierenden niedrigeren Status hat einen Großteil der Kunst, der Literatur und der Politik des 20. Jahrhunderts durchdrungen. In diesem Buch brechen wir mit der althergebrachten Tradition und vermitteln eine neue Analyse dessen, was vor sich geht.

Die Ungerechtigkeit des Gefühlsvertrags – was man vom Mann erwartet, was man von der Frau erwartet – verfolgt uns überall, ist absolut alltäglich und wird weithin akzeptiert: »So ist es eben, so war's, und so wird es immer sein.« Aber es muß durchaus nicht immer so sein.

Manche behaupten, daß es »feindselig« und »unpräzise« sei aufzuzeigen, welche emotionale Gewalt Männer Frauen gegenüber anwenden. Wenn wir bedenken, daß vor kaum zehn Jahren erstmals statistisches Material über die *physische* Gewalt veröffentlicht wurde – und mittlerweile ist nachgewiesen, daß fünfundachtzig Prozent der ehelichen Gewalttätigkeiten von Männern begangen werden –, kann es doch wohl nicht sehr überraschen, daß auch *emotionale* Gewalt und Aggression gegenüber Frauen Alltagsbestandteil unseres Lebens sind. Offensichtlich ist der emotionale Mißbrauch der Frau noch viel weiter verbreitet als die extreme Form, nämlich körperliche Gewalt.

Obwohl die meisten Frauen das Gefühl haben, im emotionalen Bereich ihrer Beziehungen liefe irgend etwas schief und es herrsche eine gewisse eingebaute Macht-Ungleichheit, so zum Beispiel, wenn Männer bei Streitigkeiten den Frauen »gemeinere« Dinge an den Kopf werfen als Frauen den Männern –, obwohl Frauen das oft so empfinden, war es doch bislang schwierig, den Finger darauf zu legen. Frauen wurden als »verrückt«

bezeichnet, wenn sie erklärten, ihrer Meinung nach gehe irgend etwas nicht mit rechten Dingen zu. Und viele von uns nannten dieses »Etwas« auch nicht ganz genau beim Namen, nämlich »psychische Gewalt oder emotionalen Mißbrauch«. Denn wie wir schon gesehen haben, bestärkt die Gesellschaft Frauen darin, die Schuld bei sich selbst zu suchen, und sie bestärkt Männer darin, Frauen die Schuld zu geben. Wie es eine Komödiantin einmal ausdrückte: »Mein Freund und ich hatten zwei Dinge gemeinsam. Beide liebten wir ihn – und haßten mich.«

Diese allgemein vorherrschende Haltung – daß die Frau schuld hat, wenn etwas schiefgeht, daß sie immer »herummäkelt«, »manipuliert« oder »unmöglich im Zusammenleben« ist (wie es in den berühmten Witzen über Ehefrauen immer heißt) – führt dazu, daß viele von uns dauernd ihre eigene Wahrnehmung in Frage stellen. Manchmal glauben wir sogar (oder bekommen zu hören), wir müßten wohl »verrückt« sein, uns so aufzuregen. Doch die Wirklichkeit sieht so aus: Unser gesellschaftlicher Verhaltenskodex verstärkt das abwertende Verhalten von Männern und schafft auf diese Weise immense Probleme – vor allem für Frauen in Liebesbeziehungen.

Die Ungleichheit, die dem Gefühlsvertrag innewohnt, ist tatsächlich das größte Problem der meisten Liebesbeziehungen – Frauen und Männer sind sozusagen von Geburt an »sternbahnenweit voneinander entfernte Liebende«. Je eher das eingesehen wird, desto eher lassen sich persönliche Beziehungen auch verbessern. Indem wir alle zusammen daran arbeiten, können wir diesen unnatürlichen Vorurteilen ganz sicher ein Ende setzen und lernen, unser Leben und unsere Liebe füreinander mit weitaus weniger Kummer und erheblich mehr Glück zu genießen.

Ein neuer Gefühlsvertrag

Liebe – muß sie wirklich so schwierig sein? Haben wir in diesem Buch bislang viel zu negativ geklungen? Na, wir wetten darauf, daß Sie mindestens ein oder zwei vertrackte Dinge wiedererkannt haben, die Ihnen selbst schon zu schaffen machten.

Als erstes möchten wir betonen, daß *wir* (Autorinnen) nun wirklich nicht für diese ganzen, unheimlich schwierigen gordischen Knoten in den Liebesbeziehungen verantwortlich gemacht werden können. *Wir* können nichts dafür, daß Männer noch immer mit dem Image von Rambo und dem Marlboro-Mann im Kopf aufwachsen, dem Ideal vom »einsamen Steppenwolf«. Es ist nicht unsere Schuld, daß so viele Männer vor Angst wie gelähmt sind, wenn sie sich Gefühlen gegenübersehen. Also schieben Sie die Schuld bitte nicht auf uns!

Wir sind vielmehr hier, um Ihnen zu helfen, den ganzen Wust zu sortieren. Und wir hoffen, daß Sie im Anschluß an diese neue und ungemein interessante Analyse gefühlsmäßig nicht mehr so in der Defensive sein müssen.

Es besteht ein sehr ernsthafter Konflikt zwischen dem, wer und was wir sind, wer wir als Frauen des späten zwanzigsten Jahrhunderts geworden sind, und den völlig veralteten Anforderungen, die viele Männer immer noch an uns stellen.

Es ist deshalb an der Zeit, die Beziehungen so zu revidieren, daß sie mehr auf emotionaler Gleichberechtigung basieren, mehr Spaß und glücklicher machen. Zeit, endlich zu verstehen und damit zu verändern, was abläuft, damit die Liebe bleiben kann.

Die neue Sexualität

Sex. Ob die Frauen in den neunziger Jahren Sex wohl mehr denn je genießen werden – oder werden sie seiner nach den problematischen achtziger Jahren eher müde sein? Wie steht es mit der Monogamie? Haben sich die Dinge für Frauen denn grundlegend geändert?

Gibt es immer noch eine Doppelmoral?

> »Sex verschiebt die Machtverhältnisse: Wenn ein Paar sich am Abend danach wiedersieht, warum bloß...? Es sitzen einfach nicht mehr zwei Gleichberechtigte beim Abendessen.«

Existiert wirklich immer noch eine doppelte Moral? Was ist mit dem Neuen Mann? Denken die meisten modernen Männer, die Neuen Männer, heute nicht schon anders? Haben sie nicht die alten Denkweisen schon hinter sich gelassen, nach der Männer »Bums-Listen« führen müssen (weil das nämlich zur richtigen Männlichkeit dazugehört), halten aber die Frauen, die mit ihnen schlafen wollen, irgendwie dennoch für Flittchen?

Ob Sie's glauben oder nicht, diese idiotische Vorstellung spukt immer noch in den Köpfen herum. Die meisten Frauen erklären, daß sich ihr Verhältnis, nachdem sie mit einem Mann geschlafen haben, grundlegend ändert. Vorher wurde die Frau »begehrt«, danach fühlt sie sich häufig, als sei sie »vernascht« worden!

Natürlich sind nicht alle Männer so, aber diese Denkweise ist doch noch weit verbreitet, sogar bei Teenagern.

Sprüche, die Männer immer noch loslassen

Einige der Sprüche, die heute im Umlauf sind, rangieren von verblüffend bis unglaublich, von verletzend bis einfach nur dumm – wetten, daß Sie einigen von diesen Sprüchen schon begegnet sind und Ihnen lieber gewesen wäre, Sie hätten sie nicht gehört?

»Und jetzt willst du mit mir nicht schlafen? Und warum hast du dir dann diese ganzen aufreizenden Klamotten angezogen?«

»Es ist Gottes Wille.«

»Aber ich habe das Abendessen bezahlt!«

»Wenn wir miteinander schlafen, können wir endlich diese sexuelle Spannung beseitigen, die unsere Freundschaft nur stört.«

»Nimmst du die Pille?«

»Ich bin zwanzig. Es kann doch nicht wahr sein, daß ich zwanzig bin und noch immer männliche Jungfrau!«

»Mich jucken die Eier.«

»Und wenn dich morgen ein Lastwagen überfährt, dann hast du den besten aller möglichen Männer nicht im Bett gehabt.«

»Bist du lesbisch oder was?«

»Du sagst zwar, du willst nicht, aber ich weiß, daß du in Wahrheit doch willst.«

»Wie wär's mit einer Pizza und dann einem schnellen Fick?« (Sie haut ihm eine runter.) »Was ist denn los, magst du keine Pizza?«

»Willst du tanzen? Nein? Aha. Ob du mir einen blasen willst, brauche ich dann wohl nicht zu fragen.«

»Wenn du nicht mit mir schläfst, sage ich allen, daß du's doch getan hättest.«

»Sicher haben wir uns gerade erst kennengelernt, aber ich glaub', ich liebe dich.«

Und schließlich die klassische Zeile:

»Und natürlich werde ich dich auch morgen noch achten!«

Schlagfertige Antworten

Einige Frauen haben uns hervorragende Retourkutschen vorgeschlagen. Wenn Sie solche blöden Bemerkungen zu hören bekommen, versuchen Sie es doch einmal damit:

»Kennen Sie mich denn nicht mehr? Ich bin die, die Ihnen den Spitznamen Bleistiftschwanz verpaßt hat.«

»Klar, kann ich meine Mama mitnehmen?«

»Nein, aber ich zahle Ihnen was, wenn Sie verschwinden.«

»Ich mag Frauen lieber!«

»Ich bin als Kind von einem Gorilla vergewaltigt worden und habe so das Gefühl, daß Sie mich enttäuschen würden.«

»Sind Sie reich? Ich bin schwanger und suche nach einem Opfer für eine Vaterschaftsklage.«

Er: »Darf ich Ihnen etwas zu trinken bestellen?«
Sie: »Nein, aber ich nehme die zwei Mark fünfzig.«

Wie schnell sollten Sie sich mit ihm auf Sex einlassen?

Die Zeit, in der eine neue Beziehung beginnt – oder wenn Sie miteinander schlafen, um herauszufinden, ob es bereits eine Beziehung ist –, ist eine der aufregendsten, aber auch schmerzvollsten Zeiten für Frauen. Der Druck der achtziger Jahre, feste Beziehungen zu haben und monogam zu leben, sowie die Angst vor AIDS hätten eigentlich bewirken sollen, daß Frauen sich weniger unter Druck gesetzt fühlen, sofort mit jemandem ins Bett zu steigen. Aber die Erfahrungen der meisten Frauen sehen anders aus. Sie haben den Eindruck, die meisten Männer erwarten immer noch Sex schon bei der ersten Verabredung:

»Als ich das erste Mal mit ihm ausging, küßten wir uns und fummelten ein wenig herum, und obwohl ich auch erregt war, wollte ich warten, bevor ich mit ihm schlief, um ein besseres Gefühl dabei zu haben. Er wollte das aber nicht. Er war geradezu schockiert, als ich mich weigerte.«

»Als wir das erste Mal ausgingen, schliefen wir auch miteinander. Ganz im Überschwang der Gefühle. Am nächsten Morgen fürchtete ich, er würde mich nicht mehr anrufen. Er rief nicht an. Ich habe daraus gelernt, daß eine Frau nicht alles geben sollte, wenn sie mehr von jemandem haben möchte. Ich nehme mir lieber Zeit, mich mit jemandem langsam auf etwas einzulassen, über mehrere Wochen, so daß wir am Ende richtig aufeinander gespannt sind.«

Wenn Männer merken, daß für Frauen ein Liebesabenteuer mehr sein könnte als nur eine kurze sportliche Übung, machen sie sich manchmal darüber lustig:

»Als wir das erste Mal miteinander schliefen, sagte er: ›Wir wollen das nun aber nicht allzu ernst nehmen‹«

»Wir lagen nebeneinander und hatten gerade ganz unbeschreiblich schön miteinander geschlafen, da drehte er sich zu mir, sah wunderschön aus und sagte: ›Hör zu Mädchen, du scheinst dir das richtig zu Herzen zu nehmen. Als ob's was Ernstes wäre. Aber nicht mit mir. Also ich dachte, wir könnten es einfach ein bißchen schön miteinander haben und keine Ansprüche aneinander stellen.‹«

»Als wir miteinander schliefen, war das so romantisch, er war richtig leidenschaftlich und liebevoll, obwohl ich ihn nicht sehr gut kannte. Ich wußte, in den könnte ich mich so richtig verlieben. Danach stand er auf, zog seine Jeans an und drehte den Fernseher auf. Dann warf er mir meine Klamotten zu und sagte: ›Jetzt solltest du aufstehen, mein Freund kommt vorbei.‹ Da wußte ich, daß diese ganz wunderschöne Leidenschaft ausschließlich in mir stattgefunden hatte.«

Diese Frauen weisen ausdrücklich darauf hin, daß die Männer diese Regeln und Bedingungen nicht erwähnten, *bevor* sie mit ihnen schliefen. Ganz im Gegenteil, die meisten Männer tun alles, um ernsthaft, liebevoll und begehrenswert zu wirken.

Frauen verbringen daher viel Zeit und Energie mit der Frage, wann sie mit jemandem schlafen sollen, viel mehr Zeit, als Männer darauf aufwenden müssen. Frauen überlegen lange, ob sie mit jemandem schlafen sollten oder nicht, indem sie das Verhalten des Mannes vorher zu entziffern versuchen. Auch nach all den großen Worten von der sexuellen Revolution, die mit der Doppelmoral angeblich aufgeräumt hat, ist es für Frauen immer noch wichtig, auf ihren »Ruf« zu achten. Die Doppelmoral ist weithin lebendig und hält sich gut – und die meisten Männer haben noch nicht einmal begonnen, ihre eigene Einstellung dazu zu überprüfen.

Wenn eine Frau das Gefühl hat, daß ein Mann sie nie mehr wieder anrufen wird, wenn sie nicht sofort mit ihm ins Bett steigt, gleichzeitig aber auch befürchten muß, daß er sie nicht mehr ernst nehmen wird, wenn sie mit ihm schläft, befindet sie sich in einer sehr seltsamen und kränkenden Situation.

»Ich habe mich so oft mit Männern verabredet, die alles für mich taten, bevor wir miteinander schliefen. Die hätten den

Boden unter meinen Füßen geküßt! Dann schliefen wir miteinander, und plötzlich hörte ich so gut wie gar nichts mehr von ihnen.«

»Ich flirtete mit dem Barmann, der richtig gut aussah. Alle waren hinter ihm her, aber er wollte mich. Ich stellte mir vor, wie er sich nach mir sehnte. An einem Abend machten wir's in der Damentoilette – es war super. Als wir fertig waren, zog er sich den Reißverschluß hoch und ging zurück hinter die Bar! Ich fühlte mich machtlos, als wäre meine ganze Energie auf ihn übergegangen, und jetzt hatte er kein Interesse mehr an mir.«

»Es wäre toll, wenn ich mit einem Jungen flirten könnte, den das zwar anmacht, aber nicht so, daß es mich abwertet – nur einfach sexy. Und daß wir, wenn wir miteinander schlafen, beide sicher sein können, auch danach nett zueinander zu sein, ganz egal, was passiert. Selbst wenn wir es nur einmal tun und einer von uns meint, daß es aus irgendeinem Grund nicht das Wahre gewesen ist. Die Leute sollten netter damit umgehen.«

»Ich werde so zornig, wenn sich Männer verhalten, als ob ihnen danach alles gleichgültig wäre – und davor waren sie so liebevoll und zärtlich! Meinen die etwa, ich bin davon beeindruckt? Keineswegs! Für mich sind das einfach arme Rammler. Wie kann ich aber wissen, wie sie nachher reagieren, bevor ich nicht tatsächlich mit ihnen geschlafen habe?«

Das ungeschriebene Gesetz lautet also ungefähr so: »Wenn wir miteinander schlafen, bedeutet das gar nichts und sollte in dir keine Erwartungen wecken – vielleicht rufe ich dich an, vielleicht auch nicht. Wir sollten uns darüber jetzt keine Gedanken machen. Wenn du das nicht kannst, ist irgend etwas nicht in Ordnung mit dir!«

Dahinter steht die Regel: unbeteiligt bleiben, keine feste Bindung eingehen. Zwar wollen viele Frauen in ihrem Leben einmal ganz nebenbei mit jemandem schlafen, die meisten sagen aber trotzdem, sie wollten Sex nur als Teil stärkerer Gefühle, als Teil einer Freundschaft oder einer Beziehung erleben – selbst für eine Nacht. Und vor allem möchten sie nicht, daß man danach den Respekt vor ihnen verliert.

Warum dürfen sich Männer in jeder Weise sexuell ausdrücken – mit Gefühlen, ohne Gefühle, und so oft sie wollen –, während das den Frauen nicht gestattet wird? Und warum akzeptieren die Leute immer noch diese scheinheilige männliche Einstellung (und fördern sie sogar)? Männer platzen noch immer vor Selbstbewußtsein, wenn sie so viele Frauen wie möglich bumsen, aber gleichzeitig meinen, auf sie herabsehen und sie als »Sexbomben« abqualifizieren zu können! Man hört heute noch immer: »Zum *Bumsen* ist so eine Frau in Ordnung – die macht dich richtig fertig –, aber zum Heiraten taugt sie nicht!«

Was für eine Rolle! In diesem Drehbuch richtet sich der Mann alles nach seinen eigenen Vorstellungen ein. Er will entscheiden, ob er sie wiedersehen möchte. Und er will auch darüber entscheiden, ob er ihr den Status einer »ernstzunehmenden« Frau zuweist, den einer Frau, »mit der man mal schlafen kann«, oder den einer Frau, »die man am besten links liegen läßt«. Das ist Sexismus in seiner schlimmsten Form – eine überkommene und festverankerte Wertzuweisung, gegen die anzukämpfen sehr schwierig ist.

Sollten Männer weniger Freiheiten oder Frauen mehr Freiheiten beanspruchen?

Bedeutet sexuelle Gleichberechtigung, daß Frauen sich »freier« benehmen sollten, so wie die Männer? Oder heißt das nicht vielmehr, daß Männer etwas von der Gefühlsbetontheit der Frauen lernen und nicht immer auf das schnelle Erlebnis aus sein sollten, sondern auch einige der *weiblichen* sexuellen Wertvorstellungen übernehmen sollten?

Viele Männer glauben noch an die Regel vom dreimaligen Verabreden. Folgende Vorstellung steckt dahinter: Wenn ein Mann sich mit einer Frau dreimal verabredet hat und sie noch immer nicht »nachgibt« und ihm »erlaubt«, mit ihr zu schlafen, sollte er sich auf die nächste Erorberung konzentrieren. Frauen sagen hingegen: Selbst wenn sie beim dritten Mal mit ihm ins Bett gehen, zieht der Mann ja doch zur nächsten Eroberung weiter; denn jetzt hat er sie ja »gehabt«, warum also bleiben!

Fragen Sie einmal Männer, die Sie kennen, ob sie an die Doppelmoral glauben. Die meisten werden wahrscheinlich verneinen. Dann stellen Sie ihnen folgende Frage: Wenn Sie an einer Frau interessiert sind und dann herausbekommen, daß sie im vergangenen Jahr mit – na, sagen wir mal – dreißig Männern geschlafen hat, würden Sie sich dann für diese Frau weiterhin so interessieren? Neun von zehn Männern würden wohl nein sagen. Dann fragen Sie sie, was sie über einen Freund denken würden, der im gleichen Zeitraum dieselbe Anzahl von Sexualpartnerinnen gehabt hat. Zweifellos werden sie zugeben, daß sie diesen Mann bewundern.

Wenn man Männer vor die Wahl stellt, sich entweder selbst weniger freizügig zu verhalten oder aber Frauen dieselbe sexuelle Freiheit einzuräumen, die sie selbst haben, werden die Männer in der Regel Letzteres wählen. Aber schauen Sie sich einmal an, wie viele dann noch bereit wären, diese Frauen eventuell auch zu heiraten!

Das Prinzip des Abenteuers für eine Nacht

Das Abenteuer für eine Nacht steht immer noch hoch im Kurs, wie eine Frau bestätigt:

> »Mein Sexualleben ist ein Witz. Die Männer, die sich für mich interessieren, scheinen nur ein sehr beiläufiges Abenteuer im Sinn zu haben, oder sogar nur eins für eine Nacht. Letztlich fühle ich mich schlechter, als wenn ich überhaupt keinen Verkehr hätte. Der alte Spruch ›Ich komme mir so billig vor‹ klingt zwar ein bißchen blöd, aber ganz genau so fühle ich mich.«

Eine andere Frau erzählt, wie sie sich an einem Mann rächte, der sie für seine Liste von Kurzabenteuern benutzt hatte:

»Ich bin mit Sam vor zwei Monaten zweimal ausgegangen. Und zwar vor allem deshalb, weil er mir andauernd sagte, wie schön ich sei, und mir das wie Honig herunterging – du hast wunderschöne Beine, wunderschöne Augen... Ich hätte es wissen müssen.

Beim ersten Mal habe ich nicht mit ihm geschlafen. Am zweiten Abend dummerweise doch, und er rief mich nie mehr an. Eines Tages lief ich ihm auf der Straße über den Weg und lud ihn idiotischerweise zu einer Party ein, die ich gab. Nur meiner besten Freundin erzählte ich, daß ich ihn eingeladen hatte – ich wußte ja, daß mich alle als Masochistin hinstellen würden. Ich hoffte, er würde nicht auftauchen, so daß niemand je erfahren würde, daß ich schwach geworden war und ihn eingeladen hatte. Er kam allerdings doch, und ich ignorierte ihn. Plötzlich fanden wir uns in der Küche wieder, und er versuchte, mich zu küssen. Ich sah ihn an und sagte: ›Sam? Warum zum Teufel sollte ich wohl Lust haben, dich zu küssen? Das letzte Mal, als ich mit dir geschlafen habe, hast du mich nicht einmal mehr angerufen. Warum sollte ich also?‹ Er antwortete: ›Du möchtest mir wohl Schuldgefühle einreden?«

Nach der Party gingen wir mit ein paar Leuten noch in ein Nachtcafé, und er fingerte ständig an mir herum, als sei ich seine Begleiterin. Als wir das Café verließen, begann er mich auf der Straße abzuküssen. Ich zeigte keinerlei Interesse, aber er fragte mich trotzdem: ›Willst du jetzt mit mir schlafen?‹ Der Kerl war so lästig – wenn du nein sagst, fragt er dich einfach noch mal! Und wenn es sein muß, auch zehnmal, bis er dich endlich hingekriegt hat – so ist es auch letztes Mal gewesen. Und ich habe ihm gesagt: ›Natürlich nicht. Warum auch! Du kennst meine Gefühle, ich hab's ja schon gesagt. Das Ganze ist lächerlich.‹ Er ignorierte das völlig und fragte: ›Willst du mit mir mitkommen?‹ Ich sagte: ›Nein!‹ Darauf meinte er: ›Kann ich mit dir hochkommen?‹

Ich dachte mir, wenn er sich so lächerlich machen will, laß ihn doch; ich nehme ihn einfach mit hinauf, und dann schmeiß ich ihn raus. Ich dachte, es würde mir Spaß machen, mich an ihm zu rächen. Ich hatte mir definitiv vorgenommen, mich wie ein Vamp aus den fünfziger Jahren zu benehmen und ihn dann mit schmerzenden Eiern hinauszuwerfen. Wir stiegen in den Aufzug. Er gab mir einen Gutenachtkuß und wurde dann immer leidenschaftlicher. Wir standen an der Tür, im Gang, und er begann, mein Kleid am Rücken aufzumachen und an mir herumzufummeln. Ich dachte: Sehr gut! Vielleicht macht er diesmal ein schönes Vorspiel, ich hab meinen Orgasmus und werfe ihn danach hinaus! Schließlich habe ich schon seit einiger Zeit mit niemandem geschlafen, ich kann die Sache ja zu meinen Gunsten ausnutzen. Ich war gerade dabei, so richtig in Fahrt zu kommen, als ich merkte, daß er den Reißverschluß seiner Hose aufmachte und seinen Schwanz herauszog.

Er war gerade dabei, ihn reinzustecken, die Spitze war schon drin, als ich sagte: ›*Und jetzt Schluß*!‹ Er sprang einen halben Meter zurück und fragte entgeistert: ›Warum??!‹ (Wir stehen auf dem Gang, mein Kleid ist ganz offen, seine Hosen liegen um seine Knöchel und so weiter.) Darauf sage ich: ›Schau, Sam, ich habe dir gesagt, daß es mich wirklich gekränkt hat, weil du mich letztes Mal nicht mehr angerufen hast... Wozu hast du dir die ganze Mühe gemacht, dich schick anzuziehen, mich zum Abendessen auszuführen und mit dem Wagen herumzukutschieren? Warum bis du nicht einfach zu Hause geblieben und hast dir einen runtergeholt? Und so endete diese Geschichte mit einem zur Salzsäule erstarrten Liebhaber.«

Aber Moment mal, haben Frauen nicht angeblich heute sexuell »das Sagen«? Und sind keine »Opfer« der Männer mehr? Sind diejenigen, die mit alldem einfach nicht zurecht kommen, nicht ganz einfach »neurotisch« und »Versagerinnen«? Die Neue Frau kommt spielend klar. Und das soll natürlich heißen, daß sie Sex genauso angeht wie »die Jungs« – so wird jedenfalls behauptet.

Spaß am Sex

Sind Frauen immer in der Defensive? Gibt es nicht auch Frauen, die an gelegentlichem Sex einfach nur Spaß haben? Aber natürlich! Viele Frauen sagen zwar, daß sie Sex mit Zuneigung lieber mögen; die meisten von ihnen sind aber irgendwann in ihrem Leben auch bereit, mal mit dem, mal mit jenem zu schlafen:

»Einen Männerkörper zu erforschen macht mir Spaß, Spaß und noch mal Spaß! Sie haben alle einen anderen Geruch, fassen sich anders an.«

»Es gefällt mir, mit vielen Männern zu schlafen, um festzustellen, wie gut sie als Liebhaber sind, was sie machen, wenn sie einen Orgasmus haben. Und ob sie es einmal, zweimal oder eine ganze Nacht lang können!«

»Als er hereinkam, fand ich ihn gleich sehr attraktiv. Er hatte dunkles, lockiges Haar und sah mich mit einem wunderschönen Augenaufschlag aus hellen blauen Augen an. Wir haben toll zusammen gegessen, waren ziemlich beschwipst, und er schlug vor, daß wir zu mir gehen sollten. Er sagte, er sei noch immer hungrig(!). Wir gingen in meine Wohnung, und er setzte sich im Wohnzimmer hin, während ich in der Küche herumräumte, um ihm etwas zu essen zu machen. Alles, was ich hatte, waren alte Brötchen. Aber ich dachte mir, macht auch nichts, er wird sie essen und prima finden. Ich stehe also da, schwanke ein bißchen, weil ich so viel Wein getrunken habe, und versuche, die Brötchen zu halbieren, damit sie in den Toaster passen.

Er kam von hinten nah an mich heran und küßte meinen Nacken. Er roch so gut, und sein Körper fühlte sich stark und geschneidig an, wie er sich so gegen meinen Rücken preßte. Ich vergaß die Brötchen, ich vergaß, daß ich nach einer Woche harter Arbeit ziemlich müde war, und ich dachte auch nicht mehr daran, daß wir hier in meiner blöden Küche standen.

Wir gerieten total in Ekstase, und innerhalb weniger Minuten trieben wir es auf dem Küchenboden. Es war phantastisch. Völliges Abheben – mein Schmuck lag in der Spüle, meine Kleider waren überall verstreut, meine Schuhe unter dem Ofen. Er ging um halb vier, was mich ziemlich ärgerte, aber es war trotzdem ganz toll, bestimmt die heißeste sexuelle Erfahrung, die ich je gemacht habe.«

Eine Frau erinnert sich detailliert an eine phantastische Liebesnacht mit zwei Freunden:

»Ich war zu Hause und sehr erschöpft. Ich hatte schwer gearbeitet und war gerade nach Hause gekommen. Ich war nicht in der Stimmung, mich zu vergnügen. Ich hatte gerade mein Gesicht gewaschen, als die Türklingel ging. Keith und Brian, zwei Freunde, standen im Abendanzug in der Tür. Die dann folgende Unterhaltung hörte sich etwa so an:

Ich: Hallo... was habt ihr denn vor? (mit einem Lächeln und ungläubigen Lachen)

Keith und Brian: Wir sind hier, um dir Lust zu verschaffen. (Und das sagten sie mit irgendwie roboterhafter Stimme.)

Ich: Was meint ihr damit? Ich schaue aus wie eine Schlampe, bin erschöpft, gerade nach Hause gekommen... Ich kann doch so nicht ausgehen!

Keith und Brian: Wir sind hier, um dir Vergnügen zu bereiten. Kommt mit uns, bitte.

Sie traten mit einem Lächeln auf mich zu, hoben mich hoch und sagten: ›Komm mit uns, wir sind hier, um dir Vergnügen zu bereiten.‹ Ich begann unkontrolliert zu lachen. Sie trugen mich hinaus zu ihrem Auto und setzten mich auf den Vordersitz. Dann nahmen sie links und rechts von mir Platz, verbanden mir die Augen und packten mich in eine warme Decke. Sie schenkten mir ein Glas sehr guten Champagner ein und fuhren los. Sie erzählten mir Witze und gossen mehr und mehr Champagner nach. Kurz darauf bleiben wir stehen. Keith steigt aus und ist etwa fünf Minuten weg. Ich habe immer noch verbundene Augen.

Er kommt zurück, und wir steigen aus. Sie führen mich

weiter und schließen eine Tür auf. Drinnen führen sie mich zu einem Sofa, und ich höre, wie sie sich ausziehen. Sie nehmen mir die Augenbinde ab. Wir sind in einem Hotelzimmer. Keith und Brian stehen vor mir, mit nichts anderem an als marineblauer Unterwäsche und sehr breitem Grinsen. Ich beginne, hilflos zu kichern, und fühle mich leicht beschwipst und müde. Sie sagen zu mir: ›Wir sind hier, um dir Vergnügen zu bereiten.‹, und ich antworte nur: ›Na fein, dann mal los.‹ Ich hab's aufgegeben, etwas zu verstehen. Was soll's. Keith öffnet den Reißverschluß eines kleinen Koffers, Brian bringt mich zum Bett und legt mich auf den Bauch. Sie schalten die Lichter aus. Brian sitzt am Kopfende, Keith am Fußende. Sie beginnen, mich durch meine Kleider hindurch zu massieren, stark und fest. Sie spüren, daß ich ganz entspannt bin und alles genieße. Es ist super.

Dann wird mir die Bluse ausgezogen, dann mein Büstenhalter. Sie wissen sehr genau, was sie tun, was ich mag und was mir nicht gefällt. Es scheint wirklich so zu sein, daß sie bloß da sind, um mir Vergnügen zu bereiten! Etwas später holt Keith einen Honigtopf, und sie reiben mir die Haut damit ein, sehr langsam und erregend. Dann beginnen sie, den Honig abzulecken. Während sie beide an mir zugange sind, gleite ich ganz ins Vergessen hinüber. Nichts existiert in diesem Augenblick als dieses Zimmer und wir drei, nichts hat Bedeutung. Ich tue etwas nie Dagewesenes, etwas, das mir nie zuvor auch nur im entferntesten passiert ist, und ich habe Spaß daran.

Bald sind wir alle ineinander verknotet – ich weiß nicht mehr, wer mich küßt oder wen ich küsse.

Dann ist Keith in mir und Brian liegt neben mir, berührt mich überall. Ihre Hände und Zungen und Schwänze spüre ich an meinem ganzen Körper. Brian ist plötzlich über mir und steckt mir seinen Schwanz in den Mund, während Keith nur noch stärker in mich hineinstößt. Brian stöhnt und kommt in meinem Mund, und es schmeckt wunderbar. Er schiebt Keith zur Seite und leckt mich, bis ich kurz vor dem Explodieren bin, während Keith an meinen Brustwarzen saugt. Ich werde absolut *wahnsinnig* – es ist so erregend, wie in meinen tollsten Träumen.

Ich fühle mich sexuell vollständig befriedigt und glückselig. Als alles vorbei ist, fallen wir erschöpft in Schlaf.

Am nächsten Morgen bringen sie mich nach Hause. Ich sehe aus, als wäre ich nicht nur durch eine Dornenhecke gezogen worden, sondern hätte darin eine ganze Nacht verbracht und wäre obendrein noch von einem sehr schweren Lastwagen überfahren worden. Mein Gesicht ist ganz aufgekratzt von ihren Bartstoppeln. Ich frage mich immer noch, ob das wirklich geschehen ist!«

Wollen Frauen eigentlich monogam sein?

Stellen wir uns einmal folgende Situation vor: Eine Frau geht mit einem Mann aus, hat Geschlechtsverkehr mit ihm und stellt fest, daß sie ihn nicht mag oder daß er sie ohnehin nicht mehr anrufen wird; dann geht sie mit einem zweiten Mann aus und schläft auch mit ihm; dann ruft der erste doch wieder an; sie treffen sich wieder, und so weiter. Das führt natürlich dazu, daß sich die Zahl ihrer Sexualpartner stark vergrößert. Wie eine Frau einmal fragte: »Mit wie vielen Männern darf ich wohl schlafen, ohne gleich als Hure zu gelten?«

Innerhalb einer Beziehung jedoch wünschen sich die meisten Frauen ihre Freunde und Liebhaber monogam, so wie sie selbst es sind:

»Ich glaube, es ist heute wichtiger denn je, monogam zu sein. Ich habe mir das zwar immer schon gewünscht, aber heute, wo es auch noch AIDS in der Welt gibt, kann ich mir einfach keine Beziehung ohne Treue vorstellen. Aber ich kann mir so richtig die seltsamen Blicke vorstellen, mit denen mich Männer beim ersten sexuellen Kontakt bedenken würden, wenn ich zu ihnen sagte: Ich glaube, wir sollten beide einen AIDS-Test machen lassen und anschließend nicht mehr mit anderen schlafen. Sie würden sich bestimmt aufregen: Was gibt ihr bloß das Recht, solche Ansprüche an mich zu stellen? Aber ich hätte solche Forderungen eigentlich immer schon gern gestellt. Es ist schon eigenartig, daß ich jetzt das Erkrankungsrisiko auf meiner Seite habe.«

Eine andere Frau schrieb ihrem Liebhaber, wie sie über seinen Seitensprung dachte:

»Ich kann einfach nicht mit dem Wissen leben, daß Du an andere denkst oder sogar hinter meinem Rücken mit anderen schläfst. Daß Du mir vormachen willst, es handele sich ja bloß um einen einmaligen Ausrutscher, aber dann kommt Holly, dann kommt Rita daher – Gott weiß, wer alles mit Dir zusammen war –, also das ist für mich wirklich unglaubhaft. Daß Du mich anlügen konntest, ist bereits unglaublich. Aber das Allerunglaublichste ist, daß Dir das auch noch *Spaß macht*. Ich habe mich in der letzten Zeit nach sexueller und emotionaler Aufmerksamkeit von Männern gesehnt... aber ich weiß auch, daß das nur passieren konnte, weil ich sie von Dir nicht bekam. Von Dir hätte ich sie so sehr gerne – aber Du bist nicht für mich da (nicht wirklich, oder nicht ständig), und deshalb suche ich sie bei anderen, auf alle Fälle wenigstens die Möglichkeit. Aber Du? Weshalb Du andere brauchen solltest, kann ich nur sehr schwer verstehen. Was Du mir da über Dein französisches Blut gesagt hast (Franzosen bräuchten eben Mätressen), ist so ziemlich das Dümmste, was ich je gehört habe, deshalb gehe ich darauf gar nicht erst ein.«

Andere Frauen jedoch sehen das ganz anders:

»Meine Freundinnen verstehen einfach nicht, wie ich mit einem Mann glücklich sein kann, der mit anderen Frauen schläft. Ich schlafe aber auch mit anderen Männern. Sie halten das für ›äußerst merkwürdig‹ und glauben, wir dächten vielleicht nur, daß wir glücklich seien. Aber wir sind es wirklich! Manchmal fühle ich mich richtig schuldig, nur weil ich darunter nicht so leide, wie sie es gerne hätten!«

»Trotz AIDS habe ich eigentlich noch keine Lust auf eine monogame Beziehung. Ich will einfach keine. Ich möchte frei sein, schlafen zu können, mit wem immer ich will.

Es ist zwar komisch, aber schwieriger, als man meinen möchte, Männer zu finden, die das auch wollen. Sie selbst möchten gerne herumbumsen können, aber sie möchten nicht, daß wir das auch tun! Ich bestehe immer darauf, daß sie mir sagen, ob sie mit jemandem schlafen und ob sie die sexuelle Vergangenheit dieser Person kennen. Ich sage ihnen das ebenfalls.«

Flirt und Macht

Viele Frauen lieben es, mit Männern zu flirten und sie zu reizen. Sie haben viel Spaß daran, nur einfach so – ohne daß sich daraus auch ein Geschlechtsverkehr ergeben müßte.

»Um ganz ehrlich zu sein, ich mag die Aufmerksamkeit der Männer, ich finde es schön, mich toll anzuziehen und sexy auszusehen. Ich mag zwar sehr viele ihrer Verhaltensweisen nicht, möchte ihnen aber gefallen.«

»Ich muß zugeben, ich find's geil, so auszuschauen und mich aufzuführen, daß ich einen Mann, den ich provozieren möchte, richtig *verrückt* mache! Ich will ganz einfach, daß er mich sieht und einen ordentlichen Ständer bekommt – und mir später erzählt, daß er sich hier im Restaurant, oder wo auch immer wir sind, kaum mehr unter Kontrolle halten konnte.«

»Ich weiß, daß Frauen sich abgewertet vorkommen müßten, wenn sie als Sexualobjekte betrachtet werden, und das habe ich auch schon erlebt. Gleichzeitig will ich aber auch von vielen Männern begehrt werden, in einer Bar oder auf der Straße. Es ist einfach ein tolles Gefühl.«

Was hier Spaß macht, so sagen jedenfalls viele Frauen, ist, das männliche Begehren zu wecken. Obwohl Frauen sehr wohl empfinden, wie ungerecht es ist, wenn sie nur als sexuelle Ware angesehen werden, meinen viele Frauen auch, daß das Ganze zwei Seiten hat: In dem uralten Spiel mit dem Flirt spüren Frauen, daß sie den Männern das Heft aus der Hand nehmen können. Und hierbei haben sie die Macht, wenn auch nur vorübergehend, einmal den Mann in ihrer Gewalt zu wissen.

Im Gegensatz zu den Männern, die immer gleich ans Bett denken, möchten Frauen oft nur wissen, daß sie begehrt werden:

»Ich liebe es, sie aufzuheizen und sie so weit zu bringen, daß sie mich unbedingt berühren wollen. Es ist ein großartiges Gefühl.«

»Ich habe schon immer dann am meisten Macht und Sicherheit verspürt, wenn ich merkte, daß ein Mann mich begehrt. Begehrt zu werden ist für mich ein absolutes Hochgefühl. Etwa, wenn mir Männer mit einem leicht rauhen Unterton in der Stimme sagen, daß ich sexy sei. Ich fand das immer schon toll. Ich hatte das Gefühl, daß es absolut nur auf mich ankam, ob ich etwas ›geben‹ oder ›verweigern‹ wollte; ich führte Regie dabei.«

»Ich galt immer schon als sexy. Was auch immer das heißen mag – ich glaube, es kam irgendwann dann, als ich entdeckte, daß die wahre Macht der Frau darin liegt, sexy zu sein.«

Eine andere Frau berichtet, wie sie ihre Lust am Flirten lange unterdrückte:

»Als die Frauenbewegung begann, sprang ich voller Energie hinein, wurde politisch bewußt, schminkte mich nicht mehr und trug auch keine engen Kleider mehr. Männer hatten mir immer schon gesagt, wie sexy sie mich fänden, aber ich antwortete nur: ›Na und? Das bin ich von Natur aus, ich habe nichts dafür getan. Und was ist mit meinem Hirn? Mit meiner politischen Einstellung? Meiner Intelligenz?‹ Ich meinte das alles wirklich so. Als man aber allmählich aufhörte, mir zu sagen, ich sähe wunderbar aus, war mir das gar nicht recht! Ich merke, daß ich zwar immer ernstgenommen werden wollte, gleichzeitig aber auch Freude daran hatte, sexuell begehrt zu werden. Es ist ein starkes Gefühl, ein Gefühl der Macht, und diese spezielle Art von Macht vermißte ich. Ich will, daß mich die Männer begehren.

Wenn die Männer nicht immerzu darauf bestehen würden, uns *entweder* als sexy (und dumm) *oder* als intelligent zu betrachten, und wenn Männer sexuell aktive Frauen nicht als moralisch minderwertig ansähen, könnten wir uns diese Wahl ersparen. Die Männer jedenfalls haben das Problem nicht.«

Ist es unfeministisch, sich sexy anzuziehen?

Andere Frauen argumentieren: Wenn wir uns zu sexy anziehen oder herumflirten, so ist das eine Kapitulation und verstärkt nur unser unterwürfiges Verhalten, das uns die männliche Gunst erringen soll, weil Männer eben mehr Macht (und Geld) haben als wir.

Und manche Frauen geben ihrem Zorn und ihrer Frustration darüber Ausdruck, daß sie dem Druck unterworfen sind, sich ständig auf bestimmte Weise kleiden zu müssen, um Erfolg zu haben –, diesem Druck, so aussehen zu müssen, wie das Männern angeblich gefällt oder dem sterotypen männlichen Geschmack entspricht:

»Bei meiner großen Liebe versuchte ich alle Tricks. Ich versuchte es mit unschuldig, verworfen, athletisch, rustikal, ganz einfach obszön. Manchmal gewann ich seinen Beifall, manchmal nicht.«

»Ich zog mich immer ganz ausgeflippt an, um damit zu signalisieren, daß ich auf niemandes Zustimmung angewiesen war. Bloß stimmte das nicht – ganz im Gegenteil! Allerdings lenkte ich auf diese Weise auch Aufmerksamkeit auf mich; einige Männer fühlten sich nämlich gerade durch diese Herausforderung angezogen. Ich merkte später, daß das alles nicht sehr befriedigend war. Warum genügte es nicht, wenn ich ganz einfach ich selbst war?«

»Als ich ihn traf, war klar, daß ich nicht in sein soziales Umfeld paßte. Ich zog mich weder so an, noch verhielt ich mich so, wie das für eine Frau aus seiner Gesellschaftsschicht vorgeschrieben war. Ich begriff aber fast sofort, daß ich ihn nur dann kriegen konnte, wenn ich mich seinen Erwartungen anpaßte. Ich brauchte dabei gar nicht lange herumzuraten, denn er teilte mir einfach deutlich mit, was ich anziehen sollte und wie ich auszusehen hatte.

Innerlich war ich total aufgebracht, aber ich wußte, daran führte kein Weg vorbei, wenn ich ihn wirklich haben wollte. Ich verbarg meinen Zorn, zog die Kleider meiner Freundin an und ließ mir sogar das Haar blond färben! Er war begeistert. Aber ich fühlte mich mies. Ich konnte dieses Versteckspiel nicht mehr als ein paar Monate aufrechterhalten. Es machte mich einfach fertig. So sehr wollte ich ihn dann auch wieder nicht.«

Wenn uns Frauen immer wieder gesagt wird, daß wir uns »einen Mann angeln« müßten und dazu Make-up und sexuell betontes Aussehen bräuchten, so symbolisiert das alles durchaus unser fehlendes Selbstwertgefühl und unseren mangelnden Stolz. In der Tat, wenn wir uns anschauen, wieviel Geld wir für Kosmetika ausgeben und wieviel Zeit wir dafür opfern, auf unser Gewicht zu achten (anders als die Männer, die das anscheinend viel weniger wichtig nehmen), so zeigt das recht deutlich, wie sehr wir uns dauernd Mühe geben, attraktiv auszusehen.

Andererseits ist unser Interesse an Schönheit und Stoffen, Kleidern und Innendekoration doch vielleicht auch etwas, auf das wir stolz sein können und wofür sich Männer mehr interessieren sollten. Für Frauen war das alles früher die beste Möglichkeit der Selbstdarstellung, des Ausdrucks ihrer selbst – zu einer Zeit, als interessante Arbeit und kreative Berufe uns verschlossen waren. Frauen *und* Männer haben mindestens seit Beginn der klassischen Zivilisation versucht, sich schön zu machen. Wenn eine Frau gemessen aussieht, bedeutet das nicht automatisch, daß sie auch über mehr Macht verfügt. Ständig zu fordern, daß sogenannte ernsthafte Frauen (oder Männer) sich eben streng kleiden müssen, ist auch nicht der Wunderweg zu Gleichberechtigung in puncto Macht.

Jede Frau hat das Recht, auf eigene Weise um mehr Macht für Frauen zu kämpfen, und das umfaßt auch das Recht, ihre eigene Wahl bezüglich Kleidung und Art der Beziehungen mit Männern zu treffen.

Vergewaltigung nach kurzer Bekanntschaft

Der Druck, mit jemandem schlafen zu müssen, ist am allerschlimmsten, wenn das Stadium erreicht wird, in dem aus einem »ich gebe nach, damit er glücklich ist« eine Art Vergewaltigung wird, eine gewaltsame Unterdrückung Ihrer Wünsche und Ihres Körpers – »date rape«, der erzwungene Beischlaf bei einem Rendezvous:

> »Am ersten Abend wollte ich absolut nicht mit ihm schlafen, es war mir einfach zu früh. Nicht im Traum hätte ich gedacht, daß er deshalb eine Szene machen würde. Ich dachte, er habe mich gern. Er hielt mich mit einem Arm fest und zog seinen Reißverschluß auf. Zuerst lachte ich, als er mich so festhielt, weil ich annahm, er mache nur Spaß. Aber dann merkte ich, daß er überhaupt nicht wichtig fand, was *ich* wollte – er dachte nicht mal darüber nach. Ich sagte nein, immer wieder nein, aber es war mir klar, daß er nicht aufhören würde, und er war ziemlich grob. Ich hatte zu viel Angst, ihn zu treten oder mich auf einen Kampf einzulassen, und ich war sehr verwirrt. Er war doch ein netter Typ, den ich wirklich mochte. Ich ließ ihm seinen Willen. Ja, auch ich war dann erregt, aber ich fühlte mich trotzdem schmutzig.

Es war furchtbar, und ich wußte, daß ich ihm nie mehr wieder vertrauen könnte.«

»Ich habe diesen Mann wirklich gern gehabt und mich daher mit ihm zum Abendessen verabredet. Es war ein schöner Abend, aber als die Rechnung kam, bot er mir den ›Nachtisch‹ bei sich zu Hause an. Ich ging mit, weil ich mir nicht vorstellen konnte, daß er die alte Platte ›Na dann wollen wir mal sehen, wie schnell wir die ins Bett kriegen‹ auflegen würde. Er sah ganz wie ein Gentleman aus. Als wir bei ihm ankamen, machte er Schummerlicht an, legte eine Jazzplatte auf und holte mir ein Eis. Dann setzte er sich neben mich. Und dann lag er plötzlich neben mir. Und die ganze Zeit dachte ich: ›Mein Gott, was bin ich enttäuscht‹, aber gleichzeitig wußte ich, wenn ich etwas sagen würde, dann würde er mir bloß erklären, ich hätte wohl Komplexe, und eine fürchterliche Szene machen. Ich lag da und versuchte das Gespräch in Gang zu halten. Dabei war mir aber klar, daß er nur eins im Kopf hatte. Ich gab auf und ließ ihm seinen Willen. Spaß hat es mir überhaupt nicht gemacht, aber das Ganze war immerhin noch weniger anstrengend als ein langes Gespräch darüber, warum ich keine Lust hatte.«

Eine andere Frau erzählt von einem Erlebnis, das sie erst kürzlich hatte und das ihr noch lebhaft vor Augen steht:

»Ich war mit einer Gruppe von Leuten zusammen, von denen ich viele nicht kannte. Ich hatte gerade eine Beziehung hinter mir und war entsprechend deprimiert. Eigentlich war ich nur vorbeigekommen, um mal guten Tag zu sagen, und wollte gleich wieder nach Hause. Da bemerkte ich einen sehr attraktiven blonden Mann, der mich ständig ansah und mir zulächelte. Ich fand sein Lächeln sehr nett, war aber nicht interessiert. Es wäre mir alles zu anstrengend gewesen.

Ich ging durch das Zimmer, um mir einen Kaffee zu holen, und er war gleich an meiner Seite. Er war sehr gesprächig, stellte sich vor und plauderte mit mir. Er kam mir sehr gescheit und interessant vor. Ich fand es richtig aufmunternd, daß mich jemand attraktiv und interessant fand, wo doch mein Herz und mein Ego gerade erst so schwer erschüttert worden waren.

Er erzählte mir von seiner kürzlich stattgefundenen Scheidung, seiner kleinen Tochter, die er über alles liebe, und daß er Modefotograf sei. Wir stellten fest, daß wir einige gemeinsame Bekannte hatten. Mein Interesse wuchs, angestachelt durch seine Aufmerksamkeit. Er fragte mich, ob ich in seine Wohnung mitkommen wollte. Bis heute kann ich noch nicht glauben, daß ich wirklich mitging.

Ich weiß nicht, was ich mir dabei dachte, ich hatte diesen Mann doch gerade erst kennengelernt. Normalerweise hätte ich so etwas nie getan. Ich glaube, ich war einfach in einer Stimmung, wo mir alles egal war, und fühlte mich so traurig, daß meine Urteilsfähigkeit ausgeschaltet war. Und zwar ganz und gar.

Wir gingen in seine Wohnung. Sie war bequem und gemütlich. Er zeigte mir Fotos, die wirklich ziemlich gut waren. Er hatte irgend etwas Kindliches, sehr Ansprechendes an sich. Er nahm ganz lebhaften Anteil an allem, worüber wir sprachen. Nun fand ich langsam wirklich, daß er sehr gut aussah.

Er schlug vor, wir könnten uns doch den Film Raumschiff Enterprise IV ansehen, was so ungefähr das Langweiligste war, das ich mir nur vorstellen konnte. Ich saß da mit einem aufregenden Modefotografen, und der wollte sich Raumschiff Enterprise ansehen? Er zog meinen Stuhl neben sich und küßte mich ein bißchen. Das war angenehm. Er berührte mich, und das war auch angenehm. Als er begann, mir mein Kleid hochzuschieben, sagte ich, daß ich nun bald gehen müßte. Er sagte: ›Nein, muß du nicht‹ und machte weiter. Ich stand auf, aber er zog mich wieder herunter und sagte: ›Mein Gott, hast du Komplexe oder was? Ich meine, wir haben uns kennengelernt, wir mögen uns, was soll denn das Ganze? Gestattest du dir überhaupt kein Vergnügen? Was ist denn los mit dir?‹

Ich konnte es einfach nicht glauben. Ich hatte zwar gehört,

daß so etwas auch anderen Frauen passiert war, hätte aber nie gedacht, daß es auch mir so gehen könnte.

Ich sagte ihm, daß das gar nichts mit Vergnügen zu tun habe – ich erklärte ihm, daß es mir am nächsten Morgen sicher nicht gut gehen würde, und ob er denn nicht wisse, daß wir im Jahre 1988 lebten und eine Krankheit namens AIDS ziemlich viele Leute bereits das Leben gekostet habe, und wie wir denn trotzdem so einfach beiläufig miteinander schlafen könnten? Er verdrehte die Augen und sagte: ›Gottchen, das hier (und zeigte auf sein Glied) ist sauber, keine Angst, ich meine, ich habe eine gesunde Tochter und war fünf Jahre lang verheiratet.‹

Ich wollte ihm sagen, daß das damit gar nichts zu tun hätte, weil daraus noch lange nicht hervorgehe, mit wem seine Frau während der Ehe geschlafen hatte oder mit wem er geschlafen hatte, seit seine angebliche Monogamie vorbei war. Das war die Sache einfach nicht wert.

Er machte mir alles so schwer, daß ich ihm zum Schluß einen runterholte, nur damit er mich endlich in Ruhe und aus der Wohnung ließ (er hatte die Tür versperrt).

Am nächsten Tag war ich sehr wütend über mich selbst, fühlte mich deprimiert und besudelt. Er rief mich zwei Wochen lang ununterbrochen an. Seine Anrufe habe ich nie beantwortet.«

Wie Frauen mit einer möglichen Vergewaltigungssituation fertig werden sollen, dazu gibt es die unterschiedlichsten Ratschläge. Wenn Sie glauben, daß Sie gefährdet sind, ist eins klar: Laufen Sie weg – und zwar schnell! Hinaus aus dem Zimmer, durch die Vordertür, oder wo immer Sie auch sind. Oder schnappen Sie sich ein Telefon, und rufen Sie um Hilfe. Wenn andere Leute im Gebäude oder in der Nähe sind, schreien Sie aus Leibeskräften.

Obwohl das in einer derart furchtbaren Situation sehr schwierig ist, gibt es noch andere Möglichkeiten, jemandem total die Lust zu nehmen: Spielen Sie sich aus der Szene heraus. Benehmen Sie sich so abstoßend und ekelerregend, wie Sie nur können. Beginnen Sie zu zucken, lassen Sie Speichel aus dem Mund fließen, verdrehen und verrenken Sie sich. Wenn er das Gefühl hat, Sie bekommen womöglich einen Krampfanfall, könnte er abgeschreckt werden und betrachtet Sie bestimmt nicht mehr als Sexualobjekt.

Wenn Sie meinen, er könnte gefährlich sein, oder wenn er mit der Anwendung physischer Gewalt droht, können Sie ihm – falls Ihnen nichts anderes übrigbleibt – zunächst mal einen runterholen, um Zeit zu gewinnen. Wenn er erst einmal einen Orgasmus gehabt hat, ist er an einer Vergewaltigung längst nicht mehr so sehr interessiert. Seine Stimmung hat sich geändert, und Sie haben ein paar kostbare Minuten gewonnen, um die Flucht zu ergreifen, bevor er wieder zu sich kommt. Und natürlich können Sie damit auch eine mögliche Ansteckung mit AIDS vermeiden – wie unangenehm diese Art »Vorbeugung« auch sein mag.

Der erzwungene Beischlaf bei einem Rendezvous ist ein äußerst ernsthaftes Problem, und immer mehr Frauen berichten davon. Die gegenwärtig verbreitete Pro-Familie-Propaganda trägt nichts dazu bei, Männer zum Nachdenken über ihr Verhalten zu bewegen. Und sie stellen sich auch nicht die Frage, warum sie eigentlich nach wie vor versuchen, Frauen zum Geschlechtsverkehr zu nötigen oder sogar zu zwingen. Wie üblich, sehen sich wieder einmal die Frauen gezwungen, ihr Verhalten zu ändern – und erneut das Neinsagen zu lernen. Das zu können ist zwar nie schlecht, aber wieso glauben die Leute eigentlich immer noch, das Verhalten der Männer sei »normal«, während das der Frauen psychologisch untersucht werden müßte?

AIDS: Welcher Mann Ihrer Bekanntschaft ließ sich dadurch abhalten?

Die AIDS-Epidemie hat uns dazu gebracht, unser sexuelles Verhalten genau zu überprüfen und zweimal nachzudenken, bevor wir mit jemandem ins Bett springen, den wir kaum kennen. Viele Frauen stellen jedoch fest, daß Männer nur sehr ungern über ihr Sexualleben Auskunft geben. Es scheint, daß sie mit der AIDS-Verhütung genauso locker umgehen wie früher mit der Empfängnisverhütung. (Damals war die Schwangerschaft ja noch das einzige Risiko beim Geschlechtsverkehr!) Beim Thema Geburtenkontrolle gehen die meisten Männer davon aus, daß die Frauen die Pille nehmen oder sich sonstwie um die Empfängnisverhütung kümmern (»das ist nicht meine Sache, so lange es nicht stört«). Was allerdings den Schutz vor AIDS anbelangt, so muß die Entscheidung gemeinsam getroffen und kann auch nicht verheimlicht werden.

Ein Präservativ während des Koitus ist der beste Schutz beider Partner vor AIDS. Eine kleine (statistisch geringere) Wahrscheinlichkeit, sich mit AIDS anzustecken, besteht, wenn man während des oralen Verkehrs (vor allem während einer Fellatio) kein Kondom benutzt. Obwohl das höchste Risiko dann besteht, wenn der Mann beim Mundverkehr zum Orgasmus kommt, kann sich die Frau auch vorher schon infizieren, und zwar durch den Tropfen, der lange vor dem Samenerguß an der Spitze der Eichel erscheint. Der Mann wiederum kann das Virus unter Umständen auch während des Cunnilingus bekommen.

Trotz der Ausbreitung von AIDS nehmen sich nur wenige Männer am Anfang einer leidenschaftlichen Umarmung die Zeit zu sagen, daß sie ein Kondom dabeihaben und es verwenden wollen. Eine Frau fragte ihren Liebhaber, warum er das Thema nicht angesprochen habe, als sie zum ersten Mal miteinander schliefen. »Ich habe gedacht, du nimmst Verhütungsmittel«, antwortete er, »und daß du es mir schon gesagt hättest, wenn du AIDS-infiziert wärst.«

Immer mehr Frauen stellen fest, daß sie sich nur dann wirksam schützen können, wenn sie selbst die Initiative ergreifen. Viele Frauen finden aber, daß sie damit in eine unmögliche Situation geraten: Bringt die Frau Kondome mit, könnte er sie für ein Flittchen halten. Trifft sie jedoch keine Vorkehrungen, kann sie sich durchaus nicht darauf verlassen, daß er die Verantwortung übernimmt.

Eine Frau drückte das so aus:

»Ich verzichte lieber ganz auf Sex, als all das auf mich zu nehmen – das Thema aufzubringen, sich blöd dabei zu fühlen, einander kein Vertrauen zu schenken.«

Das Kondom-Gespräch

Wie können Sie das Gespräch auf Empfängnisverhütung und AIDS-Schutz bringen, wenn Sie das erste Mal mit jemandem schlafen?

Gerade heraus

Die direkte Art ist bei weitem die leichteste, wenn Sie mit einem Mann zusammen sind, der sensibel und bewußt ist. Wenn er wirklich so sensibel wäre, könnte er natürlich selbst ein Kondom dabeihaben – aber zumindest können Sie erwarten, daß er weder schockiert, noch abgeschreckt, noch gekränkt auf Ihren Wunsch reagiert. Wenn es so weit ist, greifen Sie in Ihr kleines Schächtelchen auf dem Nachttisch und ziehen ein Kondom heraus, drehen sich um und lächeln ihn an. Er wird vermutlich ebenfalls lächeln und es entgegenehmen.

So tun, als sei es selbstverständlich

Manchmal ist es schwer vorherzusehen, wie ein Mann wohl reagieren wird; dann tun Sie am besten so, als gingen Sie selbstverständlich davon aus, daß er eins benutzt. Mit kleinen Bemerkungen wie »Die Kondome sind dort drüben« oder »Paß auf, daß dir die Kondome nicht aus der Tasche fallen« machen Sie deutlich: Sie erwarten, daß er ein Kondom dabeihat und es auch verwenden wird, oder daß er sicher gerade fragen wollte, wo Sie die Ihren aufbewahren. Mit einem dahingesagten »Kannst du dir vorstellen, manche Männer glauben immer noch, daß Frauen heutzutage ein Abenteuer ohne Kondom dulden würden?!« zeigen Sie ihm, daß Sie ihn jedenfalls nicht für so dumm halten. Damit können Sie ihn vielleicht so schuldbewußt machen, daß er sich verantwortlicher verhält, als er eigentlich vorhatte. Es wird ihm so schmeicheln, daß er nie zugeben würde, nicht an Kondome gedacht zu haben, bevor Sie dieses Thema aufbrachten! Wie auch immer, das Ergebnis ist, daß er das Kondom benutzt, worauf es letztlich ankommt.

Die intellektuelle Art

»Hast du schon die Statistiken darüber gesehen, wie viele Heterosexuelle in den nächsten fünf Jahren mit AIDS angesteckt werden?« Das mag vielleicht seine Leidenschaft kurzfristig dämpfen, sollte aber andererseits seine Lust lang genug unterbrechen, um ihn zum Nachdenken über sein Verhalten zu veranlassen. Sie wollen ihn ja nicht in ein langes Gespräch verwickeln – »Gestern habe ich im Fernsehen eine interessante Sendung über die Übertragungswege des HIV-Virus gesehen« oder »Hast du Aktien von Blausiegel gekauft?« –, aber Sie wollen ihm doch klarmachen, daß Sie verantwortungsbewußt handeln, über sicheren Sex Bescheid wissen und Wert auf Ihre Gesundheit legen.

Auf die lustige Tour

»Schau dir meine sensitiv verstärkten regenbogenfarbenen Spezialkondome an!« Oder »Cocktail und Kondom oder nur Kondom?« Das sind einige Anregungen in der Richtung. Alles ist hilfreich, was die vielleicht etwas schwierige Situation entspannt. Auch Versteckspielen (etwa wenn Sie die Kondome im Polsterüberzug, in Ihrer Unterwäsche, zwischen den Seiten einer Zeitschrift verstecken) kann lustig sein. Hoffentlich hat Ihre neue Eroberung Sinn für Humor und ist bereit, das Kondom als Bereicherung und nicht als Lustkiller anzusehen.

Auf sexy

Wenn Sie mit Ihrem Liebhaber schon fast im Bett sind, so gut wie nichts mehr anhaben und alle Signale schon auf völlige Nacktheit und Hingabe stehen, drehen Sie sich zu ihm um und sagten mit tiefer, heiserer, sexy Stimme: »Ich will Dich in mir spüren. Ich will alles von Dir. Ich will dir das aufstreifen.« Die meisten Männer werden wohl nicht widerstehen können. Noch mehr Begeisterung können Sie bei Ihrem neuen Partner erwecken, wenn Sie ihn aufs Bett drücken, ihn streicheln, das Päckchen mit den Zähnen aufreißen und ihm das Kondom langsam überstreifen. Sprechen Sie dabei die ganze Zeit mit tiefer, verschleierter Stimme. Die Sache kann unheimlich Spaß machen!

Ihn in Versuchung führen

Wir wissen zwar, daß niemand nur deshalb schon eine Medaille verdient, weil er auf Wunsch ein Kondom trägt. Es kann aber trotzdem manchmal hilfreich sein, einem Mann zu zeigen, wie sehr Sie seine Kooperation schätzen. Wenn er nett ist, nur eben zum ersten Mal vor so einer Situation steht, wird es dadurch für beide angenehmer. »Ich kenne ein paar ganz wunderbare Arten und Weisen, deinen Körper zu küssen, und ich möchte sie dir unbedingt zeigen, aber du mußt zuerst das hier aufsetzen«, oder: »Die Überraschungen, die ich für dich auf Lager habe, kriegst du erst, wenn du das aufstreifst«, sind sexy und verführerisch und geben ihm das Gefühl, die Sache ist die Benutzung eines Kondoms definitiv wert.

Ihn beruhigen

Manche Männer haben Angst, Sie mit einem Kondom nicht so sehr zu spüren. Sie fürchten, daß ihre Erektion ausbleibt oder sie sich nicht als der perfekte Liebhaber erweisen, wenn sie sich Zeit lassen, um ein Kondom überzustreifen. Wenn seine Erektion wirklich ein bißchen nachläßt, hilft es ihm, ihn wissen zu lassen, daß das völlig normal ist und Sie nicht enttäuscht – küssen Sie ihn, bis Angst und Peinlichkeit des Augenblicks vorüber sind.

»Raus aus meinem Schlafzimmer, du Affe!«

Leider gibt es immer noch Männer, die überzeugt sind, Kondome seien altmodisch und eine Beleidigung ihrer Männlichkeit. Alles, was sie über *ihren* Schwanz ziehen müssen, ist so eine Art Vorstufe zur Kastration! Hoffentlich betritt ein solcher Mann niemals Ihr Schlafzimmer. Der erste Eindruck kann jedoch täuschen, und wir machen alle mal Fehler. Wenn Sie sich also in leidenschaftlicher Umarmung mit einem Mann wiederfinden, der einfach kein Kondom tragen will, gibt es nur eine Antwort: Schlafen Sie nicht mit ihm – weisen Sie ihm die Tür!

Was ist, wenn AIDS für Sie schon Wirklichkeit wurde?

Immer mehr Frauen geben das HIV-Virus weiter. Wenn Sie selbst HIV-positiv sind – wie erklären Sie das Ihren Sexualpartnern? Sie müssen ja nicht nur mit Ihrem persönlichen Zorn fertig werden, sondern die gesamte soziale / sexuelle Situation wird dadurch äußerst schwierig, wie diese junge Frau beschreibt:

»Ich bin HIV-positiv. Ich habe seit anderthalb Jahren keinen Sex mehr gehabt. Sie können sich überhaupt nicht vorstellen, wie schwierig mein Sexualleben geworden ist. Und irgendwie bin ich auch gar nicht mehr sonderlich interessiert daran. Ich mache mir nicht nur Sorgen darüber, wie die Männer wohl reagieren, wenn ich es ihnen erzähle, sondern auch darüber, daß ich sie eventuell anstecken könnte. Es ihnen zu erzählen ist nur die eine Seite der Medaille. Ich bin zu ein paar Beratungszentren gegangen, aber dort waren vor allem Schwule. Als ich das erste Mal hörte, mein Test sei positiv ausgefallen, geriet ich total in Panik. Ich hab's meinen Eltern noch nicht erzählt. Ich fühle mich oft so allein, weil ich mit niemandem darüber reden kann. Ich habe eine AIDS-Beraterin, und sie sagt mir doch glatt, ich solle Orangensaft trinken! Sie weiß auch nicht, wie ich mich wirklich fühle – morgens zittere ich immer und versinke in tiefste Depressionen. Wenn ich ausgehen will, muß ich immer ein ganz anderes Gesicht aufsetzen, um zu verbergen, wie mir zumute ist.

Als ich ein paar Freunden davon erzählte, benahmen sie sich unheimlich gemein… sie nahmen einfach an, ich hätte ständig nur so herumgebumst, und deshalb hätte ich mich eben angesteckt! Irgend jemand hat einmal gesagt, Einsamkeit sei, wovor sich die Menschen am meisten fürchten. Ich fühle mich manchmal wirklich sehr einsam. Mein Vater möchte immer, daß ich heirate, er weiß von nichts. Bloß daran zu denken – ich könnte mich unheimlich verlieben und wüßte die ganze Zeit, daß es niemals sein dürfte! Inzwischen ist es schon soweit, daß ich ausreiße, wenn ich jemanden bloß geküßt habe.

Ich habe es nie für möglich gehalten, daß ich AIDS kriegen könnte, aber ich bin HIV-positiv. Den Scheißkerl, der mir das angetan hat, könnte ich umbringen. Er hat mir nichts gesagt. Ein flüchtiges Abenteuer. Er war Rugbyspieler – eines Abends passierte es einfach. Ich habe ihn später damit konfrontiert. Er war sehr erstaunt, daß ich das über ihn wußte.

Manchmal gehe ich aus und vergesse, wer ich bin. Ich bin dann richtig verrückt. Ganz schön schizophren das Leben, das ich führe. Daß ich krank bin, habe ich herausgefunden, als ich Lungenentzündung bekam. Im Krankenhaus meinten sie: ›Was, die ist erst zwanzig und hat Lungenentzündung?‹ Und dann beschlossen sie, mich einem AIDS-Test zu unterziehen.

Jetzt bin ich von der Vorstellung, mit einem Mann Geschlechtsverkehr zu haben, wirklich runter. Aber zu Frauen fühle ich mich auch nicht hingezogen. Die ganze Sex-Geschichte ist mir zuwider. Ich bin einundzwanzig, ich bin jung, und ich habe Angst, sterben zu müssen. Ich habe einfach keine Zeit, mir über Sex den Kopf zu zerbrechen. Auf seltsame Weise gefällt es mir sogar, allein zu sein. Ich gehe nach Hause und schreibe alles auf. Ich möchte allein sein, und ich möchte so gern auch mit anderen zusammen sein. Ich weiß nicht, es ist einfach alles unmöglich.«

Undefinierte Sexualität

Wo stehen wir also in dieser schönen neuen Welt der Sexualität? Geht es Frauen heute besser? AIDS sowie auch einige Methoden der Empfängnisverhütung haben zwar die möglichen gesundheitlichen Risiken erhöht, aber zumindest ist die doppelte Moral nicht mehr so stark ausgeprägt wie früher, auch wenn viele Männer (und manche Frauen) immer noch in Klischees wie »Hure/Heilige« denken.

Am wenigsten verändert hat sich die Definition des Geschlechtsverkehrs selbst. Seit der Veröffentlichung des ersten HITE-Reports im Jahre 1976 werden Frauen nicht mehr ganz so unter Druck gesetzt, nur bei der Penetration einen Orgasmus haben zu dürfen, den Orgasmus während des Geschlechtsverkehrs vortäuschen zu müssen oder sich zu genieren, wenn sie klitoral stimuliert werden wollen. Zwar herrschen auf diesem Gebiet immer noch Scheu und mancherlei Probleme, doch die Frage, was Sexualität eigentlich wirklich ist, wurde bislang noch kaum erforscht.

Frauen lieben oft Sinnlichkeit, ein langes Vorspiel, Flirts, gut angezogen zu sein, beachtet zu werden, die andere Person zu betrachten, zu küssen und herumzufummeln, ohne dabei gleich bis zum Ende zu gehen.

Warum mögen Männer das alles nicht ebenso? Oder, falls sie es doch mögen, warum haben sie dann den Wunsch, so schnell wie möglich zum Geschlechtsverkehr zu gelangen? Haben sie etwa Angst, ihre Erektion wieder zu verlieren, sobald sie einmal erregt sind, nach dem Motto: »Es ist besser, ihn hineinzustekken, solange die Erektion vorhanden ist, als das Risiko einzugehen, daß sie nachläßt?«

Sex – aber nur nach seiner Fasson

Frauen leiden auch sehr stark unter dem Druck, ihre eigenen Bedürfnisse körperlicher, gefühlsmäßiger oder seelischer Art hintanstellen zu müssen, um den Männern im Bett zu gefallen:

> »Ich fühle mich von einem Liebhaber sehr oft zum Sex gezwungen. Mehr noch, gezwungen, Sex gerne zu haben – wenn er mir erklärt, ihn zufriedenzustellen müßte eigentlich meine größte Befriedigung sein. Ich muß mich selbst zu etwas zwingen. Ich versuche oft, in meiner Vagina Befriedigung zu empfinden, glaube aber nicht wirklich, daß das geht. Ich tue es, damit die Spannung abnimmt, die sich aus seinem Verlangen nach Sex ergibt, oder um die Partnerschaft trotz all meiner Zweifel aufrechtzuerhalten, oder um meinen Zorn gegen ihn zu rechtfertigen. Der Druck, alles zulassen zu müssen, woran ein Mann Gefallen findet, ist manchmal überwältigend.«

> »Ich mag diesen Mann so sehr, und ich möchte, daß er mich ebenso sehr mag, und deshalb tue ich fast alles für ihn. Ich

schäme mich sehr, das zu sagen. Aber ich tue es. Wenn er von mir verlangt, vulgäre Dessous anzuziehen oder mit ihm über andere Frauen zu sprechen, während wir miteinander schlafen, mache ich's. Ich wünschte, ich allein wäre ihm genug.«

»Ich habe sehr früh gelernt, daß eine wichtige Quelle der Macht, wenn nicht meine einzige, die ist, einem Mann im Bett zu gefallen. Ich lernte, soviel ich konnte. Ich verhielt mich so, wie es den Männern offensichtlich gefiel. Lernte, wie ich ihres Erachtens zu sein hatte, was ich tun und sagen sollte. Und die Sache lohnte sich: Es war tatsächlich eine Fähigkeit, die mir viel Macht verlieh. Vier lange Jahre schlief ich mit Männern und sorgte für ihr Vergnügen, bis ich zum ersten Mal erfuhr, wie es ist, mit einem Mann einen Orgasmus zu erleben.«

»Ich hasse es, schweißnaß und erschöpft aus dem Bett zu fallen und fast dabei draufgegangen zu sein, ihm vorzuspielen, daß ich in Ekstase wäre, dann ins Bad zu müssen, um mich erstens zu waschen und zweitens, um es mir selbst zu besorgen, bevor ich einschlafen kann. Ich frage mich, ob sich andere Frauen auch so fühlen.«

»Ich muß vorgeben, an Sex Spaß zu haben, aber ich muß dann auch so tun, als wäre alles okay, wenn er sich entschließt, aufzustehen und wegzugehen, weil im Fernsehen ein Fußballspiel läuft, das er sich mit seinen Freunden ansehen möchte! Nur ist das für mich eben nicht okay. Es ist nicht sehr romantisch.«

»Mein Liebhaber ist sehr einfühlsam, aber ich glaube, es würde ihn richtig traurig machen, wenn er wüßte, daß ich keineswegs so erregt bin, wie er meint, wenn wir miteinander Liebe machen. Ich möchte es ihm schon lange sagen, aber jetzt ist es zu spät. Unser Sexualleben hat sich eingespielt. Ich hatte so viel Angst, er könnte mich verlassen und sich eine andere suchen, daß ich ihm immer etwas vorspielte. Jetzt kann ich nicht mehr aufhören – denn er könnte mich eben deswegen verlassen. Ich könnte das nicht ertragen.«

Verstehen sich Frauen und Männer sexuell nicht?
Frauen schätzen oft andere sexuelle Aktivitäten als Männer. Zum Beispiel haben Frauen die Stimulation der Klitoris meist mindestens genauso gern wie den Koitus. Männer haben beim Koitus leicht einen Orgasmus, während die meisten Frauen am ehesten einen Orgasmus bekommen, wenn ihre Klitoris stimuliert wird. Frauen wollen auch länger gestreichelt und umarmt werden, wollen Zeit haben zum Spüren und Berühren. Auf der anderen Seite mögen sowohl Männer als auch Frauen Berührungen mit dem ganzen Körper in einer vollständigen Umarmung (erstaunlicherweise kennt unsere Sprache kein Wort dafür).

Eine Frau beschreibt ihre Schwierigkeiten, ihre Sexualität mit ihrem Freund auszuleben, der ihr dabei nicht hilft:

»Mein Ärger mit ihm begann sehr rasch, als wir zum ersten Mal miteinander schliefen. Erstens wollte ich zu diesem Zeitpunkt überhaupt noch keinen Sex und hatte das Gefühl, er ignoriere meine Wünsche in seinem typisch männlichen Begehren, den Akt selbst zu vollziehen, gerade als könnten wir auch ohne mein Zutun ein Paar werden. Ich glaube, Ficken macht ihm viel mehr Spaß als mir, und die ganze Sache zielt ohnehin nur auf den Anspruch ab, Ficken sei der Gipfel der Sexualität.

Ich habe ihm gesagt, daß ich bei der Vereinigung normalerweise keinen Orgasmus bekomme, und wenn schon, dann ist er jedenfalls weniger intensiv und weniger befriedigend als ein Orgasmus der Klitoris. Ich sage ihm das jetzt schon seit zwei Jahren. Er wiegt sich weiterhin in dem Glauben, das sei nur vorübergehend – denn sonst, so meint er, würde etwas in ihm zerbrechen. Er hat immer davon geträumt, eine Frau zu finden, die auf ihn reagieren würde, auf seinen Penis. Er sagt, dadurch könne das ganze pornographische, sadistische Bild des immer nur nehmenden Mannes verändert werden und ihn zum Gebenden machen.

Ich versuche weiterhin, ihm klarzumachen, daß mir das egal ist – daß ich nur zu glücklich wäre, auch in dieser Richtung einzulenken –, wenn er nur meine Sexualität so akzeptieren würde, wie sie ist. Ich habe mich von ihm in den Dingen, die ich am schönsten für mich finde, nie akzeptiert gefühlt; wir haben immer entgegengesetzte Vorstellungen und versuchen, das Unmögliche zu erreichen.

Ich fühle mich schuldig, weil ich beim Ficken nicht komme. Ich habe Angst, daß er mich eines Tages wegen einer anderen verlassen wird, die ihm vormacht, beim Ficken zu kommen, die ihn anlügt oder die es nicht besser weiß. Er fühlt sich schuldig, weil er sich nach einer Frau sehnt, die wirklich gefickt werden will. Das Komische daran ist, daß es mir beim Ficken dann am meisten Spaß macht, wenn ich sehe, wie sehr es ihm Vergnügen bereitet. Ich würde gerne andere Frauen fragen, wie sie mit Männern leben, was ihnen am Sex Spaß macht, bis sie mir aufrichtig Antwort geben. Ich habe darüber, daß ich bei der Vereinigung nicht komme, mit zwei oder drei Frauen gesprochen – es macht mich einfach verrückt, daß Männer am Sex so ein sicheres Vergnügen haben können und wir nicht.«

Wie »echte Männer« Sex mögen

Wissen wir aber wirklich, was »männliche Sexualität« ist? Zwar lastet definitiv der Druck auf den Frauen, ihre sexuellen Bedürfnisse denen der Männer anzupassen, aber wissen wir denn, wie diese »männlichen Bedürfnisse« wirklich aussehen? Die Definition männlicher Sexualität als dem heftigen Wunsch nach Penetration ist stark übertrieben. (Die These, Sex in der uns bekannten Form sei Teil einer Ideologie, einer kulturellen und nicht einer biologischen Bestimmung, wurde zum ersten Mal im HITE-Report über weibliche Sexualität 1976 [Neuauflage Pandora 1989] dargelegt, und *nicht* von Michel Foucault im Jahre 1981, wie dies oft behauptet wird.)

Die männliche Sexualität umfaßt viel mehr verschiedenartige

körperliche Empfindungen als nur die Erektion, die Penetration und die Ejakulation.

Männer stehen aber weiterhin unter dem sozialen Druck, ihre Sexualität in dieser Weise auszuleben. Daher wird nicht nur auf die Frauen enormer Druck ausgeübt, den Männern sexuell zur Verfügung zu stehen. Auch von den Männern wird erwartet, von Frauen ständig Sex im herkömmlichen Sinn zu verlangen – Penetration! Die Definition von Sex als Vorspiel, auf das die vaginale Penetration folgt (und warum nennen wir das eigentlich nicht »peniles Umhüllen«, »Penis-Einbetten«?) und das mit dem männlichen Orgasmus endet, muß unbedingt abgeschafft werden.

Es gibt viele, viele andere Arten, Sexualität auszudrücken und zu erleben; einige davon sind genital, andere nicht. Historisch gesehen war der Koitus nicht immer die einzige Bestimmung von Sex. Männer im klassischen Griechenland zum Beispiel hatten so häufig Sex mit anderen Männern, daß sie daran erinnert werden mußten, mit ihren Frauen »mindestens dreimal monatlich« Geschlechtsverkehr zu pflegen – sonst hätten sie sich womöglich nicht genügend fortgepflanzt. Aber selbst hier liegt das Schwergewicht auf dem genitalen Bereich, was bei einer sinnlicheren Definition der Sexualität oder einem anderen Ausdruck des Sexuellen durchaus nicht immer der Fall sein muß.

Plädoyer für eine erotischere Sexualität

Immer mehr Frauen – und auch manche Männer – fragen sich heute, ob der Koitus »natürlicherweise« und stets die grundlegende Bestimmung von Sex sein *muß*. Ist es noch Sex, wenn keine Penetration stattfindet? Aber natürlich. Die Vereinigung (Penetration) wurde vor allem deshalb in den Mittelpunkt des Sexuellen gestellt und in den patriarchalischen Religionen verherrlicht, weil eine hohe Fortpflanzungsrate erwünscht war und es als dringend erforderlich angesehen wurde, die männliche Erbfolge aufrechtzuerhalten (und damit auch das Besitzrecht/die Macht über Frauen und ihre Sexualität).

Warum kann Sex heute nicht einfach ein Repertoire von Gesten und Gefühlen sein, verschieden für jede Person und in jeder Beziehung? Wie fühlen Sie sich denn dabei?

Es kann Ihnen und Ihrem Partner helfen, wenn Sie genau feststellen, wie Ihre Bedürfnisse aussehen, wo Konflikte bestehen und welche Wege es gibt, neue Formen der Intimität auszuprobieren. Wenn sowohl Männer wie Frauen über ihre Sexualität vollkommen ehrlich Auskunft geben würden, wäre endlich dem Zwang abgeholfen, sich nach den Bedürfnissen anderer sexuell verhalten, »sexy« sein und sich auch dann auf Sex einlassen zu müssen, wenn der Frau überhaupt nicht danach zumute ist.

Also erst einmal innehalten – abwarten – nachdenken: Ist das wirklich genau die Sexualität, die Sie wollen? Oder gibt es eine andere Art des körperlichen Ausdrucks, die Sie bevorzugen oder einmal ausprobieren möchten?

Ehrlich darüber nachzudenken, was Sex für Sie bedeutet, ist leichter, wenn Sie sich dazu einige tiefschürfende Fragen stellen. Und dann versuchen Sie einmal, mit Ihrem Partner den zweiten Fragenkatalog durchzugehen.

Fragen an Sie selbst:

- Wie sieht der Sex mit Ihrem Partner normalerweise aus? Haben Sie Spaß daran? Kommen sie normalerweise zum Orgasmus? Wann?
- Wie kommen Sie am leichtesten: durch Masturbation? Stimulation der Klitoris? Oralverkehr? Penetration? Haben Sie Ihre Beine lieber offen oder geschlossen? Weiß das Ihr Partner?
- Wenn Sie beim normalen Geschlechtsverkehr nicht kommen, haben Sie darüber mit einer Freundin gesprochen? Was hatten Sie für ein Gefühl, als Sie mit ihr darüber sprachen?
- Haben Sie Ihrem Partner gesagt, daß Sie beim Koitus nicht kommen? Wie hat er reagiert? Haben Sie ihm gesagt, daß es den meisten Frauen so geht? Wie haben Sie sich dabei gefühlt?
- Haben Sie je mit einem Liebhaber zusammen masturbiert? Was fühlten Sie dabei? War es erregend? Wenn Sie das noch nicht gemacht haben, würden Sie es gerne einmal tun?

- Wann fühlen Sie sich am leidenschaftlichsten? Werden Sie aggressiver? Oder möchten Sie genommen werden? Möchten Sie verschiedene Rollen spielen?
- Haben Sie sexuelle Phantasien, damit Sie besser kommen? Welche?
- Masturbieren Sie, wenn Ihr Partner nicht da ist? Denken Sie an ihn, oder haben Sie andere Vorstellungen? Sagen Sie ihm das?
- Was halten Sie von Pornographie? Mögen Sie sie? Wenn ja, mögen Sie lieber Geschriebenes, Fotos oder Filme? Mögen Sie sie gemeinsam mit Ihrem Partner ansehen oder lesen? Sieht er sich Pornographie an? Allein? Wie fühlen Sie sich dabei?
- Fühlen Sie sich in emotional intensiven Momenten stark erregt, oder bevorzugen Sie Sex in ruhigen, gemütlichen, sicheren Augenblicken?
- Wollen Sie lieber mit jemandem schlafen oder teuer abendessen gehen?
- Wie fühlen Sie sich dabei, wenn Sie auf Ihrem Partner sitzen? Haben Sie das Gefühl, alles besser im Griff zu haben? Erregt Sie das? Oder fühlen Sie sich benutzt?
- Bevorzugen Sie es, mit der Hand an der Klitoris stimuliert zu werden, oder mit dem Mund? Ist es Ihnen unangenehm, von Ihrem Partner oralen Sex zu verlangen?
- Mögen Sie es, während des Geschlechtsverkehrs »ich liebe dich« zu hören? Sagen Sie es selbst gerne?

Was Sie Ihren Partner fragen sollten:

- Wo fühlst du deinen Orgasmus tatsächlich? An der Spitze deines Penis? An der Wurzel? In deinem Körper? Wann?
- Würdest du Sex weiterhin mögen, wenn du dabei keinen Kontakt mit dem ganzen Körper der Partnerin haben könntest? Würdest du Sex ohne Küssen mögen?
- Wie oft hast du Sex nur, weil du kommen willst? Glaubst du, daß es männlicher ist, Geschlechtsverkehr zu haben als zu masturbieren?
- Hast du Spaß an Sex ohne Penetratin der Vagina?
- Wie fühlst du dich, wenn ich ins Bad gehe und mich wasche,

nachdem du in mir gekommen bist? Findest du mich pedantisch, oder hast du das Gefühl, ich hielte dich für schmutzig? Magst du es lieber, wenn ich mich hinterher nicht wasche?

- Was hast du lieber, wenn ich dich unten befriedige, oder wenn wir uns vereinigen? Warum?
- Hast du Angst, AIDS zu haben? Hast du Angst, daß ich AIDS haben könnte? Meinst du, daß wir beide einen Test machen sollten?
- Masturbierst du, wenn ich nicht da bin? Wenn ja, wie oft? Was denkst du dabei?
- Findest du nicht, daß meine Regel ein aufregendes Ereignis ist? Welche Ängste hast du dabei? Macht es dir etwas aus, wenn mein Blut auf dich oder das Bett kommt? Willst du während meiner Regel keinen oralen Sex?
- Glaubst du, daß es für eine Frau normal ist, schon beim Koitus einen Orgasmus zu haben? Fühlst du dich schlecht, wenn ich nicht komme? Vorwurfsvoll? Schuldig? Fragst du dich, was du tun sollst?
- Fühlst du dich bestätigt, wenn du mir mit der Hand auf der Klitoris einen Orgasmus verschaffst? Wirst du manchmal ungeduldig, wenn du mich stimulierst und ich nicht gleich darauf reagiere? Wenn ich bei der Stimulation komme und du nicht? Was denkst du dabei?
- Wie fühlst du dich, wenn ich es mir selbst mache? Erregt dich das? Bist du gelangweilt, verärgert? Oder hast du es nie bemerkt?
- Was hältst du von der Tatsache, daß viele Frauen ihre Beine geschlossen halten müssen, damit sie kommen können? Willst du mehr über die Anatomie der Frauen wissen?

Die Erotik ist ein riesiger, noch ziemlich unerforschter Bereich. Es geht dabei um wechselseitige Attraktion, Spielen, Gespräche, Geschichten, Rollenspiel und die Einladung zum sinnlichen Kontakt mit einer anderen Person. Leidenschaft und Begehren sind Teil davon – Begehren, das heißt nicht notwendigerweise, einen Orgasmus zu haben, sondern nebeneinander zu liegen, die Körper gegeneinander zu drücken, eng, so eng wie möglich beieinander zu sein; zu liegen und den anderen im Schlaf atmen zu hören, den Atem des geliebten Menschen die Wange entlang streichen zu fühlen und ihn mit dem eigenen zu vermischen; den Körper zu riechen, den Mund mit dem eigenen Mund zärtlich zu berühren, den Geruch und den Geschmack der Geschlechtsorgane zu entdecken, den Finger im Körper des anderen spüren, den Anus zärtlich zu streicheln und sich in diesen Gefühlen ganz zu verlieren.

Streit: Eine radikal neue Analyse

»Wir haben oft so schreckliche Szenen. Sie passieren entweder bei ihm oder bei mir zu Hause, oder gar am Telefon mitten in der Nacht. Ich wünsche mir oft, ich hätte ein Tonband dabei, um festzuhalten, was er alles sagt und was abläuft, denn nachher leugnet er oft, dies oder jenes wirklich gesagt zu haben. Ich erinnere mich jedoch ganz deutlich daran, wie gemein er sich benommen hat.«

»Er stürmte aus dem Haus und zerbrach dabei seine Töpferarbeiten. Er war ganz außer sich, und ich ließ ihn eine Weile herumtoben. Dann nahm ich ihn in die Arme und sagte ihm, wie froh ich sei, daß er endlich alles herausgelassen habe. Seine größte Angst war, daß ich ihn nicht richtig gern haben könnte. Er sagte das immer gleich, wenn wir in Streit gerieten. Ich war zwar oft erschüttert, traurig und zornig, aber gleichzeitig wußte ich auch irgendwie, daß er viel loswerden mußte.«

Hinter verschlossenen Türen

Streit vollzieht sich in der Privatsphäre – etwas Schmerzhaftes, das meist nur zwischen zwei Menschen passiert, die allein sind. Niemand ist dabei, niemand anders weiß wirklich, was da vor sich geht. In solchen Momenten fällt es oft schwer, die Dynamik der Situation zu durchschauen und sie zu beenden, oder zu erreichen, daß der andere die geäußerten Gefühle fair aufnimmt.

In diesem Kapitel wollen wir den Schleier lüften und das Verborgene ans Tageslicht bringen. Wir werden Grundmuster aus der Sicht der Frau aufzeigen. Sie realistischer zu definieren bedeutet den ersten Schritt zu ihrer Veränderung. Frauen können dann anders mit Streit umgehen, in ihren Liebesbeziehungen der neunziger Jahre anders auf negative Situationen reagieren lernen.

Ist Streit für andere auch so schlimm?

Frauen reden miteinander sehr viel über Streit, den sie gehabt haben. Doch auch wenn ihre Freundinnen sich mitfühlend äußern und sagen, sie wüßten schon, wie das so ist, erzählen doch viele Frauen die schlimmsten Dinge, die dabei passieren, nicht einmal ihren besten Freundinnen, weil sie Angst haben, sie könnten sonst schlecht von ihnen denken. Und sie fragen sich, ob es bei anderen Leuten eigentlich auch so schlimm zugeht wie bei ihnen.

Diese Duelle sind wie Kämpfe im Dschungel, wo es keinerlei Regeln gibt, keine außenstehenden Zeugen, keinen klaren »Waffenstillstand« oder »Sieg«. So ein Streit läßt die Frau oft mit einem Gefühl großer Einsamkeit und Isolation zurück:

> »Wenn ich mit ihm streite, fühle ich mich so einsam. Meistens bin ich ganz am Boden zerstört. Das fängt an, wenn er verletzend wird. Ich sage ihm das und hoffe, daß er sich entschuldigt, alles zurücknimmt oder zumindest sagt, er habe es nicht so gemeint. Er wird aber nur böse und wirft mir vor, ich machte immer Schwierigkeiten und sei so streitsüchtig, und er ließe sich das nicht mehr gefallen. Dann rege ich mich nur noch mehr auf und schreie oder weine. Er verstummt und weigert sich, weiterzureden. Ich fühle mich gräßlich, als müßte ich mich für mein Geschrei schämen – und auch für ihn schäme ich mich. Außerdem sehe ich wohl auch total neurotisch aus. Irgendwann möchte ich bloß noch, daß wir aufhören, und entschuldige mich. Es geht mir scheußlich dabei.«

> »Genau sechs Monate war es her, daß wir uns kennengelernt hatten. Ich wollte etwas ganz Besonderes machen, und deshalb kaufte ich haufenweise Ballons und Girlanden und schmückte mit ihnen mein Schlafzimmer und mein Bett. Dann kaufte ich mir sexy Unterwäsche mit weißen Spitzen, Strapsen und so weiter. Er kam herein und war ganz von den Socken, murmelte irgend etwas, wie nett das alles aussähe, allerdings nicht, wie nett *ich* aussähe. Dann meinte er nur, wie müde er von der Arbeit sei und daß er nach Hause wolle,

schlafen gehen. Es kam ihm überhaupt nicht in den Sinn, daß mich das kränken könnte. Ich lag da im Dunkeln und weinte mir fast die Augen aus dem Kopf. Um sechs Uhr früh stand ich auf und riß alle Ballons und Girlanden herunter. Ich konnte den ganzen Kram gar nicht schnell genug in den Mülleimer stopfen, so böse war ich auf mich selbst und verärgert, daß ich ihn überhaupt aufgehängt hatte. Als ich ihn dann später sah, fragte er mich, warum ich so aufgebracht sei. Ich sah ihn bloß an; was konnte ich da noch sagen?«

»Wenn wir streiten, geht es immer im Kreis. Neulich sagte ich ihm, ich hätte keine Lust, mich mit ihm zu treffen, ich wolle lieber allein zu Hause bleiben, Zeitung lesen und fernsehen. Er war wütend. Dann ging es wieder wie üblich: ›Warum kannst du heute abend nicht mit mir zusammen sein und dein Zeug ein andermal machen? Du bist so egoistisch!‹ Schließlich gab ich nach und ließ ihn zu mir kommen, und wir schauten uns etwas ganz Dummes im Fernsehen an, das ich nicht ausstehen konnte. Unsere Auseinandersetzungen werden nie gelöst, er bekommt immer, was er will, und ich finde mich schließlich mitten in der Nacht weinend im Badezimmer wieder, während er nach einem guten Fick den Schlaf des Gerechten schläft.«

Frauen meinen oft, doch eigentlich »erwachsen genug« zu sein, solche Kräche verhindern zu können, und dann verbergen sie vor anderen, daß so etwas eben doch vorkommt, als sei es eine heimliche Schande. Die meisten versuchen, dem Problem »beizukommen«, indem sie es vor Außenstehenden verheimlichen, so daß niemand etwas davon erfährt. Frauen glauben, sie könnten das niemandem erzählen, weil normalerweise ja nicht der Täter beschuldigt wird, sondern das Opfer. (Sie muß wohl irgendwie schwach sein, oder vielleicht verdient sie es auch gar nicht anders, denn warum mußte sie auch ausgerechnet auf so einen Mann hereinfallen?)

Die Probleme auf den Tisch legen

Wie beginnt ein Streit?

Manchmal wird aus kleinen Meinungsverschiedenheiten und verletzten Gefühlen ein großer Streit, weil einer oder beide Partner im Unterbewußtsein an der Liebe des anderen zweifeln, ihm sogar Haß unterstellen oder Angst vor Zurückweisung haben. Mit gutem Willen kann das gelöst werden, indem man sich dann gegenseitig das Gefühl der Sicherheit gibt.

Es gibt jedoch auch andere Arten von Streit. Zwar können wir alle gelegentlich recht niederträchtig sein; doch häufig beginnen Kräche mit bloßem Gestichel oder auch mit emotionaler Gewalt, wie Frauen sie im ersten Kapitel beschrieben haben. Wenn so etwas häufiger vorkommt oder die Frau sich sehr unbehaglich fühlt, ohne ganz genau zu wissen, warum, versucht sie vielleicht, darüber zu reden oder zu beschreiben, wie ihr zumute ist.

Das führt dann zum nächsten Stadium eines potentiellen Krachs: Der Mann bestreitet, daß es überhaupt ein Problem gibt, oder er weigert sich, darüber zu reden, entweder indem er stoisch schweigt, oder indem er sie herablassend fertigmacht.

Wenn sich eine Frau »beschwert« (also ein Problem zur Diskussion stellen will), wird sie beispielsweise gefragt: »Warum führst du dich eigentlich so auf? Mir geht's gut!«, oder es heißt: »So benimm dich doch nicht immer wie ein keifendes, unbefriedigtes Weib. Ich dachte wirklich, du wärest da anders.« Oder: »Ich weiß nicht, was du immer hast, *ich* habe doch nichts gemacht.«

> »Wenn ich mich über eine von seinen herablassenden Bemerkungen aufrege und ihm das auch sage, entgegnet er immer: ›Das war doch nicht so ernst gemeint, Schätzchen.‹ Oder wenn ich ihm ein tolles Essen gekocht habe, und er verliert kein Wort darüber, so heißt es nur: ›Ja klar war's gut, ich hab es immerhin aufgegessen, oder?‹ Ich kann ihm einfach nicht klarmachen, daß diese Dinge für mich keine Kleinigkeiten sind. Was für mich ganz wichtig ist, ist für ihn total unwichtig.«

»Wenn ich über etwas reden möchte, was mich in der Beziehung stört, so schaut er ganz bekümmert drein, rollt die Augen, als wollte er sagen: ›Oh, ich armer Wicht, diese frustrierte Furie sitzt mir immer im Nacken.‹ Er behauptet, ich würde immer völlig grundlos auf ihn losgehen. Und ich antworte ihm dann, daß es sehrwohl einen Grund gibt, daß ich mich sehr über etwas aufregen müsse. Aber er weigert sich, überhaupt darüber zu reden.«

Es überrascht nicht, daß Frauen sich in einer solchen Lage verletzt und zornig fühlen, wenn Männer, die sie doch angeblich lieben, ihre Versuche, Dinge zu besprechen, so abwürgen – oder sich sogar einfach weigern, zuzuhören!

Das führt dann dazu, daß sich die Lage weiter zuspitzt. Die Frau erlebt nun eine doppelte Verletzung oder Ungerechtigkeit. Inzwischen ist sie wahrscheinlich ziemlich aufgebracht und zeigt es auch.

Was passiert dann? Leider hängen immer noch viele Männer der althergebrachten Überzeugung an, daß Frauen »viel zu emotional« seien (Männer »wissen es eben besser«). Wenn sie merken, daß eine Frau sich aufregt, nehmen sie sie gerade deshalb oft nicht ernst, erklären ihr, sie »reagiere viel zu heftig«, hören ihr nicht zu und betrachten ihren Standpunkt auch als weit weniger wichtig als ihren eigenen. Offenbar merken sie nicht einmal, wie sehr die Klischees, die sie da benutzen, dazu angetan sind, ihr eigenes Ego zu kitzeln und zu fördern.

Wer ein Problem aufzeigt, ist daran schuld

Wenngleich manche Frauen durchaus sagen, daß die Kommunikation in ihrer Beziehung gut funktioniert, so berichten andererseits doch viele darüber, wie verletzt und zurückgestoßen sie sich oft fühlen, wenn sie gegen eine Mauer von Gleichgültigkeit anrennen oder auf die aggressive Weigerung stoßen, zur Diskussion etwas beizutragen:

»Wenn ich die Rede auf ein Problem bringen möchte, sagt er: ›Fang erst gar nicht damit an.‹ Er sagt das schon, bevor ich überhaupt den Mund aufgemacht habe.«

»Ich trau' mich schon gar nichts mehr zu sagen, wenn mich etwas stört. Entweder er meint, ich rede Unsinn, ich sei verrückt, oder er ließe sich das einfach nicht mehr bieten (so, als würde er mich verlassen, wenn ich »so weitermache«). Ich glaube, das wäre ganz anders, wenn er nur einmal zuhören würde. Dann könnte man alles besprechen, und wir wären einander näher und glücklich. So, wie es jetzt ist, geht es immer weiter, bis ich mir zu Hause die Augen ausweine oder – noch schlimmer – vor ihm. Und dann werde ich ganz ruhig und unterwürfig, nur damit wieder Friede herrscht.«

Eine Frau erzählt die unglaubliche Geschichte, wie ihr Liebster auf ganz besonders verletzende Weise ein Gespräch abblockte:

»Ich sagte ihm, ich sei schwanger. Für mich war es sehr schwer, das überhaupt auszusprechen, ich war total nervös und ängstlich. Mir war ganz schlecht. Er schaute mich nur an und fragte: ›Woher weißt du, daß es von mir ist?‹ Ich traute meinen Ohren nicht. Das war wirklich das allerletzte, was ich erwartet hatte oder brauchen konnte.«

Die Gleichgültigkeit des Mannes gegenüber den Gefühlen seiner Partnerin ist eine Form emotionaler Gewalt. Typisch ist auch, wie manche Männer das Thema wechseln oder das Wesentliche überhören, und zwar so, daß es die andere Person verletzt. Wie wir bereits in Kapitel eins gesehen haben, gibt es viele verschiedene Arten emotionaler Gewalt, doch jede von ihnen enthält Elemente aggressiven oder gleichgültigen Verhaltens.

Manchmal können wir auch darüber lachen – später wirken die Situationen oft geradezu komisch. Schauen wir uns einmal die häufigsten Reaktionen an, die Frauen in Streitigkeiten erleben. Es ist schier unmöglich, nicht darüber zu lachen.

Sieben dämliche Reaktionen von Männern, wenn Frauen Probleme besprechen wollen

»Mir geht's prima, warum beklagst du dich?«

Viele Frauen erleben es, daß Männer zum Verrücktwerden wenig darauf eingehen, wenn sie Kummer oder eine Beschwerde haben. Eine Frau sagt:

> »Seine Haltung, wenn ich aufgebracht bin, ist normalerweise: ›Mir geht's gut, was hast du bloß schon wieder?‹ – und wenn ich weitermache und mich dann wirklich aufrege, sagte er: ›Du machst schon wieder eine Szene.‹ Oder auch: ›Warum mußt du immer das letzte Wort behalten?‹ Worauf ich antworte: ›Ich will gar nicht das letzte Wort behalten, ich möchte nur mit dir reden!‹«

Mit anderen Worten, in diesem Szenario sagt der Mann, es interessiere ihn nicht, und er möchte nicht einmal hören, was die Frau zu sagen hat. Er glaubt einfach, sie habe unrecht, und zwar ohne ihr überhaupt zuzuhören:

> »Immer habe ich die Probleme, niemals er. Er sagt, immer brächte ich mit aller Gewalt irgendwelche Probleme auf. Er kommt gar nicht auf die Idee, daß mein Problem mit etwas zu tun haben könnte, was er getan hat! Er glaubt einfach, ich hätte eben einen Sprung in der Optik.«

Einer solchen Haltung liegt die Vorstellung zugrunde, daß Frauen ohnehin immer etwas am Mann auszusetzen haben oder notfalls sogar irgend etwas *suchen*, das sie kritisieren könnten. Und wenn sie nicht immer künstlich Probleme heraufbeschwören würden, wäre alles in bester Ordnung:

> »Seiner Meinung nach bekrittele ich ihn bloß, wenn ich irgend etwas aufbringe, das mich stört oder das er getan hat, um mich zu verletzen. Er sagt, ich machte bloß Schwierigkeiten. Er hört mir nicht wirklich zu. Normalerweise versuche ich erst,

ruhig mit ihm zu reden. Ich erhalte jedoch keinerlei Antwort und fange dann an zu schreien. Dann meint er, ich sei aggressiv. Schuld bin auf jeden Fall ich.«

Die schweigsame Art

Männer versuchen oft, Frauen durch Schweigen am Weiterreden zu hindern. Das Ergebnis ist, daß die Frau laut wird und ein Streit beginnt oder sie sich ebenfalls in Schweigen und Kälte zurückzieht. Weder so noch so wird das Problem gelöst:

»Bis er sich endlich zu einem Gespräch herabläßt, muß ich allerlei Widerstände überwinden. Es ist, als redete ich unentwegt gegen eine Mauer, und er antwortet immer nur mit hmhm...«

»Normalerweise ist es so, daß ich mich über irgend etwas aufrege und versuche, ihm das klarzumachen. Er sagt gar nichts. Ich werde immer wütender beim Versuch, eine Antwort zu kriegen, und er sagt schließlich: ›Was willst du denn hören?‹ Und dann werde ich erst recht wütend, weil ich noch immer nicht weiß, was er eigentlich hat, und weil er nicht einmal darauf reagiert, was ich sage!«

»So, wie er mit mir umgeht, könnte er genausogut ein ausgestopfter Teddybär sein. Er schaut mich nur an und sagt gar nichts. Überhaupt nichts. Und wenn ich mich so richtig in Fahrt geredet habe, damit er mir endlich eine Antwort gibt, dann sagt er plötzlich in eine kurze Pause hinein (nachdem ich ihn fünfmal dasselbe gefragt habe): ›Bist du endlich fertig?‹«

»Ich rede, und er sitzt bloß da und grummelt. Dann schreie ich, und er grummelt weiter.«

»Er nimmt so eine ganz bestimmte Pose ein. Und zwar sitzt er völlig unbeweglich da, als wenn er ganz weit drüberstünde – ich nenne das immer seine Mussolini-Pose. Völlig abgehoben, während ich versuche, zu ihm durchzudringen.«

»Männliches Gemecker verläuft eher stumm. Stummes Beleidigtsein oder stumme, arrogante Mißbilligung.«

»Meist schlucke ich meinen Ärger und meinen Frust ihm gegenüber einfach herunter, denn wenn ich etwas sage, wird er derart wütend, daß alles ein ganz schlechtes Ende nimmt.«

So tun, als wäre nie etwas passiert

Frauen erzählen auch, wie sie sich fühlen, wenn ihr Partner einfach ignoriert, daß sie ein Problem angesprochen haben:

»Ich war abends mal sehr wütend, kurz bevor ein befreundetes Ehepaar zum Abendessen kommen sollte. Im Verlauf des Abends erstaunte er mich mit seiner Fähigkeit, so zu tun, als sei überhaupt nichts passiert. Das überrascht mich immer wieder. Entweder ist er reif für die Bühne, oder er ist der kälteste, gespaltenste Mensch, den ich kenne. Als sie gegangen waren, wurde er plötzlich ganz zärtlich und wollte unbedingt mit mir ins Bett. Ich war *total* deprimiert.«

»Wir telefonierten miteinander. Ich sagte ihm, ich bräuchte ein bißchen Zeit mit ihm allein. Ich dachte, er würde gerne mit mir reden und für mich da sein, aber da hatte ich mich gründlich getäuscht. Er überging die ganze Sache, als hätte ich nie etwas gesagt, und erwähnte dann etwas von einer Party, zu der wir Freitag abend eingeladen waren.«

Das Thema wechseln

Viele Männer versuchen einfach, auf irgendeine Weise das Thema zu wechseln, wenn sie etwas nicht besprechen wollen:

»Wenn etwas mich stört und ich darüber reden will, sagt er nur: ›Das tut mir leid‹ (als wäre es damit abgetan) und dann (kurz angebunden): ›Laß uns jetzt über etwas Erfreulicheres reden!‹ Anschließend ignoriert er jeden Versuch von mir, nochmal davon anzufangen. Da sehe ich rot – das ist die reinste Aggression von ihm, meiner Meinung nach. Aber wenn ich das ausspreche oder mich aufrege, sagt er nur: ›Ich weiß nicht, wovon du redest. *Ich* schreie ja nicht, *Ich* streite nicht so wie gewisse andere Leute.‹ Oder manchmal küßt er mich einfach und hofft, mir so das Maul zu stopfen.«

»Manchmal sitzt er nur da und liest im Fernsehprogramm, wenn wir miteinander reden. Es ist kaum zu glauben. Wenn ich mich darüber beschwere, sagt er, er wüßte gar nicht, was ich meine. Dann stellt er einfach den Fernseher an, sucht sich ein Programm raus und sieht fern.«

»Er tut alles, um einem Gespräch aus dem Weg zu gehen. Er telefoniert, geht zum Eisschrank, um nachzusehen, ob er etwas Eßbares findet, blättert in seinem Kalender. Ich wünschte einfach, daß er mit all dem aufhört und mit mir redet, bis wir fertig sind. Ich verstehe nicht, wie er glauben kann, daß sich alles von selbst lösen wird, wenn er mich einfach nicht beachtet. Es liegt doch auf der Hand, daß ein Problem, das jemand besprechen will, erst erledigt ist, wenn man tatsächlich darüber geredet hat!«

Manchmal leugnen die Männer sogar, daß überhaupt ein Problem existiert. Dies passiert selbst dann, wenn eine Frau laut herausschreit, daß etwas nicht stimmt:

»Er sollte meine Mutter kennenlernen, und ich war nervös. Manchmal glaubt er nämlich, es sei besonders witzig, wenn er sich unhöflich benimmt, aber ich dachte, immerhin ist es meine Mutter, und überhaupt müßte er es darauf anlegen, daß sie ihn gut leidet. Also, was soll ich sagen: Es war ein richtiger Horror, und er benahm sich wie ein verwöhnter Fratz von zehn Jahren. Ich konnte es kaum fassen. Natürlich war ich ziemlich wütend, aber als ich später das Gespräch darauf brachte, schaute er mich vom Bett her an und sagte: ›Geh' jetzt schlafen, du bist müde. Ich habe das schon hingekriegt, du bildest dir alles nur ein.‹ Immer sagte er, daß es mein Problem sei, wenn ich mich aufrege. Nie gibt er zu, daß irgend etwas nicht in Ordnung ist, oder gar, daß er Unrecht haben könnte. Um Gottes Willen, nur das nicht!«

»Wir fuhren im Auto, und ich versuchte zum xten Mal darüber zu reden, wie sein bester Freund mich immer ignoriert. Es tut mir weh, daß mein Partner mir da nicht zur Seite steht, denn die abweisende Haltung seines Freundes ist unübersehbar. Er sagte nur: ›Ich verstehe gar nicht, wovon du redest!‹ Ich war derartig frustriert, daß ich ihm ins Lenkrad griff und das Auto rechts runter von der Straße lenkte. Wir hatten beinahe einen Unfall! Zwar schenkte er mir dann endlich Beachtung, aber wir hatten natürlich auch einen Riesenkrach. Genutzt hat es nichts.«

Hinzu kommt noch, daß viele Männer ihre Partnerinnen, die auf einem Gespräch über ein Problem bestehen, kleinlich und streitsüchtig nennen. Natürlich wird die Frau dabei noch viel zorniger, denn in solchen Ausdrücken äußert sich eine enorme Herablassung, und sie beweist auch, daß der Mann nicht einmal daran interessiert ist, was sie zu sagen hat. Die Beziehung ist ihm nicht wichtig genug, um darüber nachzudenken, was sie denn wohl stören könnte:

»Manchmal haben wir morgens vor der Arbeit einen Riesenkrach, und dann müssen wir weg, um nicht zu spät zu kommen. Den ganzen Tag bin ich dann unkonzentriert und traurig, könnte dauernd losheulen und fürchte mich vor dem Nachhausekommen. Wenn ich jedoch tagsüber den Streit objektiv zu betrachten probiere, meine Wut zurückdränge und versuche, die Sache auch aus seiner Sicht zu sehen, können wir den Streit gelegentlich konstruktiv zu Ende führen und darüber hinwegkommen. Normalerweise hat er aber bis 17.30 Uhr beschlossen, alles zu vergessen, und ich sitze mit all meinen unausgesprochenen Argumenten da und kann das Gefühl nicht loswerden, ihm sei das alles nicht einmal wichtig genug, um sich damit auseinanderzusetzen.«

»Du spinnst, wenn du sagst, ich hätte dir wehgetan«
Ein anderes typisches Verhaltensmuster könnte »irrationale Aggression« oder »auf der Person noch herumtrampeln, die man gerade fertiggemacht hat« genannt werden. Männer versuchen oft, ihre Partnerinnen zum Schweigen zu bringen, indem sie sie angreifen – und zwar genau dann, wenn sie ihm ihre verletzten Gefühle geschildert hat: einfach, *weil* sie verletzt ist und noch die Stirn hat, ihm das zu sagen. Bei dieser selbstgerechten Verhaltensweise greift der Mann die Frau nur aus dem Grunde an, weil sie ihm Schuldgefühle einflößt:

»Wir waren zusammen im Urlaub, und er kümmerte sich nicht viel um mich. Viel lieber war er mit seinem Freund zusammen. Mich verletzte das, und ich fühlte mich immer unsicherer. Wir wollten nach Paris fahren, und die Idee, ihm die Stadt zu zeigen, begeisterte mich. Ich hatte gedacht, er sei noch nie dort gewesen. Wir hatten schon oft darüber gesprochen. Und dann sagte er plötzlich eines Abends, daß er tatsächlich schon mal in Paris gewesen wäre. Ich fragte ihn, mit wem, und er antwortete, mit der Frau, mit der er vor mir zusammengewesen war (noch dazu die einzige, auf die ich je eifersüchtig gewesen war). Immer, wenn ich mir das anmerken ließ, gab er mir das Gefühl, als hielte er mich für eine komplette Neurotikerin. Jedenfalls sagte ich nur: ›Warum hast du mir nicht erzählt, daß du schon mal in Paris warst?‹

Er wurde ganz wütend und beschuldigte mich, herumzumeckern; dann wurde er immer lauter und behauptete, er hätte es genau deshalb verschwiegen, weil er ja geahnt hätte, daß ich so reagieren würde (nämlich eifersüchtig und unsicher). Er nannte mich eine Zicke. Offenbar log er mich lieber an, als bei mir eine momentane Unsicherheit zuzulassen und mich darüber hinwegzutrösten.«

Wenn er sagt: »Was du fühlst, ist falsch.«
Manche Männer bringen ihre Parterin auf andere Weise zum Schweigen. Nachdem sie ihre Meinung gesagt hat, versuchen sie ihr einzureden, ihre Gefühle seien »falsch« oder »unkorrekt«:

»Manchmal erkläre ich ihm, daß mich etwas nervt. Wenn er der Meinung ist, das sei alles halb so schlimm, sagt er oft: ›So solltest du das nicht sehen.‹«

»Er sagt mir doch glatt, wenn ich mich über etwas aufrege, sollte ich einfach aufhören, mich aufzuregen!«

»Er meint, ich hätte offenbar meine Tage oder bräuchte nur wieder einmal einen guten Fick, wenn ich sauer bin. Er will damit andeuten, es sei gar nicht wirklich ich, die ihn da kritisiert, sondern es handele sich um eine momentane, typisch weibliche Verwirrung.«

Wenn er sagt: »Du bist verrückt.«

Manche Männer versuchen, ihre Partnerinnen zum Schweigen zu bringen, indem sie ihre Meinungen und Gedanken ganz einfach dumm, verrückt oder komisch nennen. Sie verstehen nicht einmal, warum eine Frau dann laut dagegen protestiert.

»Mein Freund sagt mir immer, ich sei verrückt, wenn ich mich aufrege. Er glaubt, jede Frau, die frustriert ist und das auch zeigt, sei verrückt. Ihm kommt nicht mal der Gedanke, es könnte dafür vernünftige Gründe geben.«

»Nachdem er mich abends zuvor schrecklich beleidigt, verletzt und geärgert hatte, verbrachten wir wieder einmal einen schweigsamen, spannungsgeladenen Morgen. Als ich endlich aufstand, um zu gehen (weil er nicht mit sich reden ließ und ich das nicht aushalten konnte), lief er mir nach und rief, ich sei total verrückt. Als ob ich verrückt wäre, wenn ich aus dieser Atmosphäre fliehen wollte! Wer würde das nicht?«

»Er hat die Angewohnheit, mich auszulachen oder sogenannte witzige Bemerkungen zu machen, wenn ich über ernsthafte Dinge reden oder eine politische Meinung äußern möchte. Es macht mich ganz wütend, aber wenn ich ihm das sage, fragt er mich, warum ich denn so überempfindlich sei.

›Sei doch keine dumme Gans‹, sagt er dann. Ich kann mir kaum etwas Erniedrigerendes, Entwürdigerendes vorstellen; nichts bringt mich so gegen ihn auf.«

»Sobald ich mich mal richtig aufrege, meint er, ich bräuchte wohl psychologische Hilfe. Aber in Wirklichkeit rege ich mich nur deshalb auf, weil er nicht zuhört oder meine Gefühle nicht genügend respektiert und mich zum Schweigen bringen will. Nur deshalb benehme ich mich so ›verrückt‹. Er sieht aber bloß die Wirkung, nie die Ursache. Er rät mir einfach, zum Seelenklempner zu gehen, um mich wieder in Ordnung bringen zu lassen. Seiner Meinung nach hat das alles ›ganz offensichtlich‹ mit ihm nicht das Geringste zu tun.«

Solche klischeehaften Reaktionen der Männer sind emotionale Angriffe auf die Frau. Darüber hinaus strotzen sie nur so vor jener Mißbilligung, mit der die Gesellschaft auf angeblich »gefühlsduseliges« Verhalten von Frauen reagiert. Warum greifen Männer immer wieder auf diese stereotypen Vorurteile über weibliches Verhalten zurück oder setzen es herab, indem sie es »hysterisch« oder »unkontrolliert« nennen?

Jede dieser Haltungen – Schweigen, die Frau lächerlich oder gar fertigmachen – schneidet die Kommunikation in einer Weise ab, die für jede Beziehung äußerst schädlich ist. Allen ist gemeinsam, daß sie den Mann in eine Machtposition versetzen, aus der heraus er sich mit der Sicht der Frau nicht auseinanderzusetzen braucht: »Vogel, friß oder stirb, ich ändere mich nicht«. Dieses Verhalten läßt der Frau keine andere Wahl, als sich entweder zur Wehr zu setzen, wegzulaufen oder sich still zu fügen.

Die Weigerung, zuzuhören und Probleme eingehend zu besprechen, diente früher dazu, »die Frau auf ihren Platz zu verweisen«. Das war zu einer Zeit, als die Frauen finanziell von den Männern abhängig waren. Wenngleich Frauen noch immer viel weniger verdienen als Männer, versetzt der eigene Verdienst die Frau doch in die Lage, ihn zu verlassen. Damit haben dic Frauen eine stärkere Verhandlungsposition und auch mehrere Möglichkeiten für ihr Verhalten errungen.

Was Frauen sich von den Männern jedoch eigentlich wünschen, ist ein beidseitiger, von Respekt getragener Dialog und damit auch echte emotionale Gleichberechtigung, wie eine Frau es so pointiert ausdrückt:

»Bisher habe ich noch keinen Mann gefunden, der mit dem Streit aufhört, sich in Ruhe mit mir hinsetzt und zum Beispiel sagt: ›Offenbar bist du wirklich irritiert. Was stört dich denn so? Sage mir, ob ich dich verletzt habe, und ich versuche, dich zu verstehen.‹ Sogar jetzt, beim Niederschreiben, könnte ich vor Frust losheulen. Meine Freundinnen gehen auf diese Weise mit mir um. Warum kann er das nicht? Es wäre so schön, wenn er mich derart respektieren würde.«

Das Ablaufschema eines Streits

Das ist also das Grundmuster: Das selbstgestrickte Distanziergehabe des Mannes (das der Frau auferlegt, ständig Beziehungsarbeit zu leisten, um die Gefühle nicht kaputtgehen zu lassen) eskaliert zu emotionaler Gewalt, wenn der Mann negativ auf die Versuche der Frau reagiert, die Beziehung zu verändern und sie »gleichberechtigter« zu machen.

In den neunziger Jahren stehen Frauen daher vor folgenden Problemen: Wenn sie daran arbeiten, Schwierigkeiten zu lösen, Beziehungen menschlicher zu gestalten und gleichberechtigte Verhaltensweisen darin zu verankern, werden sie bei vielen Männern auf unbewußte Widerstände treffen. Denn die Männer sehen oft nicht ein, daß sie dabei weniger um ihren »männlichen Stolz« als um ihre Dominanz kämpfen.

All das gehört zum Kampf, den Frauen während des gesamten zwanzigsten Jahrhunderts führten, um mehr Demokratie in die Familie zu bringen. Zuzeiten kann das so frustrierend sein, daß viele Frauen sich eher dazu entschließen, die Beziehung zu beenden – weil es viel zu schwierig, zu anstrengend, zu schmerzhaft ist, Männer dazu zu bringen, sich zu verändern, richtig zuzuhören und die Frau als Gleichberechtigte zu behandeln.

Und in der Tat sind ja die Grundmuster des Streits, wenn er einmal angefangen hat, nicht gerade dazu angetan, Frauen zum Bleiben zu bewegen. Die meisten Frauen erzählen, Männer benutzten während eines Krachs nach wie vor die altbekannten Taktiken emotionaler Gewalt (nicht zuhören, alles lächerlich machen), so daß die Frauen am Ende immer noch fix und fertig sind, herumschreien oder weinen und sich emotional vergewaltigt und traumatisiert fühlen.

Haben Sie selbst schon einmal eine der üblen Taktiken in einem Streit erleben müssen, die im folgenden aufgeführt werden? Wenn ja, hoffen wir sehr, daß diese Analyse Ihnen dabei helfen kann, sie künftig weit schmerzloser durchzustehen!

Wenn er sich weigert, Ihre Seite zu sehen

Viele Männer versuchen, mit stereotypen Sätzen wie »Hör' doch endlich auf, dich immer zu beschweren« durchzukommen, und setzen alle möglichen psychologischen Tricks ein, mit denen sie ihre angebliche männliche Überlegenheit demonstrieren und klarstellen wollen, daß sie die Sache natürlich besser beurteilen können. Und das nur, um die Kontrolle über die Beziehung zu behalten.

Mit der Haltung »Ich habe recht, und du hast unrecht« fertig zu werden ist kein Zuckerschlecken:

> »Sein Ausdruck scheint zu besagen: ›Warum führst du dich bloß so auf? Machst schon wieder eine Szene! Ich weiß überhaupt nicht, was du von mir willst.‹«

Viele Männer belasten eine schwierige Situation noch zusätzlich, indem sie sich besonderer Gesten und Redensarten bedienen, die ihre Botschaft vermitteln: »Du bist ja das Letzte. Völlig irrational. Was kann ich denn schon für deine Probleme?«

> »Er sagt: ›Es tut mir leid, daß du dich aufregst‹ mit einer Herablassung sondergleichen, und dann behauptet er, er habe sich doch entschuldigt!«

»Er hat seine unverrückbare Meinung, und die ändert er keinesfalls, auch wenn ich ihm mit Logik, Beweisen, Tränen, Kreischen oder sonstwas komme. Ganz selten können wir irgend etwas lösen. Nach einem Krach sprechen wir nie nochmal in Ruhe darüber, wir kommen nur einfach allmählich wieder zusammen.«

»Immer benimmt er sich so herablassend, als wollte er sagen: ›Ich weiß, was *du* von der Sache hältst, aber du hast einfach nicht recht. Ich habe nichts getan, du bildest dir alles bloß ein.‹ Und wenn ich darauf bestehe, daß ich weiß, was passiert ist, sagt er einfach: ›Schau, du hast ganz einfach unrecht, und ich habe recht. Schluß, aus, basta. Und nun will ich nicht mehr drüber reden.‹«

»Ich bin es leid, nie ernstgenommen zu werden, wenn ich Auseinandersetzungen mit ihm habe. Immer sagt er, ich hätte unrecht; entweder täuscht mich mein Gefühl, oder meine Analyse seines Verhaltens ist einfach falsch, oder er leugnet gar, getan zu haben, was ich ihm vorwerfe! Am liebsten würde ich ihm die Teller an den Kopf werfen oder rausgehen, um laut zu schreien – und am allerliebsten würde ich ihm eine runterhauen.«

Die Fähigkeit zum Kompromiß und zur Einsicht in die Situation des anderen ist für jede gute Beziehung wesentlich. Eine kompromißlose Haltung, die ausdrückt, ein Mann habe ganz allein das Recht, die Lage der Dinge zu definieren, macht Frauen nur traurig und gibt ihnen das Gefühl der Entfremdung. Eine richtige Beziehung ist auf dieser Basis unmöglich.

»Meine Ehe war das Gewalttätigste, was ich in meinem Leben erlebt habe. Sie war kurz (drei Jahre), aber ich hatte das Gefühl, mindestens zehn Jahre mit ihm verheiratet gewesen zu sein. Wir hatten ziemlich rasch geheiratet, und ich glaube, ich habe ihn vorher einfach nicht genügend kennengelernt. Es waren nicht so sehr unsere Geldsorgen oder die Tatsache, daß wir meist zu Hause saßen, die alles so unerträglich machten. Das Schlimmste war sein völliger Mangel an Verständnis für meine Gefühle. Das frustrierte mich oft so sehr, daß ich zu weinen anfing, und dann hatten wir immer Krach, weil er es nicht ausstehen konnte, wenn ich weinte. Was mich ursprünglich aufgeregt hatte, wurde dann einfach links liegengelassen, und wir gerieten uns wie wild in die Haare darüber, daß ich so ›schwach‹ und so ›fordernd‹ sei und er so distanziert tat und mich ständig kritisierte. Weiter kamen wir nie. Die tieferliegenden Probleme haben wir nie besprochen.

Jetzt lebe ich ohne ihn, und wenn ich auch manchmal sentimental werde und ihn vermisse, bin ich doch erstaunt darüber, wie friedvoll meine Tage sein können. Ich habe einfach nicht mehr dieses Gefühl, es könnte gleich wieder eine Bombe hochgehen.«

Wenn er sie lächerlich macht

Frauen werden nicht nur dann verspottet, wenn sie ein Problem aufwerfen, das sie stört. Oft sehen sie sich auch *während* der Auseinandersetzung mit herablassenden, spöttischen Bemerkungen des Mannes konfrontiert. Frauen beschreiben die Frustration, die Wut und den Schmerz, den sie empfinden, wenn sich die geliebte Person während eines Streits über sie lustig macht:

»Ich stand im Badezimmer und weinte mir die Augen aus dem Kopf. Er lachte mich nur aus und sagte: ›Du benimmst dich völlig lächerlich. Schau dir doch die Fakten an. Du bist ganz einfach hysterisch. Ich habe noch nie in meinem Leben einen derartigen Gefühlsausbruch erlebt.‹«

»Alles, was ich während eines Krachs sage, kommt ihm nur lächerlich vor. Er windet sich vor Belustigung, jede Bemerkung findet er noch komischer und dümmer als die vorige. Es ist ganz einfach erniedrigend.«

»Er sagt Sachen wie: ›Oh, was für ein armes, armes Mädchen haben wir denn da?‹ Ich möchte ihn einmal sehen, wenn ich mich ihm gegenüber so benehme!«

Diese Veralberungstaktik bringt manche Frauen dazu, sich für den Streit zu entschuldigen, auch wenn sie das eigentlich gar nicht wollen:

»Wir hatten einen lustigen Tag im Park verbracht, wo wir mit Autoreifen Schlitten gefahren waren. Als wir wieder zu Hause waren, nahm ich ein heißes Bad. Er kam herein und sagte: ›War das nicht toll? Ich schenke dir den Reifen zum Geburtstag.‹ Ich antwortete: ›Eine Rose wäre viel schöner.‹ Und daraus entstand ein Riesenkrach. Wir gingen dann mit ein paar Freunden zum Essen aus, und als wir zurückkamen, schmollte er. Er könne sich nicht vorstellen, daß ich den Reifen als Geschenk wirklich zurückweisen wolle, daß ich undankbar und bloß geldgierig sei. Und so weiter, und so weiter... Dabei unterbrach er mich jedesmal, wenn ich etwas sagen wollte, und versuchte, mir nachzuweisen, daß ich unrecht hatte. Schließlich war ich so weit, daß ich mich entschuldigte und zugab, sehr grob und unfreundlich gewesen zu sein. Ich ging nach Hause und war tatsächlich überzeugt davon. Erst als ich daheim war, dämmerte es mir, daß er mich wieder um den kleinen Finger gewickelt hatte.«

Gemeiner Streit: wenn man den anderen verletzen will

In der letzten Streit-Runde geht es meist nicht mehr darum, Kummer deutlich zu machen und zu einer Einigung zu gelangen, sondern einfach nur noch darum, den Partner so tief wie möglich zu verletzen:

»Es ist dumm, bei einem Krach zu lügen. Im Zorn behauptet er während eines Streits, er hätte mit einer anderen geschlafen. Ich fragte nach ihrem Namen. Er mußte lange nachdenken. Ein paar Monate danach erwähnte ich ihren Namen beiläufig in einem Gespräch. Er antwortete: ›Wer zum Teufel soll denn das sein? Nie von ihr gehört!‹ Blöder Kerl. Ich fühle mich während eines Streits immer ganz verloren und leer.«

»Wenn ich ihm vorwerfe, daß er sich zu selten meldet, antwortet er etwa so: ›Frag dich doch selber, warum ich dich nicht anrufe‹ und deutet damit irgend etwas ganz Vages, Unangenehmes an.«

Natürlich können Frauen im Streit genauso unfair sein wie Männer. Doch Männer neigen viel stärker dazu, jede verbale Waffe zu benutzen, die ihnen einfällt, nur um zu »gewinnen«, weil Männer so strikt darauf konditioniert wurden, daß ein Mann ja nie seinen Stolz aufgeben, nie im Unrecht sein dürfe – er müsse immer Sieger sein.

Heißt miteinander schlafen sich wieder vertragen?

Der Krach ist vorbei, und es ist Zeit, ins Bett zu gehen. Was nun? Schlafen Sie miteinander?

Frauen werden oft ermahnt, nicht bis ins Bett hinein zu streiten. Wenn eine Frau jedoch mit einem Mann schläft, der sich weigert, mit ihr wichtige Probleme fertigzudiskutieren, und sie einfach nicht verstehen will – käme es dann nicht einer Kapitulation gleich, mit ihm zu schlafen?

Den meisten Frauen ist es überaus wichtig, Probleme und Auseinandersetzungen nicht allzu lange hinauszuziehen – je früher sie alles ausdiskutiert haben, desto besser ist ihnen zumute. Was aber, wenn der Mann sich weigert? Zur Schlafenszeit hängt oft noch Spannung in der Luft – zumindest für Sie. Sollten Sie nun also die halbe Nacht weiterstreiten oder den Streit ruhen und ihr Sexualleben nicht davon trüben lassen? Es ist nicht leicht, mit jemandem ins Bett zu gehen, der Sie zuvor mißachtet oder erniedrigt hat. Allerdings berichten viele Frauen, Männer hätten sie in dieser Situation beschuldigt, sie durch Verweigerung des Geschlechtsverkehrs »bestrafen« und »manipulieren« zu wollen:

»Wenn wir Krach haben und ihn so zu Ende bringen, daß wir beide mit dem Ergebnis zufrieden sein können, fühle ich mich unheimlich sinnlich und habe große Lust auf ihn. Aber normalerweise bin ich gefühlsmäßig völlig zerschlagen (er nicht, er hat schließlich gewonnen, und deshalb ist er natürlich gut drauf). Selbstverständlich lege ich mich in so einer Situation äußerst ungern mit ihm ins Bett. Meist tue ich es dann aber doch, weil ich mich nicht seinen Vorwürfen aussetzen will, wenn ich mich ihm verweigere. Der Streit würde nur weitergehen, und ich würde mich noch erschöpfter und erniedrigter fühlen.«

»Bei uns hat es sich in letzter Zeit so eingespielt, daß wir meist abends, bevor wir zu Bett gehen, streiten. Nach dem Krach, wenn mir nicht nach Sex ist – und wie sollte mir auch danach sein! –, beschuldigt er mich, ihn bestrafen zu wollen. Manchmal gibt er zum Schein nach und stimmt mir zu, nur damit er dann doch mit mir schlafen kann.«

»Für mich hat Sex mit Gefühlen zu tun. Wenn meine Gefühle verletzt sind, will ich keinen Sex. Mir erscheint das nur logisch, aber wenn er dann einwendet, es sei doch sowieso ›nur Sex‹, ich solle mich da nicht so haben, verletzt er mich nur noch mehr.«

Eine Frau hat wegen ungelöster Streitigkeiten, die sich ständig wiederholen, auch oft keine Lust auf Geschlechtsverkehr. Selbst wenn der Anlaß nur geringfügig ist, kann der Umstand, daß nichts bereinigt wird, eine Frau dazu bringen, daß sie immer weniger Lust auf Sex hat.

Das ist für viele Männer ein willkommener Anlaß, der Partnerin weitere Vorwürfe zu machen. Für die Frau allerdings ist es eine durchaus legitime Form, ihre Würde zu bewahren und ihre Rechte klarzustellen, indem sie darauf besteht, angehört zu werden und Lösungen herbeizuführen. Nur so kann sie die Beziehung fortsetzen, ohne ihre Integrität aufzugeben.

Wenn die Lage unerträglich wird

Eine andere Frau beschreibt ihre herzzerreißende Trauer angesichts der Entfremdung, die zwischen dem geliebten Mann und ihr allmählich aufkommt:

> »Ich möchte ihm nahe sein, aber ich kann einfach nicht, nicht mehr so wie früher. Er versteht nicht, wovon ich rede, und wird ganz abweisend, wenn ich hartnäckig bin oder etwas erklären will. Nun muß ich wohl versuchen zu vergessen, wie es früher war, und die Hoffnung aufgeben, er könnte sich ändern.«

Diese Grundmuster der Auseinandersetzung bringen die Frauen in eine unmögliche Lage: Wenn sie mit ihrem Partner Dinge nicht besprechen können, sehen sie sich häufig mit der Alternative konfrontiert, ihn entweder so hinzunehmen, wie er ist, oder ihn zu verlassen. Eine Frau beschreibt das folgendermaßen:

> »Nie entschuldigt er sich. Er macht sich bloß über mich lustig, wenn ich mich über etwas aufrege oder beschwere. Wenn ich wirklich hartnäckig bin, läuft er einfach weg. Das bringt mich in eine unmögliche Lage – was soll ich denn tun, ihn ganz verlassen? Wenn ich mich von ihm nicht trennen will, muß ich dann einfach meinen Stolz hinunterschlucken und darauf verzichten, mich zu beschweren? Das geht mir gegen mein Selbstwertgefühl und beeinträchtigt meine Fähigkeit, mit meinem Leben (ich habe einen Beruf und so weiter) fertig zu werden. Dann bin ich nämlich durch meine aufgestauten und ungelösten Probleme viel zu aufgeregt und zu irritiert, um mich richtig darauf konzentrieren zu können, was ich sonst noch alles erledigen muß. Wenn ich aber loslege und laut werde, dann sieht er mich an, als sei ich eine ›keifende Hexe‹, und weigert sich weiterhin beharrlich, das Problem zu besprechen. Ich weiß ganz einfach nicht mehr, was ich tun soll. Mit ihm kann ich nicht reden, und das bringt mich um meinen Verstand – andererseits will ich ihn auch nicht verlieren.«

Selbstherrliches Verhalten läßt nur Entweder-Oder-Lösungen übrig; ein Dialog zwischen Gleichberechtigten hingegen wäre um vieles besser!

Leben in einer emotional gewalttätigen Atmosphäre

Einer der häufigsten, allerdings meist unerkannten Gründe für Streitigkeiten ist die Ausübung emotionaler Gewalt. Vor diesem Hintergrund spielen sich die meisten Beziehungen ab. Wir haben bereits gesehen, wie solche Haltungen sich auch in der Sprache niederschlagen, in alltäglichem Verhalten Frauen gegenüber, in oft so unwägbaren Kleinigkeiten, daß der bloße Hinweis auf sie als Kleinlichkeit und Streitsucht abgetan werden kann. In einem solchen Beziehungsfeld entstehen ständig Spannungen, Irritationen und nervende Situationen. Und es überrascht nicht, daß viele Frauen sehr darum kämpfen, ihre Beziehungen zu verändern und die emotionale Dynamik und die Vorurteile abzubauen, die hinter dem männlichen Verhalten stecken. Frauen sind oft nachgerade heroisch zu nennen in ihren Bemühungen, sich nicht zum Schweigen bringen und in Klischees pressen zu lassen.

Und sie haben ganz recht: All das ließe sich durchaus ändern.

Produktive Auseinandersetzungen: einander nahe bleiben

Streitigkeiten können einer Beziehung entweder sehr schaden oder die Atmosphäre so reinigen, daß sie wieder ins richtige Gleis gerät. Wie können »Diskussionen« (Kräche) positiver gestaltet werden? Frauen wünschen sich oft, Männer würden ein bißchen mehr von den weiblichen Fähigkeiten lernen, Wärme und Nähe zu äußern: zarte Hinweise der anderen Person aufzugreifen, gefühlsbezogener zu sein, sich mehr einzulassen, auf den Wunsch der anderen einzugehen, etwas einmal genauer durchzusprechen. Kurz: Frauen wünschen sich, daß Männer nicht nur sexuell, sondern auch emotionell lieben lernten.

Das Folgende spiegelt nur einige der Wertvorstellungen und Haltungen wider, die Frauen sich bei Auseinandersetzungen von Männern wünschen:

»Versuch doch einmal, mir ganz genau zu sagen, wie du dich fühlst, so gut du irgend kannst. Und dann sei auch willens, mir zuzuhören, was ich zu sagen habe, ohne mich gleich zu kritisieren. Versuche, dich in meine Lage zu versetzen, wenn du kannst.«

»Schieb nie eine andere Person völlig von dir weg: Weigere dich nicht, mit einer Frau zu sprechen, und zieh dich auch nicht vor ihr zurück. Es macht die Sache nur noch schlimmer.«

Die Form der Auseinandersetzungen verändern

Manche Frauen haben es fertiggebracht, Beziehungen, in denen der Mann unfähig zum Gespräch war, in blühende, glückliche und kommunikative Partnerschaften zu verwandeln – meistens, indem sie zusammen zu einer Paartherapie (Familienberatung) gingen.

Und so beschreiben sie die Veränderungen:

»Mir gefällt die Offenheit, mit der wir jetzt miteinander umgehen – die Freiheit, mit der wir uns voreinander bloßstellen. Es hat mehrere Jahre gedauert, bis wir so weit waren. Er hatte zuerst einfach nicht genug Vertrauen, sich so verletzlich zu zeigen. Als er allerdings gemerkt hatte, daß ich ihn nicht verletzen oder später etwas gegen ihn ausspielen wollte, konnte er sich endlich öffnen und war dann immer für mich da... Nun sind wir beide sehr glücklich.«

»Wenn es zwischen uns ein Mißverständnis gibt, reden wir so lange miteinander, bis wir beide alle Karten auf den Tisch gelegt haben. Unsere Beziehung ist uns so wichtig, daß wir es auf uns nehmen, so intensiv miteinander zu sprechen, bis wir wieder wissen, wo's langgeht.«

Eine andere Frau hat auf eher militante Art versucht, ihren Partner »umzuerziehen«, und führt heute eine gleichberechtigte, glückliche Partnerschaft:

»Anfangs tat er nichts, um mir im Haushalt zu helfen; er war bloß arrogant wie die meisten Männer und erwartete, daß ich alles alleine machte. Und so mußte ich ziemlich deutlich werden, bis er meinen Standpunkt einsah. Ungefähr ein Jahr lang weigerte ich mich, einen Teller auch nur anzurühren, solange er nicht dasselbe tat. Wenn schmutziges Geschirr auf dem Tisch stand oder Aschenbecher auszuleeren waren oder Telefonate erledigt werden sollten, tat ich einfach gar nichts, bis er sich neben mich stellte und seinen Anteil an der Arbeit übernahm. Wenn er aufhörte, hörte ich auch auf.

Nun geht es alles sehr gut – er unterstützt mich und versteht mich, er hat mir geholfen, trotz der Kinder wieder zu arbeiten, und macht wirklich seinen Teil der Hausarbeit. Meine Schwestern haben beide zweimal geheiratet, und nie hat es länger gehalten als zwei oder drei Jahre. Ich ermuntere sie immer: ›Wart' nur, wart'! Wenn du es nur lange genug versuchst, wirst du es schon schaffen und was Tolles daraus machen. Gib nicht auf! Sei militant – kämpfe!‹ Es ist schade, daß Frauen so weit gehen müssen, bis die Männer einsichtig werden. Wenn man aber einmal ein richtiges Team geworden ist und einander so nahe steht, merkt man, daß es sich gelohnt hat.«

Es ist nicht einfach, eingefahrene Streitmuster zu verändern. Das zu versuchen heißt nämlich nichts anderes, als das männliche Selbstbild anzugreifen: Sie müßten ja ihre Wertvorstellungen und auch ihr Bild von der Frau schlechthin verändern. Aber es ist durchaus machbar.

Jede Auseinandersetzung endet optimal, wenn jede Seite den Standpunkt der anderen versteht:

»Wir streiten nie. Wir lösen das Problem. Es ist ganz einfach toll. Früher haben wir Kräche gehabt, weil ich immer ganz pünktlich sein wollte und wir seinetwegen ständig zu spät kamen. Die Lösung sah so aus, daß wir beschlossen, ins Kino, Konzert und Theater immer pünktlich zu kommen, weil das einfach notwendig ist. Bei Einladungen, Partys und so weiter lassen wir uns allerdings mehr Zeit. Und nun fühlt er sich nur dann unter Druck gesetzt, wenn es wirklich wichtig ist.«

»Nach einem Streit setzen wir uns zusammen und sprechen darüber. Oft räumen wir dann Mißverständnisse aus, nehmen einander in die Arme und schlafen ein oder schlafen miteinander.«

Manche Paare kommen in aller Form zu einer Abmachung und vereinbaren, daß sie nicht laut werden und die Probleme ehrlich, höflich und freundlich besprechen wollen:

»Wenn wir merken, daß Zorn in uns hochsteigt, spüren wir das oft gleichzeitig und sagen zueinander: ›Jetzt laß uns einmal Luft holen. Versuchen wir doch, offen, aber freundlich zu sein.‹ Dann setzen oder legen wir uns hin und versuchen, in aller Ruhe darüber zu reden. Auf diese Weise können wir Zorn ausdrücken, ohne ihn herauszuschreien. Schreien führt nur dazu, daß wir beide dichtmachen, statt zuzuhören; das ist völlig sinnlos.«

»Ich spreche so ziemlich alles aus, was ich fühle. Das habe ich immer so gehalten und finde es eigentlich auch in Ordnung. Zusätzlich wollte ich aber auch lernen, Dinge für mich zu behalten und nicht mit allem herauszuplatzen, was mir in den Sinn kommt. Damit verletze ich oft andere, und es schlägt auf mich zurück. Der Mann, mit dem ich gegenwärtig zusammen bin, ist, im Gegensatz zu mir, recht verschlossen. Er behandelt mich mit Respekt und wählt seine Worte vorsichtig. Stets achtet er darauf, wie mir zumute sein könnte, wenn er etwas sagt. Er hat jedoch manchmal Schwierigkeiten, ›negative‹ Gefühle – wie er sich ausdrückt – auszusprechen. Ich habe versucht, ihm die Sicherheit zu geben, dies ruhig zu tun, und er wiederum hat mir geholfen, meine Zunge manchmal im Zaum zu halten und nicht alles gleich herauszulassen, was mir in den Sinn kommt. Unsere Kommunikation ist meines Erachtens sehr, sehr gut!«

»Natürlich haben wir manchmal heftigen Streit, aber nicht allzu häufig. Oft ist einer von uns beiden beruflich überlastet. Er ist sehr rücksichtsvoll, wenn ich unter Streß stehe; nie reagiert er verletzt oder bezieht es auf sich. Normalerweise umarmt er mich dann, massiert mich oder gibt mir einen dicken Kuß, und schon fühle ich mich viel besser. Wenn er mal muffig ist, mache ich es ebenso. Wir beide können uns auch ganz schön gehen lassen, aber wir versuchen, liebe- und verständnisvoll damit umzugehen. Es funktioniert!«

Diese Beispiele zeigen den Idealzustand. Hört sich das nicht toll an?

Bleiben oder gehen?

»Ich weiß, die Beziehung ist schrecklich und funktioniert nicht mehr. Wahrscheinlich sollte ich aus dieser Partnerschaft aussteigen, aber ich möchte nicht. Schließlich liebe ich ihn.«

Sehr viele Frauen fragen sich lange Zeit: »Soll ich lieber bleiben und die Beziehung zu verändern versuchen, so gut ich kann? Oder soll ich ihn verlassen?« In diesem Kapitel wollen wir einmal alle Fragen besprechen, die Frauen sich stellen, um zu einer Entscheidung gelangen zu können.

Sind Sie glücklich in Ihrer Beziehung?

Wenn Sie herausfinden wollen, ob Sie eine Beziehung erhalten oder sie besser aufgeben sollten, können Sie folgenden Test machen:

1) Legen Sie eine Liste der Eigenschaften an, die Sie sich bei einem Mann und in einer Partnerschaft immer schon gewünscht haben. Denken Sie dabei nicht an Ihren jetzigen Partner, sondern machen Sie die Liste, als hätten Sie ihn nie getroffen.
2) Machen Sie eine Liste der Eigenschaften Ihrer Beziehung und Ihres Partners, die Ihnen gut gefallen. Danach machen Sie eine Liste der Eigenschaften, die Sie für negativ halten.
3) Vergleichen Sie die beiden Listen.
4) Legen Sie die Listen beiseite, und fragen Sie sich, wie Sie sich normalerweise kurz vor einem Treffen mit Ihrem Partner fühlen. Sind Sie aufgeregt, ruhig, nervös? Sind es eher angenehme Gefühle, heben sie Ihre Lebensqualität?
5) Wie fühlen Sie sich im allgemeinen, wenn Sie sich von ihm trennen? Ob Sie sich nun gerade gestritten oder, im Gegen-

teil, gut verstanden haben, man fühlt sich sicher jeden Tag anders –, aber *allgemein* gesprochen: Haben Sie insgesamt ein gutes Gefühl, glauben Sie, daß die Liebe Ihren Einsatz wert ist, und fühlen Sie sich zusammengehörig?

6) Wie fühlen Sie sich, wenn Sie und Ihr Partner sich mit Ihren Freunden treffen? Sind Sie stolz darauf, mit ihm zusammenzusein? Wenn Sie in Gesellschaft sind, benimmt er sich dann so, daß Sie sich sicher und geliebt fühlen, oder so, daß Sie nervös und eifersüchtig sind?
7) Können Sie mit ihm über alles reden? Oder haben Sie eher das Gefühl, daß Sie wie auf Eiern gehen, wenn Sie irgend etwas sagen wollen?
8) Machen Sie sich wegen seiner Gefühle Ihnen gegenüber Gedanken, oder ist es ihm wichtig, daß Sie darüber immer Bescheid wissen?
9) Sind Sie mit Ihrem gemeinsamen Sexualleben zufrieden? Fühlen Sie sich bei ihm schön und begehrenswert? Zeigt und sagt er Ihnen oft genug, daß er Sie liebt?
10) Was gibt Ihnen die größere Genugtuung in der Partnerschaft: Ihre Liebe zu ihm oder seine Liebe zu Ihnen?

Wenn Sie nun Ihre Antworten durchlesen, finden Sie, daß Sie genug von dem erhalten, was Sie sich wünschen? Niemand kann Ihnen alles geben, aber kriegen Sie zumindest, sagen wir, siebzig Prozent? Wie ist Ihr Grundgefühl? Wenn Sie das Gefühl haben, daß Sie genug bekommen, blättern Sie weiter zum nächsten Kapitel!

Die Situation definieren

In vielen Fällen ist ganz klar, daß die Frau unbedingt die Beziehung beenden muß, beispielsweise wenn sie ständig emotionaler oder physischer Gewalt ausgesetzt ist.

Aber wie steht es mit den Grenzfällen? Den Beziehungen, in denen manches wirklich sehr schön, anderes aber auch sehr schlecht ist? Für eine Frau kann es oft sehr schwierig sein, ihre

Liebe und die Wirklichkeit gegeneinander abzuwägen. Wie wichtig sind ihr Glück und Stabilität? Wie stark sind ihre Gefühle: Liebe (und welche Art der Liebe), Haß (zumindest manchmal), Angst, Faszination – vielleicht sogar nur das Gefühl, keine Niederlage zugeben zu wollen? Was kann und sollte eine Frau alles dafür tun, daß es zwischen ihnen beiden klappt?

Diese Frage stellt sich in den neunziger Jahren ganz besonders: Besteht in Ihrer Beziehung die Chance zur Gleichberechtigung, oder macht sie Sie nur fertig, erschöpft Sie gefühlsmäßig oder im Hinblick auf Ihre Arbeit? In den letzten Jahren, und zwar seit die Frauenbewegung gleiche Rechte für Frauen in der Familie fordert, ist eine Art Gegenbewegung entstanden: Kritiker behaupten, es sei da eine »ichsüchtige« Generation herangewachsen, und bezeichnen Frauen als selbstsüchtig. Aber die Frauen »könnten eben nicht alles haben« und müßten sich zwischen Karriere und Familie entscheiden.

Männer hingegen brauchen keine solche Wahl zu treffen. Und Frauen sollten das auch nicht (mit einer Ausnahme vielleicht, wenn sie ein Neugebores zu versorgen haben – und auch dann könnten mal die Männer zu Hause bleiben!) Im übrigen ist das Klischee der Frau, die bei ihrer Familie am häuslichen Herd bleibt, sowieso eine Fiktion: Die allermeisten Frauen mit Kindern arbeiten heute außer Haus. Das gibt der Frau ökonomische Unabhängigkeit. Warum sollte sie also eine Beziehung erhalten, die ihr keine Erfüllung bietet?

Einer der am häufigsten genannten Gründe fürs Bleiben lautet: »Aber ich liebe ihn doch.« Ob eine Beziehung »es wirklich wert ist« oder nicht, läuft oft genug auf die Frage hinaus: »Wie sehr liebe ich ihn, und in welcher Weise?«

Auf welche Weise lieben Sie ihn?

Was in einer unbefriedigenden Partnerschaft oft am meisten irritiert, ist die Frage: Was empfinde ich eigentlich wirklich für meinen Partner?

Es gibt so viele verschiedene Arten von Liebe. Eine davon ist die Verliebtheit, das klassische Gefühl der Lebensfreude, lustvoll, überschwenglich, grenzenlos:

»Als ich zum ersten Mal mit ihm ins Bett ging, hatte ich das Gefühl, die Welt stünde still. Ich fühlte mich wie ein Komet, der so hell strahlt, daß er das dunkelste aller Schwarzen Löcher ausleuchten könnte. Im Bett, aber auch sonst, war das einfach überwältigend, und ich konnte gar nicht genug von ihm kriegen.«

»Als ich ihn zum ersten Mal sah, spürte ich eine Öffnung, einen Sprung vorwärts und dann eine Art stillen Seufzer, so als wollte ich sagen: ›Endlich, wo bist du nur so lange gewesen?‹ Ein tiefes Gefühl des Wiedererkennens. Es war auch unheimlich. Er war einerseits ähnlich wie alle meine früheren Lieben und zugleich sehr stark er selbst. Er sieht toll aus, ist enorm intelligent, sehr warmherzig und überaus sinnlich (allerdings nur im Bett, fast nie in der Öffentlichkeit). Seine Stimme klingt angenehm in meinen Ohren, und übrigens auch in meinem Bauch und meinem Rückgrat, er hat einen durchdringenden Blick, und sein Sinn für Humor ist hinreißend. Er kann fast alles, und zugleich ist er unvorhersehbar, unkontrollierbar, zum Auswachsen, frustrierend, zum Verrücktwerden, und dann wieder so nett.«

»Beide Male, als ich mich verliebt hatte, wußte ich es sofort. Der übliche Wirrwarr im Kopf – den man meist mehr oder weniger für das eigene Selbst hält – wird plötzlich viel schwächer und unbedeutender, und darunter zeigt sich etwas, das größer, ruhiger und seiner selbst viel sicherer ist.«

Manche Frauen haben das Gefühl, daß es sich ohne diese Art der Liebe nicht lohnt, in einer Beziehung zu verharren. Eine Frau drückt es so aus:

»Ich kann mir nicht vorstellen, nicht total und rückhaltlos zu lieben. Das wäre ja, als sei ich nur halb lebendig und würde nicht alles bekommen, was ich verdiene. Es wäre eigentlich Betrug an mir selbst!«

Andere Frauen hingegen mißtrauen dieser Form von Liebe und möchten lieber eine Partnerschaft, in der die Verliebtheit keine derartig große Rolle spielt. Sie fühlen sich mit einem solchen Verlust an Selbstkontrolle und dem ewigen Auf und Ab nicht sonderlich wohl. Ihnen ist das alles viel zu schmerzhaft und zu überwältigend – und auch viel zu flüchtig und gefährlich, als daß sie darin ihr wahres Glück finden könnten:

> »Verliebtheit kann einem Genuß und Freude schenken, aber die meiste Zeit ist es ein schmerzlicher, unwirklicher und unsicherer Zustand. Es hat lange gebraucht, bis ich etwas daraus gelernt habe: Ich muß möglichst vermeiden, mich zu verlieben.«

> »Ich habe es nicht gern, wenn ich verliebt bin. Ich bin zu verwundbar. Lieber wäre mir, mit jemandem zusammenzusein, der mir Sicherheit und Ruhe gibt.«

> »Verliebtheit hat ihre tollen Seiten. Die Aufregung ist unvergleichlich. Aber das Außersichsein, die Sehnsucht und die Unfähigkeit, normal zu funktionieren, das mag ich gar nicht.«

Diese Frauen mögen lieber eine etwas ruhigere Liebesbeziehung, die auch für ein breites Spektrum von Interessen Raum läßt – Arbeit, Freundinnen, Kinder und so weiter:

> »Natürlich war ich schon mal so leidenschaftlich verliebt, wie man es im Kino sieht oder in Büchern liest. Für mich war das jedoch zu anstrengend. Meine Freundinnen und meine Karriere sind sehr wichtig für mich, und ich habe für beides keinerlei Energie mehr übrig gehabt, als ich verliebt war. Jetzt liegt mir mehr daran, mit netten Männern gute Beziehungen zu haben – mein Leben gehört mir.«

> »Wirklich verliebt zu sein umfaßt alles. Ich hatte das Gefühl, ich würde völlig ausgelaugt. Dann habe ich gelernt, diesen Zu-

stand zu meiden, weil ich dieses Gefühl nicht leiden kann. Ich war ein totales Wrack und dachte nur noch an ihn. Der Rest meines Lebens war völlig weggebrochen.«

»Ich habe immer gedacht, Liebe würde mir vom Himmel in den Schoß fallen – so daß ich völlig machtlos wäre und dem Gefühl einfach folgen müßte. Nun bin ich mit einem Mann zusammen, der mich nicht von allem Anfang an von den Socken gehauen hat. Er war einfach nur ein netter, respektvoller und zärtlicher Typ. Und ich habe ihn lieben gelernt, wollte ihn lieben. Manchmal streiten wir, aber er behandelt mich als Gleichberechtigte und denkt viel an mich. Es ist ihm wichtig, mir seine Liebe zu zeigen, und ich mache es ebenso. Wir haben ein Nest voller Liebe und Wärme geschaffen, und es gibt keine explosiven Auseinandersetzungen. Mir fehlt das nächtliche Weinen nicht, das allabendliche Warten auf Anrufe, auf Entschuldigungen, das ständige Fragen, wo er denn bloß wieder sei und was wohl aus unserer Beziehung wird. Und das ist die Art von Liebe, die ich mir wünsche.«

Weniger lieben: eine gute Lösung oder bloß langweilig?

Viele Frauen entscheiden sich dafür, eine weniger intensive Beziehung einzugehen – voller Liebe, aber nicht so stürmisch –, zumindest in bestimmten Phasen ihres Lebens. Eine Beziehung *nur deshalb* anzufangen, weil man von vornherein weiß, daß sie »ohne Ecken und Kanten« und recht geradlinig verlaufen wird, kann natürlich heißen, daß man damit auf ein paar aufregende Erfahrungen verzichtet. Manche Frauen brauchen jedoch genau eine solche Beziehung:

»Ich bin gelegentlich mit Männern ausgegangen, die wirklich sehr nett waren, bei denen mein Herz aber nicht Feuer fing. Und zwar war das nach einer einjährigen Beziehung, die mich emotional total ausgelaugt hatte. Eine Zeitlang waren diese

Männer genau das richtige für mich. Sie heilten mein verwundetes Herz.«

Andere glauben, eine Frau, die eher eine »stille Liebe« als die wilde Leidenschaft bevorzugt, sei irgendwie erwachsener. Das Argument läßt sich allerdings auf beiden Seiten vorbringen. Haben diejenigen Frauen, die aus einer leidenschaftslosen Beziehung ausbrechen, ein erfüllteres Leben, indem sie sich nicht ewig binden? In der Vergangenheit, als viele von uns ökonomisch noch völlig abhängig von Männern waren, mußten wir vielleicht noch eher einen Mann suchen, der uns gut versorgen konnte, als unserem Herzen zu folgen. Viele Frauen sind jedoch der Ansicht, ganz so sei das nicht: Ihres Erachtens ist es sehr viel klüger, bei der Wahl des Partners vorsichtig und vernünftig zu Werke zu gehen.

Doch warum überhaupt das eine oder andere verurteilen? Alle Formen der Liebe sind etwas wert; welche wir jeweils vorziehen, hängt ganz davon ab, was wir in einer bestimmten Lebensphase von unseren Beziehungen erwarten.

Es ist interessant festzustellen, daß man normalerweise nur zwischen den beiden oben genannten Arten von Liebe unterscheidet: einerseits die leidenschaftliche Verliebtheit, anderseits die stille, fürsorgliche Liebe (die sich gewöhnlich erst im Laufe der Zeit einstellt). Die Gefühle, die Frauen beschreiben, passen jedoch meist nicht in diese Schubladen. Die meisten Frauen sagen, Leidenschaft oder leidenschaftliche Liebe bedeute nicht nur körperliche, sondern auch seelische Leidenschaft zu empfinden, und daß die eine meist nicht ohne die andere existieren könne. Die Trennung zwischen Körper und Geist, die in der westlichen Gesellschaft so stark ausgeprägt ist, kommt in diesen Beschreibungen von Liebe durchaus nicht zum Ausdruck.

Nicht genug lieben – ein Grund wegzugehen?

Manche Frauen fühlen sich heimlich schuldig, wenn sie nicht genügend in ihren Partner verliebt sind, keine wilde Leidenschaft für ihn empfinden:

> »Was ist, wenn er dich liebt – du weißt genau, daß er dich liebt, auch wenn er dir nicht alles geben kann, was du haben willst –, ja, was dann? Ihn verlassen? Hast du das Recht dazu? Er hat schließlich nichts falsch gemacht.«

Das scheint vielen Frauen so zu gehen:

> »Was ist, wenn ich ihn einfach ›nicht genug‹ liebe? (Was heißt ›nicht genug‹?) Ich habe einen Mann gefunden, der mir all die Liebe, Fürsorglichkeit, Unterstützung und Stärke gibt, die ich mir immer gewünscht habe, aber im Gegensatz zu meinen früheren Liebhabern ist er kein ›wilder Typ‹. Deshalb empfinde ich ihm gegenüber auch nicht die gleiche Leidenschaft wie bei den anderen. Manchmal überlege ich mir ernsthaft, ob ich eine Beziehung aufrechterhalten soll, in der ich keine verrückte, große Leidenschaft für meinen Partner aufbringen kann.«

Eine Frau ist ganz begeistert, daß sie aus einer langweiligen, leidenschaftslosen Ehe ausgebrochen ist:

> »Ich kann kaum glauben, daß ich so viel Zeit in einer so langweiligen Ehe zugebracht habe. Mit meinem Mann hat nie etwas wirklich Spaß gemacht. Ich vermute, ich habe früher nicht einmal gewußt, daß das Leben mit einem Mann überhaupt Spaß machen kann. Jetzt weiß ich, daß ich unrecht hatte – mein Geliebter und ich haben es einfach toll miteinander! Wir verbringen viel Zeit im Bett, reden miteinander und genießen den Körper des anderen. Er mag mich wirklich sehr und zeigt es mir auf vielerlei Weise. Ich bin so froh, ihn gefunden zu haben und nicht mein ganzes Leben einsam im Ehebett verbringen zu müssen.«

Der Druck, mehr geben zu müssen, als Sie können

Das eben Beschriebene ähnelt einer weiteren Empfindung, von der Frauen manchmal berichten: vage das Gefühl haben zu müssen, nicht genügend zu geben, eine Art Mißbilligung oder Enttäuschung auf seiten des Mannes, der wiederum das Gefühl hat, daß sie ihm nicht genügend Aufmerksamkeit oder nicht genügend Zeit widmet. Daß die Frau nie genügend Zeit »nur für ihn« hat. Eine Frau antwortete folgendermaßen auf diesen unausgesprochenen Vorwurf:

> »Du gehst einfach davon aus, ich sei dazu da, dir zu dienen – und deshalb bist du immer ein bißchen muffig oder beleidigt, wenn ich etwas anderes mache, und zwar sogar dann, wenn ich arbeite! Ganz besonders, wenn ich arbeite! Du glaubst tatsächlich, mein ganzes Denken und Fühlen sollte ständig nur um dich kreisen!«

Werden Sie ständig bekrittelt – oder kritisieren sich selbst dafür –, daß Sie nicht genügend Zeit mit ihm verbringen? So viele Frauen haben heutzutage Ganztagsstellen, und was ihnen am meisten zu schaffen macht, ist die Erwartungshaltung des Mannes, sie hätten trotzdem immerzu für ihn dazusein. Die meisten Männer wenden sich mit ihren Bedürfnissen nach Trost und Zuwendung an Frauen und erwarten von ihnen die Steigerung ihrer Lebensqualität: Sie sind der Ansicht, wir müßten uns für sie nett anziehen, ihnen zuhören, mit ihnen ausgehen, wann immer sie dazu Lust haben, und so weiter. (Ob das wohl je Realität war, wenn wir bedenken, wie viel Arbeit Frauen zu Hause stets zu bewältigen hatten?) Heutzutage ist es schier unmöglich für eine Frau, den ganzen Tag nur für ihn dazusein – vor allem, wenn er durchaus nicht den ganzen Tag für sie da ist.

Ungleichheit der Zuwendung

Wir haben bereits festgestellt, daß viele Frauen ständig den Löwenanteil der Beziehungsarbeit leisten. Frauen sind darauf trainiert, es anderen recht zu machen, und zwar vor allem den Männern.

Haben Sie den Eindruck, daß Sie ständig darüber nachgrübeln, wie Sie es Ihrem Partner recht machen könnten? Eine Frau beschreibt das so:

»Ich mag ihn zwar, aber ich brauche auch Zeit für mich allein. Und ich schlafe manchmal auch gern allein – ich möchte mich nicht immer unter Druck fühlen, ›sexy‹ sein oder Lust auf Liebe haben zu müssen, wenn er gerade Lust darauf hat, oder immerzu freundlich und charmant sein zu müssen. Oft bin ich abends nicht an Sex interessiert, weil ich einen sehr anstrengenden Arbeitstag hatte, aber ich gebe dann trotzdem oft nach, denn andererseits möchte ich nicht, daß er glaubt, ich fände ihn nicht attraktiv.«

Wir wenden manchmal so viel Zeit dafür auf, uns zu überlegen, wie wir es dem Partner recht machen oder ihn gefühlsmäßig zufriedenstellen könnten, daß wir unsere eigenen Bedürfnisse darüber schier vernachlässigen. Wir überlegen: »Was kann ich ihm alles geben?« statt: »Ich brauche ihn, damit er mir Kraft gibt, so daß ich die Ziele erreichen kann, die ich mir gesetzt habe.« Wir sind daran gewöhnt, Männer an die erste Stelle zu setzen.

Verheiratete Frauen durchleben oft mehrere Jahre intensiver innerer Kämpfe, bevor sie sich dazu entschließen, sich scheiden zu lassen; später sagen sie oft, daß sie in dieser Entscheidungsphase viel unglücklicher waren als vor und nach der Scheidung.

In gleicher Weise können Frauen, die in halb guten, halb schlechten Partnerschaften leben, enorme innere Konflikte durchmachen, wenn sie zu einem Entschluß kommen wollen:

»Manchmal glaube ich, daß es nicht eine Minute lang so weitergehen kann, so traurig bin ich. Und an anderen Tagen kann ich mir nicht vorstellen, ihn zu verlassen, ich liebe ihn doch so sehr. Ich liebe ihn immer, aber manchmal frage ich mich, ob das reicht. Ich weiß nicht, was ich tun soll.«

»Er hat nichts Spektakuläres angestellt, weder hat er mit jemand anderem geschlafen, noch hat er meinen Geburtstag vergessen oder dergleichen. Es sind nur diese Kleinigkeiten, die sich addieren, immer dieses Warten auf den nächsten Krach, nie wissen, wie der nächste Tag wird. Jetzt weiß ich schon selbst nicht mehr, ob ich ihn nun liebe oder nicht. Ich weiß es einfach nicht.«

»Als wir immer öfter Krach hatten und mir auffiel, daß ich zwei- oder dreimal pro Woche deswegen weinte, dachte ich oft: ›Warum bleibe ich überhaupt?‹ Aber ich liebte so vieles an ihm, und meine Gefühle waren so tief, daß ich nicht fortgehen konnte, nur weil es gerade mal schwierig war. Ich mußte mich erst allmählich von ihm entwöhnen.«

»Wenn er einmal etwas Nettes tut, denke ich mir: ›Siehst du, ich bin ihm ja doch nicht egal. Wir lieben uns wirklich, es ist alles in Ordnung. Ich werde daran denken, wenn es das nächste Mal wieder Schwierigkeiten gibt.‹ Und dann, am nächsten Tag, wenn er etwas wirklich Gemeines und Niederträchtiges tut, denke ich: ›So ist es ja eigentlich die meiste Zeit.‹ Und ich weiß, daß das stimmt. Ich liebe ihn unheimlich. Ich weiß nicht, was ich jetzt machen soll.«

»Als ich mich in ihn verliebte, wußte ich, daß wir keine reibungslose Beziehung haben würden, weil er sehr temperamentvoll ist. Andererseits gehöre ich nicht zu den Frauen, die sich anpassen oder eine supernormale Beziehung führen wollen. Deshalb hat es mir zuerst nichts ausgemacht, beziehungsweise dachte ich, es würde mir nichts ausmachen. Aber jetzt gibt es für mich keinen vernünftigen Grund mehr, in dieser Beziehung zu bleiben. Andererseits schaffe ich es auch nicht, sie abzubrechen, wenngleich alles, was zur Zeit passiert, ziemlich schrecklich ist.«

Die Qual der Wahl: Wenn das Gute das Schlechte aufwiegt

Es ist schwierig, mit Partnerschaften umzugehen, in denen das Gute das Schlechte aufwiegt. Eine Stimme in Ihnen sagt vielleicht: »Ganz egal, wie schlecht die Dinge liegen, ich fühle es, daß er mich begehrt, daß er mich liebt, und dieses Gefühl ist so stark, daß ich mich sicher nicht täusche!« Der Glaube an dieses Gefühl oder die Erinnerung daran – oder vielleicht auch nur die Sehnsucht danach – sind unwiderstehlich. Vor allem dann, wenn Ihre Selbstachtung wegen der schlechten Behandlung schon auf dem Nullpunkt ist. Je schlechter alles läuft, desto schwieriger wird es, den Glauben aufzugeben, daß »er mich in Wirklichkeit liebt, er sagt es selbst, ich weiß, daß es so ist, und er wird sich wieder bessern, sobald er seine Schwierigkeiten überwunden hat.«

Vielleicht liebt er Sie wirklich auf seine Weise. Doch wenn die Partnerschaft Ihnen kontinuierlich Enttäuschung oder Schmerzen bereitet, wie soll es dann weitergehen? In den meisten Fällen ist es wohl besser wegzugehen, es sei denn, wesentliche Veränderungen wären noch möglich.

Eine der besten Chancen, wieder klare Gedanken zu fassen, besteht darin, eine oder zwei Wochen lang allein zu sein, ohne ihn, und über das Leben nachzudenken – indem Sie sich mit Freundinnen treffen oder an Aufgaben arbeiten, die Sie besonders mögen. Nach anfänglichen Krämpfen und Schmerzen wird Ihr Gleichgewicht wiederkehren, und Sie können in größerer Ruhe darüber nachdenken, was zu tun ist.

Wie schwierig ist es für Sie, ihm mitzuteilen, daß Sie eine Zeitlang für sich sein wollen? Das kann sehr schwierig sein, denn erstens fürchten Sie womöglich seine Reaktion darauf, und zweitens können Sie im tiefsten Innern Angst davor haben, seine Liebe aufzugeben. Wie unbefriedigend auch jetzt alles sein mag, so gibt (oder gab) es doch Zeiten, in denen es schön war; die Erinnerung daran kann es Ihnen fast unmöglich machen zu akzeptieren, daß die schlechte Seite jetzt überwiegt.

Noch schwieriger, als seine Liebe aufzugeben, kann es werden, Ihre Liebe zu ihm aufzugeben. Ihn zu verlassen heißt nicht notwendigerweise, daß Sie ihn nicht liebten und er Ihnen nicht fehlen würde. Natürlich kann man nicht von einem Moment zum anderen aufhören, jemanden zu lieben. Andererseits sind Sie nicht nur ärgerlich, sondern auch zutiefst wütend über das, was passiert ist. Ihren Zorn zuzulassen ist sehr wesentlich; dort liegt der Schlüssel zu Ihrer latenten Stärke und Ihren inneren Kräften. Feministinnen haben darauf hingewiesen, wie oft Depressionen bei Frauen (gegen die Millionen von Beruhigungstabletten verschrieben werden) nichts anderes sind als gegen sie selbst gerichtete Aggressionen. Das ist ganz sicher richtig, und es gibt wohl keinen besseren Zeitpunkt, sich daran zu erinnern, als während der deprimierten und qualvollen Augenblicke, in denen man den Abbruch oder die radikale Veränderung einer sehr schmerzhaften Beziehung ernsthaft in Erwägung zieht.

Die Phasen der Trennung

Die Trennung, sei es nun auf emotionaler oder körperlicher Ebene, erfolgt meist stufenweise. Am Anfang versuchen die Frauen mit sich selbst zu handeln: »Gut, dann bitte ich ihn eben nicht mehr, mir bei der Wäsche oder dem Geschirr zu helfen – es lohnt sich einfach nicht. Ich liebe ihn, er ist mein Mann, und man kann von ihm das alles eben nicht von einem Tag auf den anderen erwarten. Ich liebe ihn und genieße seine Liebe – wo finde ich schon einen so guten Liebhaber, und wer sonst könnte mich so lieben?« Wenn dieses Kompromisseschließen nicht funktioniert, dann glaubt die Frau nicht mehr, daß sie wirklich geliebt wird. Sie bleibt womöglich nur noch in der Partnerschaft, weil »ich immer noch mag, wie gut wir einander kennen, was wir zusammen aufgebaut haben, und ich hoffe, daß auch er das weiß...«

In jedem Stadium dieser Verhandlungen mit sich selbst gibt die Frau mehr und mehr von ihren Träumen auf und versagt sich immer mehr Bedürfnisse, bis sie sich sehr einsam fühlt. In diesem Kampf hat sie oft den Eindruck, daß sie mehr Gefühle einbringt als er und mehr zum Funktionieren der Partnerschaft beiträgt: »Warum gibt er sich nicht mehr Mühe, warum kommt er mir nicht entgegen? Macht er sich das überhaupt klar? Kann diese Beziehung überhaupt noch besser werden? Bin ich verrückt, sie fortzusetzen? Oder soll ich weiterkämpfen? Soll ich mich einfach mal weniger anstrengen? Oder soll ich überhaupt gleich fortgehen?«

Doppelleben: emotionaler Rückzug

Um mit unbefriedigenden oder nur halb befriedigenden Partnerschaften fertig zu werden, führen viele Frauen auf der Gefühlsebene eine Art Doppelleben: Sie halten die Beziehung aufrecht, aber machen sich weniger verwundbar, indem sie sich ihrem Partner nicht mehr so stark aussetzen. Sie widmen immer mehr Energie ihren Freundinnen, ihren Kindern und der Arbeit.

Eine Frau beschreibt, wie sie jetzt mit ihrer Partnerschaft umgeht:

> »Ich nehme meine Beziehung jetzt einfach nicht mehr so wichtig. Wenn ich dann mal enttäuscht bin, ist es nicht so wesentlich. Vielleicht kommt die Liebe im Laufe der Zeit wieder. Wenn nicht, ist es wichtig, auch noch anderes im Leben zu haben. Dann geht alles leichter.«

Die meisten Frauen ziehen sich emotionell zurück, ohne das bewußt zu wollen; es passiert einfach. Sie gewinnen innerlich mehr Abstand und können sich irgendwann gar nicht mehr voll auf ihren Partner einlassen, der seinerseits kaum wahrzunehmen scheint, was los ist. Sie fühlen sich ihm nicht mehr so nahe und halten automatisch einige Teile ihres Selbst zurück. Eine Frau beschreibt das so:

> »Die Partnerschaft ist mir im Laufe der letzten Jahre weniger wichtig geworden; sie ist jetzt eher an den Rand gerückt. Ich bin nämlich gewachsen, habe mich verändert, und er nicht.«

Der Entfremdung der Gefühle entspricht oft auch eine sexuelle. Wenn eine Frau sich und ihre tiefsten Gefühle preisgibt und dabei ständig verletzt wird, kommt es letztlich zu folgendem: Sie hat immer weniger Lust auf Sex, während sie sich gefühlsmäßig immer mehr aus der Beziehung zurückzieht. In diesem Stadium beklagt sich der Mann oft, daß sie nicht häufig genug Geschlechtsverkehr hätten, und beginnt vielleicht, sich anderweitig umzusehen. Dies führt zu weiterer Entfremdung (gegen die die Frau häufig ankämpft, wie wir in Kapitel drei gesehen haben).

Wenn Frauen ihren Partner sexuell und emotional verlassen, ohne die Beziehung auch tatsächlich abzubrechen, fragen sie sich oft: »Möchte ich die Beziehung aufrechterhalten, indem ich Kompromisse eingehe und weniger davon habe, als ich mir einmal gewünscht hatte, oder soll ich weggehen und ein neues Leben anfangen?«

Ziemlich viele Frauen verschieben das Weggehen auf später, weil sie bezweifeln, daß eine andere Beziehung sehr viel anders sein könnte.

> »Mein Junge ist zwölf und hat ziemlich große Schwierigkeiten, sich an das Leben ohne seinen Papa zu gewöhnen. Ich weiß, daß es für uns beide so besser ist, aber es passieren doch auch Sachen, die mich nachdenklich machen. Zum Beispiel neulich abends, da beschuldigte mich mein Freund, ich hätte mich an einen anderen Mann herangemacht, mit dem ich zusammenarbeite. Daraus wurde ein handfester Krach, der völlig sinnlos war. Mein Sohn hörte von oben alles mit an und regte sich furchtbar auf und fing an zu weinen. Schließlich brachte ich ihn zu Bett, und John und ich gingen schweigend in das unsere. Ich lag da und dachte: ›Du hast doch immer geglaubt, alles würde sich ändern, sobald du nur von Dan geschieden bist, aber jetzt ist es wieder genau das gleiche. Bin ich schuld? Warum passiert so etwas nur? So war es doch anfangs nicht!«

Andere Frauen schieben das Weggehen auf, weil sie den Trennungsschmerz nicht durchmachen wollen:

»Ich weiß, daß diese Beziehung mich nicht glücklich macht, aber ich kann es einfach nicht ertragen, den ganzen Schmerz schon wieder durchmachen zu müssen, mein Leben von dem eines anderen zu trennen und noch mal von vorn anzufangen. Meine Scheidung war so schwierig, und ich will das einfach nicht noch mal erleben. Auch wenn ich nicht zufrieden bin, glaube ich doch, es wäre weniger schmerzlich zu bleiben, als zu gehen.«

Trennung trotz Liebe

Es ist nicht einfach, sich von einem Partner zu trennen. Eine Frau schildert ihren Kampf und ihre Gründe so:

»Was soll ich machen? Gestern abend, rief mein Freund (mein Geliebter) an und beklagte sich über die Entfremdung, die zwischen uns eingetreten ist. Auch ich bin beunruhigt darüber. Aber ich könnte eine enge Beziehung zu ihm nur dann weiterführen, wenn er sich ändern würde. Wenn ich die Beziehung aber aufrechterhalte, indem ich ihn akzeptiere, wie er ist, würde ich wohl vor Empörung platzen und mich für all das rächen, was ich wegen der wirklich tollen Momente in der Partnerschaft schon an Negativem auf mich genommen habe. Auf diese Weise würde ich die Möglichkeit kaputtmachen, daß zwischen uns noch einmal etwas so Schönes passiert. Und dann bliebe mir nichts anderes übrig, als mich zurückzuziehen, da es nichts mehr gäbe, wofür es sich lohnte zu bleiben. Um das zu bewahren, was ich liebe, muß ich mich jetzt zurückziehen.

Ich ziehe mich zurück, um meinen Glauben an eine wirkliche Partnerschaft – oder was ich eine wirkliche Partnerschaft nenne – zu bewahren. Ich muß noch wachsen und immer mehr ich selbst werden, um auf andere Menschen mit meinem gesamten Ich reagieren zu können. Das ist nötig, wenn ich noch eine Chance haben will, einem anderen Menschen gleichberechtigt entgegenzutreten – sollte es mir denn je vergönnt sein, den Menschen zu treffen, mit dem ich meine Hoffnungen verwirklichen kann. Wenn das bedeutet, daß ich in größerer Entfernung zum anderen Menschen leben muß, als ich mir eigentlich wünsche, dann ist es sicher besser, mit diesem Schmerz zu leben als mit dem anderen.«

Zwei andere Frauen berichten folgendes:

»Ich sehe ihn in einem Zimmer voller Menschen oder in dem Taxi, das er fährt, und ich sehe so viel Schönheit und so viel Liebe. Aber die Gemeinheiten, die er mir sagt, die Kritik und die Angriffe auf meinen Charakter und meine Integrität hinterlassen allmählich ihre Spuren. Ich kann nicht mehr so tun, als sei ich glücklich. Ich bin so müde. Es ist eine ständige, ununterbrochene Enttäuschung – mein Leben mit ihm ist eine einzige Enttäuschung. Allmählich zerstört das meinen Optimismus und meine gesamte Lebenshoffnung. Ich muß ihn verlassen, aber der Gedanke daran versetzt mich in Panik. Ich wünsche mir so sehr, daß die Beziehung das werden könnte, was ich mir erhofft hatte.«

»Es ist mir gar nicht klar geworden, wie sich diese Beziehung auf mich ausgewirkt hat – ich wußte gar nicht, wie sehr sie mein Selbstbewußtsein und meine Einstellung zum Leben schon angekratzt hat. In letzter Zeit habe ich jedoch viel mit Freundinnen darüber gesprochen, und es ist mir klar, daß ich die Trennung schaffen muß. Es wird schwierig. Aber ich kann nichts anderes tun, er wird sich nicht ändern, und er hat es mir auch gesagt.«

Manche traurige Aussagen kommen von Frauen, die sich von all dem verabschieden, was sie lieben. So etwa der Brief einer Frau an den Mann, den sie verlassen will:

»Ich liebe Dich so sehr. Unser Problem sind nicht so sehr meine Freunde, wie Du behauptest. Du bist so stolz und versuchst immer, mich runterzumachen, weil ich sie nicht mit

Dir teilen möchte. Du willst, daß ich genauso wie Joanne wäre, eine Frau, die nur noch zusammenzuckt, wenn man sie fragt, ob sie immer noch mit John zusammen ist, eine Frau, die sich so sehr verletzen und erniedrigen läßt, und Du glaubst noch, daß sie eine tolle Frau sei. Gut, vielleicht ist sie eine tolle Frau, es gibt vieles, was ich an ihr mag. Aber sie ist auch eine dumme Frau. Wenn Du glaubst, daß so das Ideal einer Partnerschaft aussieht, dann haben wir eben sehr unterschiedliche Auffassungen.

Ich habe auf so viele verschiedene Weisen versucht, für Dich alles zu sein, was Du Dir wünschst, aber es war Dir nicht genug. Viele Männer würden froh sein, meinen Körper und meinen Geist lieben zu dürfen; Du aber stößt mich immer und immer wieder zurück, während Du andererseits Gott weiß wem nachläufst (und auch noch einer meiner besten Freundinnen!). Meine Gefühle sind widersprüchlich, aber meistens frage ich mich nur, *warum*? Ich war immer für Dich da, ich liebte Dich, ich liebte Deinen Intellekt, liebte Deinen Schwanz, ich habe für Dich gesorgt und versucht, unser Zusammenleben so gut wie möglich zu machen. Ich wollte uns einfach als Paar erhalten. Aber allein kann ich es nicht schaffen. Ich kann mit Dir nicht leben, wenn ich beispielsweise weiß, daß Du Lorie nachstellst, nachdem ich zur Arbeit gegangen bin. Ich meine, was hast Du überhaupt für einen Grund?! Ich habe achtzehn Monate lang versucht, Dich zufriedenzustellen, und nun fühle ich mich verletzt und zerschlagen von dem Versuch, alles allein zu machen und mit dem Kopf durch die Wand zu wollen.

Ich liebe Dich ganz verzweifelt, aber ich kann nicht einfach mit Dir zusammen untergehen. Ich muß etwas tun. Ich wünsche mir, geliebt und begehrt zu werden. Mit jemandem zusammensein, der mich manchmal toll findet und mir manchmal seine ungeteilte Aufmerksamkeit schenkt. Ich habe dieses Gefühl mit Dir verloren, aber ich brauche es doch ganz dringend. Mach Dir klar, wie sehr Du es brauchst, und dann wirst Du verstehen, wie ich mich fühle. Du forderst so viel sexuelle Aufmerksamkeit, daß eine Frau (die im übrigen auch andere begehrenswert finden!) Dir gar nicht allein genügen kann! Du brauchst so viel emotionale Zuwendung, daß Deine Freundinnen herhalten müssen, um das Defizit wettzumachen, das Du offenbar mit mir empfindest. Verflucht noch mal! Und dann machst Du mir Vorwürfe, wenn ich in der Früh weine und von Abenden träume, wo Du ganz wild nach mir bist und wir uns nach dem Essen ineinander verlieren. Wie kannst Du mir vorwerfen, daß ich solche Wünsche habe? Mein Gott, bist Du denn verrückt? Das ist überhaupt das Allerbeste! Erinnerst Du Dich denn nicht mehr?

Es steht nirgends geschrieben, daß das alles einmal aufhören muß. Andererseits möchte ich mir nicht Deine Vorwürfe anhören, ich sei eine Pessimistin und Fatalistin, wenn ich manchmal den Glauben an die Zukunft verliere. Ich glaube manchmal an eine Zukunft, aber ich weiß auch, daß Du gegenwärtig dazu nicht fähig bist.

So laß mich jetzt bitte einfach gehen. Liebe mich stark genug, um mich freizugeben, bis Du Deine Probleme gelöst hast. Ich liebe Dich, und ich möchte gerne wissen, daß Dir das wichtig ist. Bis dahin möchte ich meine Liebe zurückhalten, weil ich sie Dir nicht mehr geben kann. Nicht, bevor Du es Dir wirklich wünschst – sehr, sehr wünschst – und bereit bist, dafür auch Opfer zu bringen.«

Haben Sie Angst, ihn zu verlassen?

Wenn Ihre Beziehung schlecht ist und Sie sich trotzdem nicht trennen wollen, dann fragen Sie sich, warum das so ist. Gewinnen Sie Klarheit, indem Sie eine Liste aller positiven Punkte anlegen. Ist er interessant? Sexy? Wenigstens *manchmal* sehr verständnisvoll? Machen Sie auch eine Liste Ihrer Ängste.

Treffen die folgenden Gründe auf Sie zu?

- Ich finde niemand anderen.
- Ich finde niemanden, der so gut, so interessant, so sexy und so weiter ist.

- Er ist etwas ganz Besonderes, ganz anders als alle anderen, die ich kenne. (Warum?)
- Das ist meine letzte Chance, weil ich schon so alt bin.
- Ich habe schon so viel Zeit investiert, daß ich jetzt nicht mehr aufgeben kann.
- Ich glaube nicht, daß man einander verlassen sollte.
- Er sagt, er liebe mich, und wenn er sich auch manchmal miserabel benimmt, glaube ich ihm. Ich fühle einfach, daß es stimmt.
- Seine Liebe ist wichtiger für mich als irgendeine andere Liebe, weil...
- Es ist mir sehr wichtig, vor der Umwelt einen Partner zu haben.
- Ich möchte kein Single sein und auch nicht ohne Partner leben.

Bedenken Sie: Sollte Ihre Antwort auf eine der oben genannten Fragen Ja sein, so dürfen Sie nicht zu streng mit sich umgehen!

Andererseits ist es wichtig, sich selbst zu fragen, ob Ihre eigene Urteilskraft geschwächt ist und Sie Ihre Situation nicht mehr richtig einschätzen oder Ihre Bedürfnisse nicht mehr einfordern können. Stellen Sie Ihre eigenen Wünsche immer hintan, bis »die Dinge wieder in Ordnung« kommen oder Sie *ihm* geholfen haben? Die ungleiche Machtverteilung, die viele Männer in Partnerschaften herstellen, führt bei Frauen oft dazu, daß sie sich fragen: »Fühlt er sich gut? Liebt er mich noch? Wie fühlt er sich heute?« – und nicht: »Fühle ich mich gut? Möchte ich diese Art von Beziehung?«

Eine Frau erinnert sich an ihre eigene Erfahrung, wie sie die Trennung nicht schaffte und ihre eigenen Bedürfnisse nicht ernst genug nahm:

> »Ich habe ein ganzes Jahr mit ihm verbracht. Dreiviertel dieses Jahres war ich unglücklich. Eine Zeitlang nahm ich die Traurigkeit in Kauf, weil er mir so wichtig war, aber ich habe den Kontakt zu meinen Freundinnen verloren. Die Arbeit machte ich schlampig, und meine Gesundheit litt. Gott sei

Dank hatte ich Freundinnen, die meine Sehnsucht, mit ihm zusammenzusein, akzeptierten und mir doch zugleich auf sanfte Weise zeigten, daß mein Leben und mein Selbstwertgefühl durch die Partnerschaft Schaden litten. Allmählich konnte ich auch ihren Standpunkt einsehen und merkte, daß die guten Seiten die schlechten nicht mehr ausglichen. Was mir die Partnerschaft gab, konnte das, was sie mir nahm, nicht kompensieren.

Ich ging weg, aber es war voreilig. Ich war noch nicht bereit, ihn loszulassen. Unsere Gemeinsamkeit war mir immer noch wichtig, und der Gedanke war mir unerträglich, ihn nicht mehr sehen zu können. Nachdem er mich ein paar Wochen lang unablässig angerufen und besucht hatte, gab ich nach und ging zu ihm zurück. Nach sechs Monaten war es schlimmer als zuvor.

Endlich hatte ich genug. Mit meinen Freundinnen diskutierte ich wochenlang die Diskrepanz zwischen der bestehenden Beziehung und der, die ich mir wünschte, und auch die Unvereinbarkeit der beiden. Es war mir klar, daß er sich niemals so ändern würde, wie ich das brauchte (und selbst wenn ich auf einige Forderungen verzichtet hätte, so wußte ich doch, daß er die anderen nicht erfüllen konnte). Wie die Beziehung jetzt aussah, konnte sie mich nicht glücklich machen.

Der Winter war sehr schwer. Ich dachte, ich würde die Trennung nie schaffen, die Schmerzen nicht aushalten, den Gedanken nicht ertragen, ohne ihn zu sein, nicht ertragen, daß er mit einer anderen zusammen wäre, daß ich mit jemand anderem zusammen wäre und all so was. Aber meine Freundinnen unterstützten mich, und tief im Herzen wußte ich, daß ich das Richtige tat – ich wollte keine Kompromisse mehr schließen, ich wollte nicht mit ansehen, wie ich immer mehr den Boden unter den Füßen verlor. Und so verließ ich ihn.«

Ab einem gewissen Punkt können viele Frauen ihren starken Trennungswunsch einfach nicht mehr hintanstellen – gleichgültig, wie schwierig eine Trennung sich psychisch, finanziell oder sozial auch gestalten mag.

Diese Frauen äußern sich über die Gründe, die ihnen endlich den Absprung erleichtert haben:

»Man hatte mir geraten, Listen der positiven und der negativen Aspekte der Beziehung anzulegen. Mir war das zuwider, weil ich das für unromantisch und allzu buchhalterisch hielt. Zum Schluß war ich jedoch so unglücklich, daß ich etwas tun mußte. Und so habe ich mich dann hingesetzt, und es hat wirklich geholfen. Ich machte eine Liste von all dem, was gut zwischen uns war, und allem, was schlecht war. Und dann schrieb ich auf, was ich mir wünschte, verglichen mit dem, was ich wirklich erhielt. Als ich das dann schwarz auf weiß sah und es mir nicht mehr bloß im Kopf herumschwirrte, fiel es mir leichter, klar zu denken und zu einer Entscheidung zu kommen.«

»Ich besprach alles mit meinen Freundinnen. Viele Probleme hatte ich lange Zeit zurückgestaut, so daß mir diese Gespräche sehr hilfreich waren: Ich konnte endlich alles mal aussprechen und erhielt Ratschläge. Außerdem hatte ich das Gefühl, daß ich eine Grenze überschritten hatte. Ich war nicht mehr nur ›sein Geschöpf‹.«

»Ich gab den Versuch auf, mit ihm selbst über Probleme zu reden, und sprach statt dessen mit anderen darüber. Befreundete Männer waren sehr hilfreich, da sie in vieler Hinsicht so waren, wie ich mir meinen Partner gewünscht hatte. Und ich fragte sie, wie sie ihre Partnerinnen behandeln, wie sie mit ihnen reden, was sie für sie tun und wie sie ihre Liebe ausdrükken. Die Antworten, die sie mir gaben, schnitten mir ins Herz, denn alles, was sie erzählten, hatte ich immer von ihm hören wollen. Ich hatte all diese Wünsche unterdrückt, weil ich ohnehin nur enttäuscht worden wäre. Als meine Freunde aber davon sprachen, konfrontierten sie mich mit der Wirklichkeit, mit der traurigen Wirklichkeit meiner Beziehung. Ich begann, mein Leben mit anderen Dingen auszufüllen. Zuerst wollte ich das eigentlich nicht, an sich wollte ich nur herumliegen und auf seinen Anruf warten, warten, ob er irgendwelche Pläne für den jeweiligen Tag, die Woche, das kommende Jahr mit uns hatte, warten, daß er auf mich zuginge, aber dann raffte ich mich auf und machte selbst Pläne. Ich ging ins Kino und traf mich mit Freunden, flirtete sogar ein bißchen. Nach ein paar Wochen war ich soweit, daß ich die Entscheidung fällen konnte, ohne ihn zu leben.«

Trennung unter möglichst geringen Schmerzen

Ein Schritt nach dem anderen

Das Konzept, »einen Schritt nach dem anderen« zu tun, hat vielen Leuten geholfen, diverse problematische Beziehungen zu lösen: Beziehungen zu Drogen und Alkohol, zu Essen, Menschen und Geld. Dieses Konzept funktioniert auch sehr gut, wenn man sich von einem Mann trennen will. Die Versuchung ist groß, die Vergangenheit in sentimentalem Licht zu sehen und für die Zukunft Hoffnungen zu hegen, wenn es sehr weh tut und einem jemand sehr fehlt, auch wenn man weiß, daß man sich von diesem Menschen trennen will. Wenn Sie es schaffen, nur an heute zu denken, nicht an gestern oder morgen, dann vergehen die Tage beachtlich schneller, und die Wunden heilen. Eine Frau beschrieb ihre Erfahrungen so:

»Anfangs war ich besorgt, ob ich etwas Besseres finden würde, wenn ich mich von ihm trenne. Und dann kam ich darauf, wie die Antwort lautete: ›Ja, natürlich, mich selbst. Ich werde mich selbst wiederfinden!‹«

Die meisten Frauen berichten, das Schwierigste sei, sich zu entscheiden; danach sei alles leichter. Und über die Gefühle kommt man hinweg:

»Als mir ein paar Leute voraussagten, daß ich eines Tages nur noch fragen würde: ›Welcher John?‹, dachte ich, die seien ja verrückt und oberflächlich. Mir war, als verstünden die nichts von Liebe, Leidenschaft und Schmerz. Aber sie hatten recht. Heute bin ich ganz sicher, daß mein Entschluß zur Trennung richtig war, ich spüre keinerlei Bedauern, sondern nur Dankbarkeit mir selbst gegenüber, weil ich endlich gemerkt hatte, daß meine Bedürfnisse überhaupt nicht befriedigt wurden, und mich aufgerafft hatte, etwas dagegen zu tun. Und meinen Freunden war ich dankbar, mir dabei geholfen zu haben.«

Sprechen Sie nicht mit ihm

Manche Frauen sagen, daß sie die Trennung nur schaffen, wenn sie jeden Kontakt zu ihrem Partner abbrechen. Das hört sich vielleicht sehr extrem oder total dramatisch an, aber es ist wichtig.

In dem Moment, wo Sie endlich alle Kraft zusammengenommen und den Mut aufgebracht haben, einen Mann zu verlassen, fühlen Sie sich sehr verwundbar. Jede Person hat Schwächen, die natürlich in Zeiten der Trennung von einem Geliebten besonders im Vordergrund stehen, unabhängig davon, was in der Vergangenheit vorgefallen ist. Eine Frau drückt das so aus:

»Es ist ein Gefühl, als sei ich eine große, offene Wunde, und alles um mich herum ist plötzlich Salz, das hineingestreut wird, sogar wenn irgend jemand auf der Straße unfreundlich oder gemein ist. Etwas, das mich normalerweise nur irritieren würde, kann plötzlich der absolute Horror sein!«

Das heißt nun keineswegs, daß nur Frauen verwundbare Opfer sind, denn auch für Männer kann diese Erfahrung ebenso schmerzhaft und aufwühlend sein. Es ist wesentlich, daß Sie zu sich selbst im Stadium der Trennung besonders nett sind und nicht die Geduld mit sich verlieren, wenn Sie allzu emotional reagieren. Das ist ganz natürlich. Keine Kommunikation mit ihm, das bedeutet:

- Sie lesen keine Briefe, weder alte noch neue!
- Sie beantworten keine Anrufe! Ein Anruf oder ein Brief von dem Mann, den Sie verlassen wollen, wird Sie nur noch unglücklicher machen, in Ihrer Entscheidung verunsichern und es Ihnen schwerer machen, zu Ihrem Entschluß zu stehen.
- Wenn Blumen kommen, werfen Sie sie in den Müll oder geben Sie sie jemand anderem.
- Alle Fotos von ihm sollten Sie einer Freundin geben, die Sie für Sie aufbewahrt. Eines Tages möchten Sie sie vielleicht wieder ansehen, aber im Augenblick sind sie ein Minenfeld für Ihre Gefühle, auf das Sie nicht treten sollten.
- Bitten Sie gemeinsame Freunde, in Ihrer Gegenwart nicht von ihm zu sprechen, und geben Sie Ihrer eigenen Neugier nicht nach. Es regt Sie nur auf, wenn Sie wissen, wo und mit wem er den letzten Abend verbracht hat.
- Meiden Sie Orte, wo Sie sich früher getroffen haben, und gehen Sie nicht in Ihr gemeinsames Lieblingsrestaurant. Sie können sich ja immer sagen, daß Sie in einem Jahr wieder hingehen können; aber dann werden Sie es nicht mehr wollen!
- An besonders wichtigen Jahrestagen, wie etwa an dem Tag, an dem Sie zum ersten Mal mit ihm geschlafen haben, gehen Sie am besten mit guten Freunden aus – oder noch besser, mit ihrem neuen Liebhaber!

Machen Sie sich klar, daß dies alles Ihr Leben nur vorübergehend beeinträchtigt. Es ist keine Situation auf Dauer. Diese Gefühle gehen vorbei, auch wenn Sie das momentan nicht glauben. Und Ihr Leben wird wieder Ihnen gehören – Sie werden wieder Verantwortung für sich selbst übernehmen.

Mit einem anderen ausgehen?
Vielleicht halten Sie es für das allerletzte, was Sie tun wollen, aber möglicherweise hilft es Ihnen, mit anderen Männern auszugehen. Hören Sie, was diese Frau dazu zu sagen hat:

»Beim Gedanken daran, mit anderen Männern auszugehen, wurde mir schlecht. Der Gedanke an *Männer* überhaupt verursachte mir Übelkeit. Ich wollte niemanden auch nur küssen. Aber meine Freundin sagte: ›Ich weiß, du willst das jetzt nicht, aber gehe doch heute mit John aus.‹ Sie half mir beim Anziehen und schminkte mich, und dann ging ich los. Und es war ein toller Abend. Ich habe ihn weder geküßt noch sonst irgendwas, aber fünf Stunden lang stand ich im Mittelpunkt, und das tat meinem verwundeten Ego und Herz sehr gut, besser als irgend etwas anderes.«

Treffen Sie sich mit Ihren Freundinnen
Wenn Sie völlig erschöpft von Ihren Versuchen sind, die Beziehung zu einem Mann in Ordnung zu bringen, kann es der größte Balsam für Ihre Seele sein, sich mit Ihren Freundinnen zu treffen (siehe auch Kapitel sechs).

»Als ich mich von ihm getrennt hatte, lud ich alle meine Freundinnen zum Abendessen ein. Wir völlerten, tranken Champagner, lachten, weinten – es war einer der schönsten Abende meines Lebens. Sie hatten mir geholfen, vieles zu verarbeiten, ich wollte ihnen meinen Dank zeigen.«

»Die wichtigsten Menschen in meinem Leben sind Frauen. Enge Beziehungen zu Frauen haben mir weitergeholfen, wenn alles andere in die Brüche gegangen war.«

»Sie hat mir bei der Entbindung, bei der Scheidung geholfen, wenn ich deprimiert war – jedesmal, wenn ich Hilfe brauchte, war sie zur Stelle.«

»Wenn wir uns treffen, fühle ich mich nachher immer gut, denn wir können über alles so leicht reden. Sie hat mir über unzählige Schwierigkeiten hinweggeholfen, und ich liebe sie sehr.«

Den Zorn anerkennen

Ein wichtiger Teil des Abschiednehmens von einem Menschen und den Gefühlen zu ihm ist, nicht nur die Trauer anzuerkennen und auszudrücken (falls Sie traurig sind), sondern auch den Zorn. Ob Sie sich nun entschließen, Ihrem Partner gegenüber diesen Zorn zu äußern oder ihn im Gespräch mit einer Freundin oder einer Gesprächstherapeutin erwähnen, ist dabei zweitrangig – es hilft Ihnen jedenfalls, den Zorn, die Wut, nicht gegen Sie selbst zu richten und Sie in ein Gefühl der Verwirrung, Schuld und Wertlosigkeit zu stürzen! Zorn ist keineswegs ein »schlechtes« Gefühl; den meisten Frauen wird nur eingeredet, sie hätten kein Recht auf Wut. Aber wir haben das Recht – und es ist wichtig, das anzuerkennen –, laut auszusprechen, daß wir schlecht behandelt worden sind. Eine Frau beschreibt dies sehr deutlich:

»Als die Beziehung zu Ende ging, wurde mein Zorn zur Quelle der Stärke für mich. Mir die Wut einzugestehen und zuzulassen, verhalf mir zu einem der machtvollsten Gefühle, die ich je gespürt hatte. Immer wird nur gesagt: ›Eine Dame zeigt keine Wut‹ oder ›Wenn du nichts Nettes zu sagen hast, so sag lieber gar nichts.‹ Also das ist ganz einfach Mist. Als mir meine Wut ihm gegenüber so richtig klarwurde, konnte ich sie vor mir selbst und vor Freundinnen eingestehen, und das gab mir die Energie, ihn verlassen zu können. Wenn ich mal merkte, daß ich wieder schwach wurde, griff ich auf dieses Gefühl zurück und schöpfte daraus Hoffnung, Energie und Entschlußfreude für die Entscheidung, die mir bevorstand.«

Die Trennung als Chance nutzen

Den meisten Frauen geht es sehr gut, sobald sie die Trennung endlich geschafft haben; eine Frau beschreibt das mit folgenden Worten:

»Das zweite Jahr unserer Beziehung verbrachte ich damit, dem ersten nachzutrauern. Alles war ziemlich übel; er wurde kalt und distanziert. Einmal plante ich ein Abendessen zum zweiten Jahrestag unseres Kennenlernens, und ich lief den ganzen Tag herum, um das richtige Essen, den besten Wein, die schönsten Kerzen zu finden, und dann kam er einfach nicht! Er lag lieber am Strand und wollte braun werden. An diesem Abend lag ich lange wach, versuchte einzuschlafen und mußte immer wieder daran denken, wie er mir dauernd beteuert hatte: ›Ich bin so verliebt in dich, ich kann kaum mehr essen!‹

Der endgültige Bruch kam, als ich eines Morgens bei ihm vorbeischaute, um ihm ein paar Blumen zu bringen, und ihn mit einer anderen im Bett erwischte. Ich warf ihm die Schlüssel aufs Bett und ging.

Die nächsten zwei Wochen blieb ich bei einer Freundin, die er nicht kannte. Dort verkroch ich mich mit ihr und anderen guten Freundinnen und hielt Distanz zu ihm. Sein bester Freund hatte noch einen Schlüssel zu seiner Wohnung, und als er einmal übers Wochenende weg war, ging ich hin und holte meine Sachen.

Ihn zu verlassen war das Beste, das ich je getan habe. Ich hatte schon ganz vergessen, wie schön das Leben sein kann, weil ich mit ihm eigentlich die meiste Zeit unglücklich war. Es war mir entfallen, wie es ist zu lachen, am Samstag aufzuwachen und sich auf ein Wochenende allein, mit Freunden oder der Familie zu freuen. Nun kann ich lachen und freue mich auf meine gemütliche Wohnung, auf schöne Dinge, die ich ganz für mich mache, auf Reisen, Ausgehen – als ob mir plötzlich Flügel gewachsen wären. Ich gehöre wieder mir selbst.«

All die Dinge, für die Sie nie Zeit hatten – oder für die Sie zu deprimiert waren oder die Sie immer machen wollten, wenn Sie »nur einmal Zeit dafür hätten« –, tun Sie sie jetzt! Es können Kleinigkeiten sein – ein Schaumbad nehmen, Schminke kaufen, zur Maniküre gehen, Sport treiben, ins Kino gehen, ausschlafen, ein lustiges Video ausleihen (in letzter Zeit hatten Sie wahrscheinlich nicht viel zu lachen). Oder fangen Sie etwas Neues an, suchen Sie sich einen neuen Job, oder nehmen Sie sich Zeit für ein Hobby, von dem Sie schon lange geträumt haben. Tun Sie etwas, packen Sie's an!

Das ganze Leben ändern, ihm eine neue Richtung geben können – was für eine tolle Chance! *Alles* können Sie tun, wirklich alles. Wie oft im Leben sind Sie schon so frei und haben so viel Auswahl? Gut, Sie haben vielleicht etwas verloren, aber Sie haben auch viel gewonnen. *Sich selbst* haben Sie wiedergewonnen, und viel Zeit und die Möglichkeit, Ihr Leben zu überdenken. Gefällt Ihnen Ihr Job? Ihre Wohnung? Ihr Freundeskreis? Welche wichtigen Ziele haben Sie auf die lange Bank geschoben? Diese Zeit können Sie zu Ihrem Vorteil nutzen. Entdecken Sie die Welt! Entdecken Sie aufregend neue Dinge für sich! Sie werden es nie bereuen.

Die guten Seiten

Nach alledem werden Sie sich fragen, ob eigentlich auch noch etwas Gutes in Beziehungen ist. Keine Angst! Obwohl die siebziger und achtziger Jahre sehr konfliktreich waren, können wir in den neunziger Jahren doch auch die schönen Seiten der Beziehungen genießen – und zwar ohne Schuldgefühle!

Die schönen Zeiten genießen

Die meisten von uns haben ganz bestimmte Vorstellungen davon, wie sie mit ihrem Partner eine besonders schöne Zeit verbringen oder glückliche, sehr kostbare Augenblicke erleben könnten:

»Was ich mag? Am liebsten trödele ich Sonnabend morgen in meinen ältesten Kleidern im Haus herum, mein Freund und ich erzählen uns dies und jenes (natürlich auch er in seinen ältesten Kleidern oder seinem alten Frottee-Bademantel); allmählich wachen wir auf, stöbern im Kühlschrank, holen uns die Reste vom Vorabend heraus, schauen aus dem Fenster und denken darüber nach, ob wir mit den Hunden spazieren gehen sollen.«

»Also Haarewaschen dauert bei mir eine Ewigkeit. Manchmal leistet er mir Gesellschaft, wenn ich mein Haar wasche, oder shampooniert es für mich – das mag ich besonders gerne! Dann setzt er sich hin und redet mit mir, während ich mein Haar trockne. Er ist einfach ein Schatz.«

»Ich liebe die Wochenenden, in denen wir den ganzen Tag nicht aus dem Bett herauskommen. Wir wachen auf und lieben uns. Dann frühstücken wir, sehen uns einen Film an oder gehen wieder ins Bett. Den ganzen Nachmittag sehen wir fern, naschen ein bißchen, schlafen miteinander und dösen immer wieder ein. Am schönsten ist das an einem Regentag. Wir ziehen den Telefonstecker heraus und verschwinden völlig aus der Welt.«

»Ich gehe gern mit ihm aus. Er ist amüsant und sehr aufregend. Wenn er anruft und sagt, er käme jetzt vorbei, habe ich schon Schmetterlinge im Magen. Während ich mich anziehe, denke ich darüber nach, was er wohl denken wird, wenn er mich sieht, und überlege mir, ob er gut findet, wie ich aussehe. Die ganze Zeit lächele ich vergnügt vor mich hin und bin schon ganz aufgeregt, weil ich ihn gleich sehen werde. Dann steht er in der Tür, nimmt mich zärtlich in die Arme und küßt mich, und ich vergehe beim Geruch seiner Lederjacke und seines Rasierwassers, wenn er mich fest gegen sich drückt. Wir nehmen dann meist ein Taxi und gehen etwas essen. Er hält meine Hand und küßt mich während des Abendessens. Ich denke dann gern, daß die Leute bestimmt merken, wie sehr wir ineinander verliebt sind. Ich bin so glücklich – und ich wünsche mir, alle anderen könnten auch so glücklich sein. Das geht jetzt schon ungefähr sechs Monate so.«

»Ich stelle mich gern mit ihm unter die Dusche, sehe, wie das Wasser an seinen langen kräftigen Beinen hinunterläuft oder von seinen Schultern spritzt, sehe ihm zu, wie er seine behaarte Brust und Arme, seinen Penis einseift. Manchmal mache ich es ihm mit dem Mund unter dem heißen Wasserstrahl! Er macht es mir auch gerne auf dieselbe Art, oder er schäumt mich in der Badewanne ein und masturbiert mich gleichzeitig. Einfach super! Ich könnte stundenlang so weitermachen. Wenn ich aus dem Bad steige, sind meine Finger ganz verrunzelt und vom Wasser aufgequollen! Manchmal machen wir es einander so wild, daß wir ganz erschöpft sind und kaum aus dem Badezimmer herauskommen!«

»Ich kann mit ihm über Steine klettern, um einen Fluß zu überqueren, oder an der Küste über Felsenriffs hochklettern, und ich fühle mich dabei in Übereinstimmung mit ihm, mit mir selbst und mit der Welt rund um mich herum. Ich spüre dann, wie auch ihn eine friedvolle, entspannte Ruhe überkommt; er beobachtet dann immer mit liebevoller Aufmerksamkeit die kleinen Dinge, die sich im Wasser oder im Gras bewegen.«

Sind das dieselben Frauen, von denen wir im ersten Kapitel gehört haben? Warum klingen sie jetzt so anders?

Die Männer, die von den Frauen hier beschrieben werden, sind tatsächlich identisch mit denen, die sich zu anderen Zeiten so distanziert und schweigsam verhalten und all das »männliche« Distanzgebaren aufweisen, von dem wir schon gesprochen haben. Die meisten Beziehungen erleben ein Auf und Ab; es gibt positive und weniger positive Seiten. Auch wenn Frauen manchmal einige der Probleme haben, die bereits beschrieben wurden, so wissen die meisten von ihnen doch auch vieles zu erzählen, was sie an der Beziehung sehr mögen und lieben.

Sollten Sie sich schuldig fühlen, wenn nicht alles so gut läuft?

Haben wir das Recht, die guten Seiten zu genießen, wenn die Beziehung nicht gerade toll läuft? Oder wenn schwerwiegende Probleme auftauchen, egal, wie verliebt wir sind?

Frauen in problematischen Beziehungen werden oft masochistisch genannt. Diese mißbilligende Einstellung wird so deutlich, daß viele Frauen tief in sich die Angst verspüren: »Ich sollte doch eigentlich gar nichts Schönes daran finden – gestern hat er mich angeschrien und mir die scheußlichsten Dinge an den Kopf geworfen. Keine vernünftige Frau darf sich so behandeln lassen. Wenn ich jetzt aber an seinen Küssen Gefallen finde, bedeutet das doch, daß ich die Beziehung mitsamt all den Verletzungen akzeptiere. Und trotzdem macht mir wirklich Spaß, was er jetzt tut. Bin ich ein hoffnungsloser Fall? Gebe ich damit nicht meine Integrität auf?«

Vielleicht machen ihnen in Ihrer Beziehung nur der Sex und die Zuwendung Spaß, sonst kaum etwas. Vielleicht denken Sie sich einfach, er ist zwar ein toller Kerl, hat von *Ihnen* aber sehr wenig Ahnung – oder auch davon, wie man mit einer Frau eine gleichberechtigte Beziehung aufbauen kann. Es kann ja sein, daß Sie sich von ihm gerne verwöhnen lassen, aber mit ihm nur schwer gute Gespräche führen können (wenigstens längst nicht so leicht wie mit Ihren Freundinnen).

Bedeutet dies, daß Sie diese Beziehung eigentlich nicht haben sollten? Daß Sie heimliche, fragwürdige Gründe für ihre Aufrechterhaltung haben? Daß Sie sich einfach dem Druck beugen, demzufolge eine Frau ohne Mann angeblich ein Nichts ist? Ist es schlecht, daß Sie die guten Seiten beibehalten wollen, obgleich es schlechte oder weniger gute Seiten an ihrer Beziehung gibt?

Obwohl wir alle nur zu genau wissen, daß keine Beziehung immer vollkommen ist, wird uns unentwegt das Ideal ewiger Glückseligkeit vorgesetzt, wie es diese Frau beschreibt:

> »Ich wuchs mit der Vorstellung auf, daß die Beziehung meines Lebens jeden Augenblick des Tages nur voller Romantik sein würde. Ich würde meinen Partner immerzu attraktiv finden, nichts würde uns nach unserer Hochzeit je widerfahren, wir lebten von der Liebe, und ich könnte mich jeden Tag wie eine Königin fühlen. Ja, und wir würden niemals streiten – und wenn doch, so würde das bedeuten, daß wir eine schlechte Beziehung hätten.«

Die Gesellschaft ist mit ihrem Urteil recht schnell zur Hand, wenn eine Beziehung nicht vollkommen ist: (a) Die Frau ist schuld, (b) sie sollte ihn verlassen, oder (c) falls sie bleibt, ist sie entweder Masochistin oder neurotisch.

Da bleibt uns wohl kaum etwas anderes übrig, als allen gegenüber ständig zu behaupten, alles liefe ganz prima, bei Tag und bei Nacht. Oder eben die Beziehung zu beenden.

Realpolitik – Beziehungen der neunziger Jahre

Wie steht es aber mit der Wirklichkeit? Sehr viele von uns haben Beziehungen zu Männern, die sie lieben – Beziehungen, die nicht perfekt sind, für die aber wirklich einiges spricht und in denen wir manchmal sehr glücklich sind. Sind wir etwa »unemanzipiert«, wenn wir sie aufrechterhalten?

Nüchtern betrachtet: Wenn Sie eine Beziehung zu einem Mann beibehalten, haben Sie wahrscheinlich auch einige der Probleme, die wir in diesem Buch behandeln – Probleme, deren Existenz die Gesellschaft leugnet. (Das einzige Problem sind angeblich Sie selbst – Sie »lieben zu sehr«, oder Sie wissen angeblich nicht, was Sie wollen, oder Sie sind selbstsüchtig, oder Ihre Erwartungen sind zu hoch – oder sonst irgendwas!)

Warum aber den Fehler immer bei sich selbst suchen? Warum sich quälen? Wir leben in einem historischen Zeitabschnitt, in dem Partnerschaften einem ungeheuren Wandel unterzogen sind. Im Verlauf des zwanzigsten Jahrhunderts und insbesondere in den letzten Jahren haben Frauen versucht, die Familie und ihre Partnerschaft mit Männern zu demokratisieren. Viele Männer haben diesen Wandel noch nicht verstanden und sich den neuen Bedingungen noch nicht angepaßt. Müssen wir deswegen die Partnerschaft mit Männern ganz aufgeben? (Und sind wir nicht teilweise selbst noch im Konflikt und wissen nicht so ganz genau, wo's langgeht?)

Nein, natürlich müssen wir auf Partnerschaft nicht verzichten, aber wir müssen unbedingt versuchen, die Dynamik dessen zu erkennen, was da abläuft. Der heute weithin akzeptierte »Gefühlsvertrag«, der im ersten Kapitel behandelt wurde, setzt nämlich eine ganz bestimmte Dynamik in Gang. Diese kann für Frauen sehr gefährlich werden – wenn wir sie nicht genau auseinandernehmen und kennenlernen. Und genau das wollen wir in diesem Buch gemeinsam tun: klarstellen, was läuft, die verborgenen Muster aufzeigen, die für die Frau so schädlich sein können.

Frauen sind nicht »masochistisch«, wenn sie in Beziehungen bleiben, die nicht vollkommen sind

Von Frauen wird dauernd verlangt, sie müßten in ihrem Privatleben »erfolgreich« sein – das heißt, »glücklich«, »beständig« und einen Mann zum Heiraten haben. Und wenn ihre Beziehungen anders verlaufen, werden die Frauen dafür zur Rechenschaft gezogen:

> »Ich liebe meinen Freund sehr, aber wir streiten uns auch – zu oft eigentlich, und ich versuche, das zu ändern. Es macht mich ganz krank, wenn die Leute immer zu mir sagen: ›Warum bleibst du bloß bei ihm? Warum gibst du ihn nicht auf?‹ ›Ich liebe ihn schließlich!‹ antworte ich dann. Sie glauben einfach, wenn nicht alles ganz vollkommen ist, sollte ich mich von ihm trennen. Ich bin es müde, von ihnen so angemacht zu werden.«

Unglückliche Beziehungen sind in der Regel anfangs durchaus nicht so schlecht; oft steht zu Beginn eine große gegenseitige Anziehungskraft, und die beiden lassen sich wirklich aufeinander ein. Wenn dann der Mann anschließend nicht mehr so liebevoll und fürsorglich ist, wie die Frau das erwartet, bleibt sie oft trotzdem bei ihm – sie hofft nämlich, sein neuerliches Benehmen sei nur vorübergehend und deute auf irgendein ungelöstes Problem hin, und sein ursprünglich so liebevolles Verhalten, also das Schöne an der Beziehung, werde ganz sicher wiederkommen.

Redet jedoch eine Frau zu oft von ihren Beziehungsproblemen, kann es schon passieren, daß ihre Freundinnen irgendwann sagen: »Warum bleibst du eigentlich bei ihm? Findest du nicht, daß du dich masochistisch verhältst?« Es kommt auch vor, daß eine Frau an einem ganz besonders unglücklichen Tag irgend jemandem gegenüber äußert: »Mein Privatleben ist ein einziges Drunter und Drüber!« und dann – ob ausgesprochen oder nicht – mit der Haltung konfrontiert wird: »Wieso kann sie ihr Privatleben nicht in Ordnung bringen? Was ist los mit ihr?«

Frauen als masochistisch zu bezeichnen ist wieder einmal ein

Beispiel dafür, wie Frauen für alles, was in Beziehungen schiefgeht, zum Sündenbock gemacht werden. Wir wenden uns hier ausdrücklich gegen dieses Vorurteil. Beziehungen, die unglücklich werden, verändern sich ganz einfach: Zu Beginn sind sie oft durchaus glücklich, und dann schleichen sich die Mechanismen ein, von denen bereits im ersten Kapitel die Rede war. Sobald Frauen gegen sie anzukämpfen beginnen, verschlechtert sich die Situation noch mehr. Doch die meisten Frauen versuchen, die Beziehung aufrechtzuerhalten, selbst wenn es Probleme gibt, und dafür zu sorgen, daß alles wieder gut läuft. Allzuoft werden sie jedoch für diese Loyalität mit dem Wort »masochistisch« belohnt. Und wenn sie den Mann verließen, sobald die allerersten Schwierigkeiten auftauchten, was dann? Man würde sie selbstsüchtig und herzlos nennen. Frauen können anscheinend nie gewinnen.

Die meisten problematischen Beziehungen haben auch ihre guten Seiten. Manchmal liebt eine Frau zum Beispiel einen Mann, der nicht in der Lage ist (oder keine Lust dazu hat), täglich einer ordentlichen Arbeit nachzugehen; ihre Gefühle für ihn sind aber trotzdem tief und wichtig für sie. Liebe ist schließlich nicht bloß ein Nervenreflex auf jemanden, der mal »nett zu uns ist«!

Ist »Glück« immer das Ziel einer Partnerschaft?

Eine Frau erklärt folgendes: Das Gute an ihrer Beziehung sind die Gefühle, die sie für ihren Partner *hat*, und nicht etwas, das sie in der Partnerschaft bekommt:

> »Er ist der Mann, den ich lieben möchte. Ein anderer Partner wäre vielleicht leichter im Umgang oder gesprächsbereiter, aber ich *liebe* nun mal keinen anderen. Ich liebe ihn, weil er so ist, wie er ist. Ich liebe einen Menschen, nicht eine Beziehung. Ich erwarte nicht von jemandem, daß er mir die beste Beziehung aller Zeiten verschafft, sondern ich suche einen Menschen, dem ich mich verbunden fühle.«

Eine Partnerschaft kann sehr instabil sein, sogar unglücklich, trotzdem aber ein Labsal für die Seele. Manchmal öffnen sich dabei Türen zum eigenen Ich, die vorher nicht einmal vorhanden waren.

Gelegentlich erklären Frauen, daß sie durch ihre Liebe mehr Freude empfinden, mehr das Gefühl haben, sie selbst und lebendig zu sein – sogar in einer schwierigen Partnerschaft –, als das vielleicht in einer stabileren oder angenehmeren Partnerschaft der Fall wäre:

> »Ich betrachte meine Beziehung nicht als Quelle des Glücks. Ich selbst bin die Quelle meines Glücks. Meine Partnerschaft gibt mir genau das, was sie mir gibt, nicht irgend etwas Besonderes, das ich von ihr erwarte. Ich liebe ihn, weil er so ist, wie er ist, was er ist, was wir gemeinsam sind. Manchmal bedeutet das Glück, manchmal nicht. Ich bleibe bei ihm, weil ich mich ihm tief verbunden fühle, und mindestens drei Viertel unserer Zeit fühle ich mich ausgefüllt. Das ist mir eigentlich genug.«

Wenn die Beziehung keine Zukunft hat, ist sie dann Zeitverschwendung?

Manche Frauen erzählen, ihre Liebesaffären seien zwar durchaus nicht auf Dauer angelegt, aber doch sehr bedeutsam für sie. Solange eine Liebesbeziehung nicht destruktiv ist, braucht sie nicht grundsätzlich schlecht zu sein, auch wenn sie nicht lange anhält – Hauptsache, sie gibt Ihnen etwas, das Sie brauchen.

Es ist überhaupt keine Schande, eine unvollkommene Beziehung zu erleben, die ein paar Makel hat. Wenn wir uns ganz geben, unsere Liebe geben, unsere Loyalität, und dann verrät uns die geliebte Person oder verändert sich – so heißt das noch lange nicht, daß wir uns eben nie hätten auf sie einlassen sollen. Wir haben nicht etwa einen Fehler gemacht, indem wir liebten. Das Lieben selbst, das wunderbare Gefühl, geliebt zu haben, ist ein Teil der schönen Seiten einer Beziehung.

Wie »glücklich« ist eine sogenannte normale Partnerschaft?

Von all den Dingen, die Sie in einer Partnerschaft suchen – wieviel davon sollten Sie auch tatsächlich darin finden? Was heißt eigentlich »gut«? Wann fängt »weniger gut« an, scheußlich zu werden? Und wann wird »unvollkommen« unerträglich?

»Erst nach vielen Jahren konnte ich unsere Partnerschaft wirklich akzeptieren, ohne mir andauernd sagen zu müssen, daß wir nicht verheiratet sind, daß ich mehr Geld verdiene als er, daß wir keine Kinder haben und so weiter und so weiter. Ich glaubte lange, nicht wirklich erwachsen zu sein und eine irgendwie ungenügende Partnerschaft zu haben. Du lieber Himmel! Schließlich war ich doch glücklich! Warum sollte ich in meinem Leben eigentlich die Vorstellungen anderer Leute verwirklichen?«

Wenn Sie siebzig Prozent dessen bekommen, was Sie wollen, reicht das? Sind achtzig Prozent genug? Für die Umgebung? Für Sie selbst? Es könnte sein, daß Sie lieber allein leben wollen, wenn Sie nicht zu hundert Prozent nur die schönen Seiten erleben können. Oder wenn Sie nicht eine Partnerschaft haben können, in der Sie niemals abschätzige Bemerkungen hören, niemals erleben müssen, daß er sich Ihnen gegenüber herablassend verhält, und in der Sie nicht dauernd Energie damit verschwenden müssen, ihn zum Reden zu bringen, zum richtigen Reden und zum Zuhören. Durchaus möglich, daß Sie damit die richtige Wahl treffen: Das hängt ganz von *Ihrem* Leben und *Ihren* Bedürfnissen ab.

Nicht reden können über die schlechten Seiten

Die meisten Frauen berichten, daß sie zwar mit einer oder zwei Freundinnen gut über allgemeine Probleme sprechen können, daß es aber sehr schwierig sei, über die beängstigenden emotionalen Momente ihrer Beziehung mit anderen zu reden.

»Ich habe meiner Schwester nicht erzählt, was passiert ist, weil ich schon vorher wußte, was sie sagen würde: ›Warum läßt du ihn nicht einfach sitzen?‹ Und natürlich weiß sie ja nicht, wieviel Gutes er mir auch gegeben hat.«

Wir leben oft in einer sehr guten Beziehung, meinen aber doch, daß wir die negativen Seiten (und vor allem natürlich die fürchterlichen) vor Freunden und der Familie verbergen müssen, weil wir Angst davor haben, Vorwürfe zu bekommen oder schräg angesehen zu werden, wenn wir weiterhin bei diesem Partner bleiben.

Viele Frauen sagen, sie möchten nicht, daß andere über die Kräche mit ihrem Partner Bescheid wissen, und zwar aus folgenden Gründen:

»Er ist sehr temperamentvoll, und wenn wir streiten, redet er sich in Rage, schreit und stampft in der Wohnung herum. Ich mag das irgendwie, wenn er sich wie ein ›italienischer Papa‹ benimmt, wie ich das immer nenne. Meine zwei Freundinnen, die unter uns wohnen, sind aber überzeugt, daß ich in einer beschissenen Partnerschaft lebe, und schauen ganz schockiert drein, wenn sie uns eine Stunde später beim Schmusen und Zärtlichsein beobachten. Warum können sie nicht einfach begreifen, daß wir unsere Probleme, bislang zumindest, am besten durch diese Auseinandersetzungen aufarbeiten? Und überhaupt, was geht es sie eigentlich an? Warum müssen sie sich diese Richtermiene anmaßen? Warum so überlegen tun?«

»Unsere Kräche machen mich richtig fertig. Wir streiten fast jeden Abend. Am Morgen, auf dem Weg zur Arbeit, fühle ich mich dann scheußlich. Ich habe mit meinen Freundinnen über diese Schwierigkeiten geredet, als die Beziehung mit ihm noch am Anfang stand, aber jetzt ist es mir zu peinlich – sie würden sich sicherlich fragen, warum ich überhaupt bei ihm bleibe.«

»Unser Freundeskreis bestand nur aus seinen Freunden, und wenn ich versucht habe, mit ihnen über unsere Streitigkeiten zu sprechen, haben sie ihn immer irgendwie verteidigt und gemeint: ›Schimpfen nutzt da gar nichts, er haut dir noch ab.‹ Oder: ›Nimm's nicht so schwer!‹ – als ob ich eine solche Behandlung verdient hätte! Ich fühlte mich nur noch schlechter und hörte schließlich ganz auf, darüber zu reden.«

Wie kommt es bloß, daß wir allzuoft mit niemandem über die wirklich schlimmen Dinge reden können, die sich in unseren Partnerschaften ereignen? Und wir glauben, wir würden den Respekt unserer Freunde verlieren, wenn sie wüßten, wie schrecklich es manchmal ist, wie erniedrigend, was zwischen uns abläuft?

»Die anderen sollten akzeptieren, daß man zwar an einem Tag Streit haben kann, ohne daß das gleich bedeutet, die gesamte Partnerschaft sei schlecht. Schwierigkeiten zu haben ist keine Schande.«

Liegt es vielleicht daran, daß es als peinlich gilt, wenn ein Mann eine Frau respektlos behandelt, weil es als sozialer Makel angesehen wird, als Symbol der Machtlosigkeit und Ungleichheit der Frau?

Was wir bei all diesen Erwägungen zunächst einmal herausarbeiten sollten, ist folgendes: In manchen Dingen Kompromisse zu schließen bedeutet nicht gleichzeitig, daß Sie nicht wissen, was Sie wollen, oder keine Ahnung haben, was Sie da eigentlich tun. Unangenehme Seiten einer Partnerschaft zu akzeptieren kann für Sie persönlich durchaus eine Möglichkeit sein, auch die guten Seiten genießen zu können. Vorübergehend kann es dazu dienen, bestimmte Gefühle zu erforschen, die in Ihnen hochsteigen, oder Aspekte eines anderen Menschen zu entdecken, über den Sie mehr erfahren wollen.

Zweitens müssen wir erkennen, daß unsere Gesellschaft ein schädliches und meist schwarz-weiß gezeichnetes Modell von Beziehungen aufstellt. Wenn Frauen immer nur hören, daß sie »masochistisch« seien, weil sie in einer nicht ganz perfekten Partnerschaft bleiben, dann mag es wohl nicht Wunder nehmen, wenn sie in ihrem Freundeskreis über ihre Schwierigkeiten einfach nicht mehr sprechen. Diese Angst, als Masochistin bezeichnet zu werden, sowie Loyalitätsgefühle einer geliebten Person gegenüber lassen Frauen genau dann verstummen, wenn sie ihre Freundinnen und Freunde am meisten bräuchten.

Das Schlimmste an der Sache ist: wenn Sie mit Ihren Freundinnen und Freunden nicht ernsthaft reden können, fällt es Ihnen auch schwerer, Ihre Probleme zu durchdenken und zu lösen. Es fällt schwerer, die guten von den schlechten Seiten zu trennen, das Gute zu genießen und das Schlechte zu verändern oder den Entschluß zu fassen, die Partnerschaft abzubrechen beziehungsweise in der Partnerschaft Wesentliches zu verändern.

Zwangsisolierung in einer Partnerschaft

Eine Frau beschreibt diesen Teufelskreis, der mit dem Verschweigen gegenüber Freundinnen beginnt und in Vereinsamung endet:

> »Lange Zeit hindurch habe ich nie mit jemandem darüber gesprochen, wie zornig und verletzt ich oft war. Ich wollte damit nicht herausrücken, weil die Leute denken sollten, daß wir eine gute Beziehung hätten, daß es mir darin gutginge und ich die Sache im Griff hätte. Problematisch dabei war natürlich, daß ich mich richtig isoliert und allein fühlte.«

Wenn Sie mit Ihren Freundinnen nicht darüber reden können, was in Ihrer Beziehung nicht klappt (und das macht ja vielleicht nur einen kleinen Teil Ihrer Partnerschaft aus, ist aber trotzdem scheußlich), verlieren Sie den Kontakt zu ihnen. Sie müssen lügen und können sich nicht ehrlich und ungezwungen geben. Das hilft Ihnen sicherlich nicht, mit Ihren Beziehungsproblemen besser fertig zu werden, so daß schließlich alles nur noch schlimmer wird.

Frauen fühlen sich oft dann am einsamsten, wenn sie in einer schlechten Partnerschaft leben – viel einsamer, als wenn sie allein leben würden. Sie können nicht mit ihrem Partner reden, aber auch nicht mit ihren Freundinnen. Kein Wunder also, daß viele Frauen zu Psychologen pilgern und sich mit Beruhigungsmitteln vollstopfen.

Eine Frau hat einen Weg gefunden, das zu vermeiden:

»Ich habe einige sehr alte Freundinnen, noch aus dem College. Einmal im Monat kommen wir zusammen und schimpfen uns so richtig über unsere Ehemänner und Freunde aus. Es funktioniert ganz phantastisch. Und es ist eine sichere Sache: Alles bleibt unter uns, nichts dringt nach außen. Und keine erwartet von der anderen, beim nächsten Mal dasselbe zu sagen oder irgend etwas zu erklären. Ich kann es nicht beschreiben. Es ist ganz einfach toll.«

Wenn Sie einer Freundin brühwarm berichten, was er gestern abend schon wieder angestellt hat, und am nächsten Tag schwärmen Sie dann davon, wie sehr Sie sich freuen, daß er bald kommt, dann werden Sie wohl einen zumindest erstaunten, wenn nicht gar mißbilligenden Blick ernten – außer Sie erklären ihr, wie Sie das Problem von gestern abend gelöst haben. Wir müssen begreifen, daß eine Freundin das Recht haben muß, mit uns ihre Probleme zu besprechen; aber das heißt nicht automatisch, daß von uns ein Urteil verlangt wird oder daß wir ständig nachfragen sollten, warum sie noch mit jemandem lebt, der so schlimme Dinge tut. Wir müßten in der Lage sein, Beziehungsprobleme zu diskutieren, ohne uns vorhalten lassen zu müssen, wir verhielten uns gegenüber unserem Partner unloyal, und ohne die unausgesprochene Frage zu gewärtigen: »Wenn es dir nicht paßt, warum läßt du ihn dann nicht einfach stehen?« Wie sonst könnten wir die Probleme verstehen lernen und versuchen, eine Lösung zu erarbeiten?

Und schließlich denken Sie auch an eines: Wenn es Ihnen gerade peinlich ist und Sie Schuldgefühle haben, weil Sie in Ihrer Partnerschaft mal wieder einen Kompromiß geschlossen haben, dann sorgen sich Ihre Freundinnen wahrscheinlich ebensosehr, *Sie* könnten das, was in ihren eigenen Beziehungen vorgeht, ganz und gar nicht in Ordnung finden! Auch Ihre Freundinnen haben Schuldgefühle! Wenn wir einfach miteinander reden könnten, ohne Angst, daß wir nicht akzeptiert werden, dann könnten wir uns weniger isoliert und selbstsicherer fühlen und einander mehr emotionale Unterstützung geben – und außerdem auch noch Spaß daran finden, über die Dinge zu reden. Frauen als Masochistinnen zu bezeichnen ist Teil des schädlichen Gefühlsvertrags, den wir ändern müssen. Das ängstliche, eingeschüchterte Verstummen der Frauen voreinander ist eine weitere Methode der Gesellschaft, Frauen einander zu entfremden, sie zu entzweien (und damit zu beherrschen).

Dürfen Sie in Ihrer Partnerschaft Ihre eigenen Bedürfnisse befriedigen, oder müssen Sie sich dabei schuldig fühlen?

Haben Sie auch so ein vages, bohrendes Gefühl, daß Sie mehr für ihn tun sollten – daß Sie ihn stärker lieben sollten, mehr tun, um ihn glücklich zu machen, oder versuchen, die Beziehung noch enger zu gestalten?

Nicht wenige Frauen fühlen sich irgendwie schuldig, wenn sie die Partnerschaft einfach so nehmen, wie sie ist, und sie auf ihre Weise genießen. Sie haben dann das Gefühl, daß sie sie mißbrauchen:

> »Er kocht fast jeden Abend. Ich komme von der Arbeit nach Hause, und er ist schon da und kocht. Die Einkäufe hat alle er gemacht – alles! Das ist wirklich schön, obwohl natürlich einige andere Sachen in der Beziehung nicht funktionieren. Ich weiß nicht, ob er es wirklich gerne tut oder ob das nur seine Art ist, Unschönes wieder gutzumachen – über das wir natürlich nicht direkt sprechen. Ich weiß nicht, ob ich das einfach genießen kann oder die Partnerschaft lieber beenden sollte. Oder gar, ob er mir nicht eines Tages an den Kopf werfen wird, wie unfair ich mich verhalte, wie sehr ich ihn ausnütze, indem ich ihn immer kochen lasse!«

»Zu Hause oder bei ihm trage ich immer schlampige, alte Klamotten, manchmal auch Lockenwickler. Ich arbeite vor mich hin und rede nicht viel, ich bin nicht sehr gesprächig. Wenn wir aber mit Freunden ausgehen, putze ich mich groß heraus. Ich lege das große Make-up auf und so weiter. Zu Hause laufe ich gerne ohne Parfüm und Make-up herum, frage mich jedoch, ob ich nicht meinen Teil der Partnerschaft vernachlässige. Sollte ich mich nicht mehr bemühen, zivilisierter auszusehen? Stärker versuchen, sexy zu wirken?«

Eine andere Frau macht sich Sorgen darüber, daß sie ihre Beziehung aus einem »unzulässigen« Grund mag. Sie ist nämlich anders, als Beziehungen angeblich sein sollen, ist nicht »emotional ausgereift«:

»Ich bin Dramatikerin, und das absolut Tollste für mich ist, wenn er mit mir vor einer Vorstellung den Saal betritt. Wir sind richtig gut angezogen, und ich fühle mich sehr elegant. Er trägt seinen dunkelblauen Zweireiher und sieht sehr beeindruckend aus. Außerdem ist es ein tolles Gefühl, jemanden hinter sich zu wissen, der einem Sicherheit gibt. Wir haben aber keine tiefe Beziehung, er ist nicht etwa jemand, in den ich mich Hals über Kopf verliebt habe, er versteht vielleicht gar nicht, was ich denke und wovon meine Stücke handeln – aber für mich ist er vollkommen, in vielerlei Hinsicht. Nach der Vorstellung bringt er mich nach Hause, oder wir gehen noch zum Abendessen. Ein ganz schönes Luxusleben. Sorge macht mir nur, daß es vielleicht nicht gerecht ist, ihn auf diese Weise auszunützen. Natürlich macht ihm das alles auch Spaß, aber ich weiß nicht so recht, sollte ich nicht eine echte Partnerschaft mit jemandem anstreben? Mag ich ihn bloß wegen seines Aussehens? Ist das in Ordnung?«

Manchmal fühlen sich Frauen auch schuldig, weil sie Spaß an Dingen haben, die ihnen eigentlich keinen Spaß machen sollten:

»Ich habe das Gefühl, daß er im Grunde immer für mich da ist. Das ist vielleicht sehr unemanzipiert oder sogar unmöglich – ich weiß, ich sollte selbstbewußter sein, aber ich mag es, wenn er mich umsorgt. Ich mag es, wenn er beim Abendessen im Restaurant für mich mitbezahlt. Das ist natürlich schlimm, ich weiß.«

»Vor ein paar Tagen waren wir auf einem Picknick. Wir stiegen hinauf in die Hügel, und er packte mich und bumste mich an Ort und Stelle! Ich war begeistert! Ich fand es toll, mich ganz in seiner Gewalt zu fühlen. Was meine Freundinnen dazu sagen würden – ich möchte gar nicht daran denken!«

»Einer erwachsenen Frau darf es nun einmal nicht gefallen, wenn ihr Mann sie am Kinn nimmt und sie Mäuschen nennt. Ich fühle mich aber sehr weiblich und angebetet, wenn er das tut. Bin ich hoffnungslos zurückgeblieben?«

Nützen Sie ihn wirklich aus, wenn Sie a) mit Lockenwicklern herumlaufen? b) nicht jeden Abend auf sexy machen? c) ihn im Bett auch manchmal als Macho mögen? – Natürlich nicht!

Was ist eine gute Partnerschaft?

Gute Beziehungen gibt es natürlich viele. Eine Standardbeziehung, eine Art allseits akzeptiertes Modell, an das sich alle halten sollten, existiert nicht. Und es kann durchaus sein, daß Ihnen in einem bestimmten Lebensabschnitt eine Partnerschaft gefällt, die Ihnen zu einer anderen Zeit überhaupt nicht zusagt.

Frauen beschreiben im folgenden einige Formen von Beziehungen – welche gefiele Ihnen für Ihren jetzigen Lebensabschnitt am ehesten?

»Vor etwa einem Jahr beschlossen wir, zusammenzuziehen. Die Basis unserer Partnerschaft ist, daß wir füreinander da sind und das einander in Form alltäglicher Kleinigkeiten zeigen, wie tägliches Beisammensein, gemeinsam sparen, um etwas für unser Zuhause zu kaufen, dem anderen den Rücken zu massieren, wenn er sich müde fühlt, füreinander zu kochen – also die ganz alltäglichen Freuden! Ich fühle mich wohl dabei, sicher sein zu können, daß er für mich da ist.«

»Mein Freund ist Pilot. Wir sehen einander einmal im Monat für ein langes Wochenende. Ich war schon mal verheiratet – eine ganz normale Ehe – und mochte es gar nicht. Ich brauchte Raum. Jetzt habe ich ihn! Ich kann unabhängig sein und bin emotional doch ausgefüllt. Mein Leben ist plötzlich ausgewogen.«

»Wir gehen etwa einmal pro Woche aus. Super. Wir gehen meistens auf Partys und treffen dort einen ganzen Haufen Freunde. Wir sind Mitglieder in einem Tanzverein, und da wird meist recht wild getanzt und musiziert – lateinamerikanische Tänze, Jazz und so. Es ist einfach toll, sich richtig aufzumotzen dafür und dann loszutoben. Jede Woche freue ich mich schon darauf.«

»Wahre Liebe ist eine sehr erdverbundene Sache. Sie bedeutet, sich mit schmutzigen Kleidern am Boden abzufinden, das Badezimmer sauberzumachen, wenn er sich dort übergeben hat, zurückzukommen, wenn Sie noch richtig wütend auf ihn sind, jeden Abend neben ihm zu sitzen, wenn er sich Fernsehsendungen ansieht, die Sie einfach nicht ausstehen können. Unsere Liebe ist sanft und ruhig und wenig fordernd. Sie vermittelt Sicherheit und Stabilität, sie ist stetig und stützend und vergebend.«

Welche dieser Partnerschaften würden Sie wählen? Es gibt viele Arten von Beziehungen, die funktionieren (und sind sie etwa alle vollkommen?) Hätten Sie eine von diesen für sich ausgesucht? Vielleicht haben Sie eine andere Vorstellung von Ihrer idealen Beziehung. Vielleicht haben Sie sich dazu entschieden, überhaupt keine Partnerschaft einzugehen.

Für Sie persönlich sollte nur wichtig sein, was *Sie selbst* zu einer bestimmten Zeit wollen. Es ist *Ihre* Wahl.

Die nachfolgenden Fragen sollen Ihnen helfen, die Frage zu beantworten, ob Ihre Partnerschaft Ihrer Meinung nach gut und glücklich ist – und welche schönen Seiten Sie an ihr finden können:

- Sind Sie jetzt verliebt? Woher wissen Sie das?
- Fühlen Sie sich wohl in dieser Beziehung? Kommen Sie darin weiter, lernen Sie etwas dazu? Gibt es Schwankungen, die zugleich schmerzlich und doch wichtig sind? Freunde? Wo ist die Kehrseite der Medaille? Wie wichtig ist die Partnerschaft?
- Welcher Teil Ihrer Beziehung ist Ihnen am wichtigsten? Ist es Liebe, Leidenschaft, Sex, Geld, tägliche Gemeinsamkeiten oder die Beständigkeit einer langfristigen Partnerschaft? Aus welchem tieferen Grund hängen Sie an dieser Beziehung?
- Sind Sie »glücklich« in Ihrer Partnerschaft? Kommen Sie weiter? Können Sie sich vorstellen, den Rest Ihres Lebens mit diesem Partner zu verbringen? Was würden Sie gerne ändern?
- Ist die Liebe, die Sie geben und erhalten, die Liebe, die Sie wollen? Haben Sie in Ihrem Freundeskreis, in einem Buch oder in einem Film eine andere Art von Partnerschaft kennengelernt, die Ihnen spannender erscheint?
- Fühlen Sie sich schuldig, daß Sie eine Beziehung schön finden, die von Ihrer Familie, Ihren Freundinnen und Bekannten nicht für »gut«, »richtig« oder »glücklich« gehalten wird, obwohl Sie selbst der Meinung sind, daß sie der Mühe durchaus wert ist?
- Suchen Sie Beständigkeit in der Beziehung – gleichgültig, ob Sie sie haben oder nicht? Fühlen Sie sich schuldig, weil Sie Beständigkeit wollen/nicht wollen??
- Fühlen Sie sich schuldig, weil Sie Seiten der Partnerschaft mögen, von denen Sie wissen, daß sie allgemein als unemanzipiert angesehen werden? Worum handelt es sich dabei? Wenn er mit Ihnen wie zu einem Mäuschen spricht? Wenn Sie außergewöhnliche sexuelle Wünsche haben? Wenn Sie sich feminin

anziehen oder so verhalten? Wenn Sie ihm die Finanzen überlassen?

- Was bedeuten Ihnen die Finanzen? Wer verdient mehr Geld? Wer zahlt mehr? Wie fühlen Sie sich dabei?

Die Beziehung richtig genießen

Also: Sie haben alle Fragen beantwortet und wissen jetzt, daß die Beziehung, in der Sie leben, mehr positive als negative Seiten hat. Worauf warten Sie noch? Legen Sie los! Wir stellen Ihnen alle Signale auf Grün! Mehr noch, wir steigen aufs Gas!

Einige Frauen haben uns das so beschrieben:

»Freitag abends nach der Arbeit holen wir uns in einem kleinen Laden etwas zu essen und zu trinken, ziehen dann unsere Pyjamas an, schnappen uns Katze, Hund und meinen Sohn (er ist drei) und schauen uns im Bett Comics und alte Filme an. Da bleiben wir den ganzen Abend. Mein Sohn erfindet Geschichten und erzählt sie uns. Wir genießen diese Nähe, das Zusammensein. Ich schaue hinüber zu meinem Mann und denk' mir, und wenn ich für den Rest meines Lebens alle Abende so verbringen müßte, wäre das auch noch immer nicht zu viel.«

»Am besten geht es mir, wenn wir zusammen im Bett liegen und bis in den frühen Morgen miteinander reden. Wir erzählen einander alles, was uns durch den Kopf geht – dumme Witze, tiefe Gedanken, Dinge, die uns quälen –, oder wir hören uns Musik an. Etwa dreimal in der Woche schlafen wir miteinander. An den anderen Abenden fummeln wir nur ein wenig herum (und manchmal kommt es dabei einem von uns, während der andere anmachende Worte murmelt), und dann dämmern wir so allmählich hinüber – es ist einfach toll.«

»Irgendwo habe ich eine Sammlung von Liebesgedichten gefunden, eine Art Anthologie. Wir verstehen nicht sehr viel von Literatur, aber wenn wir einander diese Gedichte vorlesen, ist das schon etwas ganz Besonderes.

Gestern abend las er mir aus dem *Propheten* von Kalil Ghilbran und einige Sonette von Shakespeare vor. Wir zündeten Kerzen an und nahmen sie mit in unser Schlafzimmer (unser Schlafzimmer hat nur Platz fürs Bett, aber wir lieben es ganz besonders!). Es war so ruhig, so friedlich. Wir liebten uns dann sehr langsam, und ich hatte tief innen das Gefühl, ganz zu ihm zu gehören, zu Hause zu sein.«

»Er sagt mir zärtliche Worte. Danach entkleiden wir einander und reiben unsere Körper aneinander. Dabei werde ich sehr erregt. Er erzählt mir ein paar exotische, wirklich aufregende sexuelle Phantasien, in denen er mich sieht, und legt seinen Finger gerade so eben an die Öffnung meiner Vagina oder auf meine Klitoris, um mich aufzugeilen, mir Lust auf mehr zu machen. Ich komme richtig in Fahrt und masturbiere mich oft selbst dabei. Wenn ich es dann nicht mehr aushalte, steige ich auf ihn drauf, und er hämmert in mich hinein – ich liebe das –, bis er kommt, in einem zitternden, massiven Zusammenzucken. Er fällt zurück und sagt mir, daß er mich liebt.«

»Wir haben viele gemeinsame Interessen, und unsere glücklichsten Tage sind, wenn wir sie gemeinsam verbringen können. Wir gehen am Nachmittag spazieren, schauen uns Antiquitätenläden an, finden kleine Sachen, die wir kaufen wollen, essen Eis (was wir nicht sollten) und gehen dann ins Kino. Danach gehen wir nach Hause und essen gemeinsam zu Abend oder besuchen Freunde. Es gehört zu den schönsten Dingen auf der Welt, einen Tag mit dem Mann zu verbringen, den man liebt, und all diese Dinge miteinander zu teilen – später fallen wir dann in Schlaf im Bewußtsein, alles gemeinsam erlebt zu haben.«

»Ich mag es, wenn er mir ständig sagt, daß ich schön bin und daß er mich liebt. Er läßt mich fühlen, daß ich der Mittelpunkt seines Universums bin. Ich mag es, daß er mich begehrt und sich von mir erregen läßt. Ich mag seinen Körper und seine Art, seine Persönlichkeit und seine Seele, den Ausdruck auf seinem Gesicht und die Gesten seiner Hände. Wenn er mich in seine Arme nimmt, vergesse ich alles um mich herum außer seinem Geruch, seiner Stimme, der Wärme unserer Körper.«

Trotz der Zeitschriftenartikel, in denen Ihnen immer wieder weisgemacht wird, daß Sie wahrscheinlich schwer neurotisch sind, wenn Sie sich weiterhin mit einer nicht so ganz perfekten Partnerschaft abgeben, hoffen wir, daß Sie jetzt ein etwas realistischeres Bild gewonnen haben.

Es ist ausnehmend wichtig zu wissen, daß Sie sich keineswegs schuldig fühlen müssen, wenn Sie in einer nicht ganz vollkommenen Beziehung das genießen, was Sie daran schön finden. Sicherlich gibt es auch hier Abstufungen, und nicht jede Beziehung ist es wert, daß man an ihr hängt. Wenn Sie aber meinen, daß es sich in Ihrem Fall lohnt, dann sollten Sie sich auch nicht schuldig fühlen. Bedenken Sie, es ist immer nur Ihre Meinung, die zählt.

Trotz der Diskussion darüber, welche Art von Liebe als »wahre Liebe« zu bezeichnen sei, oder ob Sie eine dauerhafte Beziehung haben wollen oder nicht, ist es einfach wunderbar, wenn Sie eine Beziehung gefunden haben, in der Sie leben können. Und wie wir wissen, passiert so etwas nicht jeden Tag. Wenn Sie in einer Partnerschaft leben, die Sie ausfüllt, um so besser für Sie! Genießen sie sie!

Sich als Single wohlfühlen (auch wenn die ganze Welt kopfsteht)

»Allein zu leben ist das Allerbeste! Ich kann tun, was ich will, denn ich bin frei! Ich habe viel mehr Energie für mich selbst übrig, denn ich muß mich nicht immer mit einem anderen Menschen auseinandersetzen und mit ihm Kompromisse schließen. Ich räume im Haus herum, lese, gehe ins Kino, gehe zum Essen aus, tanze und mache Reisen – alles, wann und wie ich will. Allein zu leben hat zwar auch weniger schöne Seiten, aber es macht großen Spaß!«

»Ich liebe das Leben! Wie merkwürdig, als ich noch mit ihm beisammen war, habe ich das nie gesagt. Vielmehr habe ich immer gesagt: Ich liebe *ihn*. Nun kann ich ehrlich behaupten, daß mein Leben ausgefüllter ist als je zuvor. Die Leute fragen sich, warum ich ungebunden bin, warum nicht irgendein ›Glücklicher‹ mich ›eingefangen‹ hat. Da kann ich nur lachen. Was für eine altmodische Ansicht! Ich bin die Glückliche, ich habe mich selbst gefunden!«

Die meisten Frauen leben gerne als Single

Die meisten unverheirateten Frauen bestätigen, daß sie ihre Freiheit und ihre Unabhängigkeit lieben, welche Probleme sie sonst auch immer haben mögen. Sie schätzen die Möglichkeit, viele neue Menschen kennenzulernen und ihr eigenes Leben zu leben:

»Ich finde es einfach toll, tun zu können, was ich will und wann ich es will – was immer das auch bedeuten mag! Herumliegen, mich richtig gehen lassen und den reinsten Schund lesen – oder mich toll anziehen und in eine Disco gehen, mich austanzen.«

»Allein zu verreisen ist eine meiner Lieblingsbeschäftigungen. Ich liebe das Gefühl, nicht auf jemand anders Rücksicht nehmen zu müssen und allein für mich verantwortlich zu sein. Mich nicht mit jemandem abstimmen zu müssen. Wenn ich einen treffe, mit dem ich das alles teilen will, in Ordnung. Aber momentan ist es mir so lieber.«

»Es ist ein tolles Gefühl, das Leben eigenständig zu planen. Zu flirten, mit wem man will, nach Hause mitzunehmen, wen man will – oder halt auch nicht, wenn man nicht will. Die Wohnung so einzurichten, wie man es am liebsten hat, mit niemandem übers Aufräumen streiten und auf keinen anderen Geschmack Rücksicht nehmen zu müssen.«

Viele Frauen, vor allem solche, die vorher in unbefriedigenden Dauerbeziehungen gelebt haben, genießen ihre Freiheit uneingeschränkt:

»Auch der schlechteste Tag ist jetzt um hundert Prozent besser als früher, als ich noch eine feste Beziehung hatte!«

»Ob ich nun um sieben oder acht Abendessen kochen will oder überhaupt nicht – ich kann immer machen, was ich will. Wenn ich zwei Wochen lang nicht Wäsche waschen will, muß ich nicht! Wenn ich die halbe Nacht durchlesen will, beschwert sich niemand. Und wenn ich am Samstag herumlaufen will wie eine alte Hex' und mich den ganzen Tag nicht richtig anziehe, ist das meine Sache. Ich trage gerne für mich selbst die Verantwortung, und ich weiß, daß ich es allein schaffen und mich auf mich verlassen kann. Die Nachteile sind vielleicht, daß ich niemand Besonderen habe, der mich versteht und mich liebt, und daß ich niemandem all meine Liebe schenken kann. Aber mein Intimleben ist toll. Es gibt so drei oder vier Männer, mit denen ich gelegentlich zusammenbin, und ich genieße es vollauf!«

»Ich lasse offen, ob sich eine Liebesbeziehung entwickelt, aber momentan ist es auch nicht so wichtig für mich. Die Arbeit, die Freundinnen, ich selbst, das alles ist mir zur Zeit am wichtigsten. Ich finde es super, allein zu sein. Ich lebe derzeit ohne Sex. Offenbar ist es für mich nicht so wichtig, eine Liebesbeziehung zu haben. Unabhängigkeit ist das Motto! Freiheit! Es ist toll, allein zu Partys zu gehen, in Restaurants, Geschäfte und Kinos. Manchmal zwar ist mir danach, in Gesellschaft zu sein, und dann rufe ich Freunde an, aber manchmal muß ich einfach allein sein. Da ich das in meiner Ehe nicht konnte, genieße ich es noch immer sehr. Manchmal versuchen andere, mir das Gefühl zu geben, als sei das alles gar nicht in Ordnung, aber das ist deren Problem.«

Die meisten Frauen leben ihr halbes Leben lang allein!

Wie steht es nun mit der Vorstellung, daß alle »erwachsenen Frauen« verheiratet sind? Ist es nicht so, daß »richtige Frauen« verheiratet sind und Kinder haben?

Wenn Sie einmal die Jahre zusammenzählen (nach dem achtzehnten Lebensjahr), die vergehen, bevor eine Frau heiratet, dann die Jahre nach einer eventuellen Scheidung hinzuzählen (in den Städten sind inzwischen fünfzig Prozent geschieden) und dann noch mitzählen, wie viele Jahre lang eine Frau verwitwet ist (Frauen leben schließlich viel länger als Männer), kommen Sie rasch darauf, daß die Durchschnittsfrau *ihr halbes Erwachsenenleben lang* allein lebt. Mit anderen Worten: Single zu sein ist völlig normal!

Viele Frauen wählen das Single-Dasein

Immer weniger Frauen fürchten sich davor, allein zu leben. Die meisten Scheidungen werden von Frauen eingereicht. Auch wenn den Frauen klar ist, daß sich ihr Lebensstandard nach einer Scheidung meist verschlechtert, vor allem, wenn sie Kinder haben, entschließen sich doch immer mehr dazu, als Single zu leben.

Da es in Beziehungen anscheinend viele sozusagen eingebaute Vorurteile und Probleme gibt, wie Frauen sie in diesem Buch beschrieben haben, ist es ja auch ganz logisch, daß viele es vorziehen, allein zu leben – »Single« zu sein. Viele Frauen zögern auch die Heirat hinaus: Wie britische Regierungsstatistiken von 1988 zeigen, leben beispielsweise fünfundsechzig Prozent der britischen Frauen unter neunundzwanzig allein.

Wenn man sich anschaut, wie viele Ehen unglücklich sind (davon legt die fünfzigprozentige Scheidungsrate beredtes Zeugnis ab), und wenn man außerdem die große Zahl derjenigen hinzuzählt, die Familienberatungen aufsuchen – und dann noch die Frauen bedenkt, die von großen Schwierigkeiten in ihren Beziehungen mit Männern berichten –, sollte man eigentlich annehmen, daß Frauen sehr gerne allein leben und das auch als völlig normaler Lebensstil angesehen wird. Aber nein: Von einer Frau wird *immer noch* erwartet, daß sie in einer Beziehung leben muß, um ihren Wert unter Beweis zu stellen. Ironischerweise herrscht immer noch die Ansicht vor, mit einer Frau könne ja etwas nicht stimmen, wenn sie nicht verheiratet ist oder wenigstens in einer festen Beziehung lebt.

Was macht so ein nettes Mädchen wie du ohne Mann?

> »Manchmal habe ich das Gefühl, selbst wenn ich ein neuer Mozart wäre, würden meine Freunde und meine Familie mich immer noch fragen: ›Und wann heiratest du endlich? Hast du einen Freund?‹«

Die meisten Frauen lieben ihr Leben allein, aber wenn andere Leute ständig darauf bestehen, sie sollten keinesfalls allein leben und lieber »nach einem Mann Ausschau halten«, so nagt das manchmal am Wohlbefinden:

> »Die Leute, die immer meinen, ich sollte mich endlich mit einem Mann zusammentun und seßhaft werden, gehen mir schon auf den Wecker. Ich möchte das nicht, so einfach ist das. Wann hören sie bloß damit auf?«

»Alle scheinen zu glauben, ich hätte irgendeinen Defek
mand hätte mich gewollt. Die hat niemand geheiratet
muß etwas mit ihr nicht in Ordnung sein!«

»Ich wünsche mir von meiner Familie und meinen Freunden, daß sie es endlich akzeptieren, wenn ich sage, ich sei auch ohne feste Beziehung glücklich. Natürlich ist es schwer für sie, und sie wünschen mir nur das Beste, aber warum nehmen sie mir nicht einfach ab, daß ich glücklich bin? Ich nehme ihnen die ständige Unterstellung übel, daß ich nur ein armes, gescheitertes Wrack bin, das allein vorm Weihnachtsbaum sitzt und mit niemandem abends essen und dann fernsehen kann. Dabei bin ich kaum je allein. Immer ist wer da. Wenn die nicht aufhören, mich zu belästigen, breche ich den Kontakt mit ihnen eines Tages sicher ab.«

Weshalb gibt es alleinstehenden Frauen gegenüber eigentlich so viele Vorurteile? Ist es vielleicht nicht in Ordnung, allein zu leben und das schön zu finden? Müssen Sie denn unbedingt in einer Beziehung leben oder nach einer Ausschau halten, um als »normal« zu gelten? Und wenn Sie keine Beziehung eingehen wollen – halten die Leute Sie dann für äußerst merkwürdig?

Alleinstehende Frauen in den Medien-Klischees der achtziger Jahre

Frauen, die allein leben, wurden in den achtziger Jahren als ungefestigt dargestellt – sowohl sexuell als auch in ihrem Gefühlsleben; der Film »Fatal Attraction« war ein gutes Beispiel dafür. Im Fernsehen wurden alleinlebende Frauen auch häufig als »verbitterte Furien«, als vertrauensunwürdig und meist auch als neurotisch und unbefriedigt porträtiert. Viele Studien haben jedoch ergeben, daß alleinstehende Frauen sich glücklicher fühlen und verheiratete Frauen viel unzufriedener sind. Woher also kommt dieses negative Image?

In den siebziger Jahren herrschte natürlich ein ganz anderes Frauenklischee in den Medien vor: Verheiratete Frauen galten damals als langweilige Dummchen – unverheiratete hingegen als frei und supermodern! Doch dann kam AIDS, und politisch nahmen in vielen westlichen Ländern die Konservativen überhand. Das führte zu einem erneuten Image-Wandel: Alleinstehende Frauen erfüllen jetzt angeblich ihre »natürliche Rolle« nicht, und wir werden unentwegt mit Zeitschriftenartikeln bombardiert, in denen es um Frauen geht, die ihre Karriere aufgaben – ja, sie gar nicht schnell genug aufgeben konnten –, um endlich die tolle und erhebende Erfahrung des Kinderkriegens machen zu können. (Angeblich ist es auch ganz unmöglich, beides miteinander zu vereinbaren.) Das alles ist jedoch schon mindestens einmal geschehen: Nach dem Zweiten Weltkrieg wurde eine riesige Medienkampagne mit dem Ziel geführt, Frauen zum Verlassen ihrer Arbeitsplätze zu bewegen, damit Männer sie einnehmen konnten. Statistisch gesehen, hat die Zahl der außer Haus arbeitenden Frauen im 20. Jahrhundert jedoch ständig zugenommen, und heute sind die meisten Frauen, ob verheiratet oder alleinstehend, Arbeitnehmerinnen.

Das Medienklischee alleinstehender Frauen in den achtziger Jahren erreichte einen gigantischen Höhepunkt, als das Magazin *Newsweek* (vergleichbar hierzulande mit dem *Spiegel*, Anmerkung der Übersetzerin) die Schlagzeile brachte: Eine Frau, die mit fünfunddreißig noch nicht verheiratet sei, habe praktisch keine Chance, noch jemals zu heiraten. (Oh nein, wie entsetzlich!) Und zwar vor allem dann, wenn sie eine gute Ausbildung habe! Das Magazin verstieg sich sogar zu dem Vergleich, eine alleinstehende Frau über fünfundreißig habe größere Chancen, von einem Terroristen umgebracht als geheiratet zu werden...

Ein typisches Beispiel dafür, wie die Medien versuchen, einen bestimmten Lebensstil zu propagieren. In einer Werbung für eine neue Frauenzeitschrift wurde dieser Trend noch verstärkt, indem es hieß, sie richte sich speziell »an die Neuen Konservativen«: Abgebildet war eine Frau im (makellosen) Schneiderkostüm, daneben ein Kind (ebenfalls makellos gekleidet). Diese Anzeige versuchte uns klarzumachen, daß unser Platz sowohl in der Arbeit (Kostüm) als auch – und zwar weitaus deutlicher – bei unseren Kindern sei. Auf diese Weise verinnerlichen wir, daß wir uns ganz besonders fürs mittlere Management und für die

Arbeit in Dienstleistungsbetrieben eignen und deshalb natürlich auch kein höheres Gehalt erwarten sollten, denn wir wollen ja unseren Job »natürlich nicht allzu ernst nehmen!«

Die demographischen Veränderungen jedoch machen deutlich, daß in Zukunft mehr Frauen denn je in der Arbeitswelt gefragt sein werden. Ob wir dann wohl wieder erleben werden, wie sich der allgemeine Tenor ändert – diesmal zugunsten der »arbeitenden Frau«, auch wenn sie Single ist?

Eines ist sicher: Ob mit oder ohne Zutun der Medien, Frauen treffen künftig immer mehr ihre Wahl selbst. Und das heißt auch, daß sie sich dafür entscheiden, immer mehr Jahre ihres Erwachsenenlebens allein zu verbringen.

Wie sieht das Leben einer alleinstehenden Frau tatsächlich aus?

Fragt man die Frauen selbst, so ähnelt ihr Leben als Alleinstehende in keiner Weise den Medienklischees. Frauen lieben Männer zwar, aber sie lieben es auch, auf eigenen Füßen zu stehen. Sie lieben es, ihr Leben selbst in die Hand zu nehmen, sich den Luxus leisten zu können, sich voll auf ihre Arbeit zu konzentrieren, Zeit für ihre Freunde und Freundinnen, ihre Kinder und nicht zuletzt für sich selbst zu haben. Es macht ihnen großen Spaß, denken zu können, was sie wollen, ohne irgend jemandem dafür Rechenschaft ablegen zu müssen, und sich ein eigenes Leben aufbauen zu können.

Eine Frau drückt das so aus:

> »Es macht Spaß, sich einer Beziehung zu widmen, die gut läuft; aber es macht ebensoviel Spaß, sich der Beziehung zu *sich selbst* zu widmen!«

Eine andere Frau beschreibt einen typischen Tag in ihrem Leben:

»Ich fühle mich so glücklich, am liebsten würde ich es in alle Welt hinausschreien; ›Ich bin frei, ich bin frei!‹ Frei, mein Leben so zu gestalten, wie ich es will. Ich liebe meine Freundinnen, meine Arbeit meine Wohnung. Und meine süße Katze, Belinda! Ich bin einfach glücklich!

Etwas regt mich allerdings auf: wenn Menschen diesen mitleidsvollen Blick kriegen, sobald ich ihnen sage, daß ich allein lebe und alles allein mache. Offenbar glauben sie, daß sei alles sehr traurig und ich hätte bestimmt irgendwelche Probleme, denn andererseits sei ich ja durchaus hübsch. Warum also nur beißt keiner an? Sie stellen sich wahrscheinlich vor, ich läge jeden Abend verzweifelt im Bett, weil ich mich so einsam fühle, läse die Kontaktanzeigen und käme immer frustriert von Verabredungen heim, aus denen nichts geworden ist.

Und das wirklich Lächerliche am Mitleid der anderen ist, daß die glauben, ich sei die ganze Zeit allein – dabei bin ich kaum mal tatsächlich allein! Seit ich als Single lebe, bin ich mit viel mehr Menschen zusammen als früher, als ich noch Beziehungen hatte. Mein Leben ist nun wirklich nicht einsam, eigentlich eher bis an den Rand voll mit Menschen.

Mein Alltag ist so vollgestopft, daß ich kaum noch nachkomme: Um sieben Uhr früh stehe ich auf, dusche, spiele mit der Katze, meditiere, ziehe mich an und rufe eine Freundin oder meine Mutter an. Um halbneun treffe ich jemanden zu einem Arbeitsfrühstück oder gehe in mein Lieblingscafé. Dort habe ich eine total faszinierende Frau getroffen; sie ist Assistentin eines Philantropen und erzählt immer ganz toll von den gemeinsamen Reisen. Um Punkt neun Uhr bin ich im Büro. Meine Arbeit macht mir großen Spaß; ich arbeite in der Werbung und bin auch ziemlich gut. Ich werde sehr gut bezahlt. Die meisten Leute, mit denen ich zusammenarbeite, kann ich gut leiden, und wenn ich abends nach der Arbeit heimgehe, bin ich meistens recht zufrieden. Um zwölf Uhr mache ich Mittagspause; dann gehe ich ins Café oder in den Park, normalerweise mit einer Freundin, jeden Tag mit einer anderen. Wir reden, lachen und gehen die abendlichen Ereignisse in unserem Leben durch. Etwa um halb sechs verlasse ich das Büro und gehe direkt in die Gymnastik. Mein Trainer arbeitet hart mit mir. Ich verausgabe mich; dann gehe ich ins Dampfbad und treffe mich dort mit meiner Freundin Pam. Dann dusche ich und gehe heim. Abends sieht es meist so aus.

Um halb sieben bin ich wieder in meiner heißgeliebten kleinen Wohnung. Dort gehört alles *mir*, dort ist mein Zuhause. Ich höre den Anrufbeantworter ab und rufe ein paar Leute zurück, und dann ziehe ich mich für den Abend an. Meine beste Freundin kommt oft auf einen Tee herüber, aber wenn sie ebenfalls ausgeht, plaudern wir halt am Telefon, während wir uns beide schönmachen. Um halb acht gehe ich entweder mit einem Mann aus oder treffe mich mit Freunden zum Kino, im Restaurant oder zum Tanzen. Manchmal gehe ich auch zum spirituellen Workshop eines Vereins, dem ich mich angeschlossen habe. Gegen elf Uhr versuche ich zu Hause zu sein, und schmuse nach einem langen luxuriösen Schaumbad noch mit meiner Katze. Dazwischen noch weitere Telefonate! Und dann in mein prachtvolles Bett, mit einem schönen Buch oder dem Fernseher. Manchmal kommt eine Freundin mit und sieht sich mit mir zusammen etwas an. Um halb eins mache ich das Licht aus, bete und danke für einen schönen, ausgefüllten Tag, bevor ich in tiefen Schlummer versinke.

Ich weiß nicht, was Sie davon halten, aber ich genieße mein Leben sehr!«

Trotz des Klischees, alleinstehende Frauen seien »unbefriedigt« und »neurotisch«, fühlen sich die meisten weiblichen Singles recht wohl. Den größten Teil ihrer Zeit verbringen sie damit, zu arbeiten, Freundinnen oder Freunde zu treffen, bei ihrer Familie zu sein – und nicht etwa damit, in einem uralten Bademantel in der Ecke zu hocken, sich irgendeinen Schrott im Fernsehen anzuschauen oder sich nach ihrem Lieblingsrockstar zu verzehren.

Möchten Sie denn nicht lieber verheiratet sein?

Was heißt das eigentlich: allein leben? Interessanterweise erklären viele Frauen, daß sie sich in einer wenig liebevollen Beziehung mehr allein fühlen als im sogenannten Single-Dasein. Und zwar hauptsächlich deshalb, weil es viel einsamer und schrecklicher ist, mit jemandem zusammenzusein, dem man nicht nahe sein kann, als allein zu leben und das Leben, die Freundschaften zu genießen.

Immer wieder betonen Frauen, daß sie viele gute Freundinnen haben, manchmal lebenslange Freundschaften, und daß die Beziehung zu ihnen eigentlich die engste von all ihren Beziehungen ist. Kein Wunder also, daß alleinstehende Frauen sich viel weniger einsam fühlen. Sie haben mehr Zeit und Muße, sich mit ihren Freundinnen zu treffen, weil ihre Zeit und Energie nicht gänzlich von der Beziehung in Anspruch genommen wird. Und sie haben auch viel mehr Möglichkeiten, sich täglich akzeptiert und gemocht zu wissen:

> »Ich glaube, als ich mit ihm zusammen war, litt ich unter ständigen, wenn auch eher unbestimmten Depressionen. Ich merkte das aber erst, nachdem Schluß war. Er schloß mich immer von allem aus und zog sich in sich selbst zurück. Ich war allein, obwohl wir zusammenwaren. Jetzt habe ich wunderschöne Freundschaften, in denen ich mich *niemals* ausgeschlossen fühle. Ich habe mich noch nie einsam gefühlt, seit ich allein lebe.«

> »Ich würde sagen, eine der schönsten Seiten des Alleinseins ist die Entdeckung, daß ich tiefe, wertvolle Freundschaften habe. Zuvor hatte ich kaum genügend Zeit für sie, weil ich immer so mit meiner Ehe beschäftigt war. Heute habe ich Freundschaften, die mich viel mehr ausfüllen, als das meine Beziehung je tat, und ich kann auch wirklich für meine Freundinnen dasein. Ich entdecke dabei eine ganz neue Art zu leben.«

Gesellschaftliche Vorurteile, die Sie nur allzugut kennen

Sich gegen Klischees zu wehren ist kein Zuckerschlecken

Können Sie sich Gelegenheiten ins Gedächtnis rufen, in denen von Ihnen erwartet wurde, »als Paar aufzutreten«, »in Begleitung zu erscheinen« oder »mit jemandem zusammenzusein«? In solchen Situationen fühlen die Frauen selbst sich meist sehr wohl dabei, allein zu sein – nicht aber die Umwelt, die ihnen mit einer gewissen Nervosität oder auch Mißbilligung begegnet, so als könnten die Leute kaum glauben, daß die Frau freiwillig allein ist. Was macht sie hier überhaupt? Irgendwie ist sie doch in einer peinlichen Lage, und wahrscheinlich hat sie es nur darauf abgesehen, mit jedem Mann anzubandeln, der ihr hier über den Weg läuft!

Eine Frau erklärt, man gehe offenbar nicht nur davon aus, daß alle Frauen verheiratet sein sollten, sondern daß unverheiratete Frauen nichts Besseres zu tun hätten, als unentwegt zu versuchen, sich einen Mann zu angeln:

> »Ich verstehe immer noch nicht, warum alle Welt zu glauben scheint, Frauen wären ständig hinter einem Heiratskandidaten her. Die Leute meinen anscheinend, jede Frau, die noch nicht verheiratet ist, könnte es kaum erwarten, unter die Haube zu kommen. Von Männern wird so etwas nicht behauptet; jedenfalls höre ich sowas nie. Und selbst wenn eine Frau Lust hätte zu heiraten, was wäre daran so schlecht? Die Leute tun gerade so, als sei es das Allerscheußlichste und Schrecklichste, wenn eine Frau heiraten will, während es für jeden Mann erstrebenswert sein darf, die Ehe auf jeden Fall zu vermeiden!«

»Gierige Raubvögel, nur auf Beute aus!«

In einer solchen gesellschaftlichen Atmosphäre werden Frauen allzuoft als gierige Raubvögel angesehen, denen man nicht über den Weg trauen darf. Eine Frau erzählt, wie sie sich mit dem Vorurteil herumschlagen mußte, sie wäre doch ganz sicher nicht freiwillig allein ausgegangen:

»Eines Nachmittags saß ich nach einem kleinen Schläfchen noch im Bett, und die Sonne schien durch mein Fenster. Ich fühlte mich super, ich hatte aufgeräumt, war mit einer Freundin in eine Galerie gegangen und hatte dann gemütlich die Zeitung gelesen. Jetzt hatte ich plötzlich irrsinnige Lust auf indisches Essen. Ich *mußte* das einfach haben... und so blieb mir nichts anderes übrig, als in mein indisches Lieblingsrestaurant zu gehen. Dort wollte ich mein Essen genießen und das Buch ›Raj Quartett‹ lesen. Als ich eintrat, grüßte mich der Typ, der dort immer an der Tür steht, und sagte, er könne einfach nicht verstehen, wie ›ein so tolles Mädchen heute abend ganz allein essen gehen kann‹. In seinem Fall störte mich das nicht, denn er meint es nett und versteht nicht, daß ich das wirklich gerne mache. Es klang jedenfalls nicht herablassend. Was mich aber wirklich irritierte, war ein Mann, der dort allein saß und mich anstarrte. Ich versuchte, ihm klarzumachen, daß ich mich nicht gerne anstarren lasse und mich allein durchaus wohl fühle. Man kann das sehr gut zeigen, ohne allzu deutlich werden zu müssen. Die meisten Leute mit Manieren verstehen das sofort. Aber der doch nicht! Zuerst ließ er durch den Kellner einen Drink schicken. Ich ließ ihm ausrichten, daß ich mein Essen allein genießen wolle und keinen Alkohol trinke. Als ihm der Kellner das sagte, fing er an zu lachen. Er dachte offenbar, das könne unmöglich die Wahrheit sein, ich wollte nur Versteck spielen, denn wenn eine Frau allein ausgeht, so kann das nur bedeuten, daß sie a) entweder niemanden hat, der sie einlädt, oder daß sie b) aufgegabelt, gevögelt, eingeladen oder an einen möglichen Ehemann geraten will.

Ich ging auf die Toilette, und als ich zurückkam, saß er an meinem Tisch! Als ich ihn fragte, was er da mache, lachte er wieder und sprach den klassischen Satz: ›Warum gehen Sie allein aus? Irgendein Idiot hat Sie wohl heute abend sitzen lassen! Ein Jammer!‹ Und dabei starrte er mir auf die Brust und auf die Beine.

Mir stank das allmählich, ich forderte ihn in aller Deutlichkeit auf, mich in Ruhe zu lassen. Er war ganz beleidigt und sagte: ›Ach du liebe Zeit, was haben Sie denn? Es ist doch nichts dabei, wenn Sie jemand im Restaurant anspricht, oder? Was haben Sie denn erwartet? Dann dürfen Sie eben nicht allein ausgehen!‹

Schon wieder die alte Leier. Immer wieder gerate ich in Situationen, in denen ich mich total zufrieden fühle und keinen Gedanken daran verschwende, daß ich allein bin und daß das manchen Leuten vielleicht komisch vorkommt, und dann treffe ich immer wieder auf die gleichen blöden Vorurteile.

Die meisten Leute akzeptieren einfach nicht, daß ich allein bin, weil ich allein sein *will*. Die können sich das ganz einfach nicht vorstellen. Das macht mich richtig fertig. Mein Leben ist schön, nur die anderen gönnen es mir nicht. Sie möchten tatsächlich lieber glauben, ich sei einsam und deprimiert. Die Wahrheit interessiert sie nicht!«

Eine andere Frau beschreibt, wie solche Erlebnisse Frauen oft wirklich dazu bringen können, selber zu glauben, daß sie nicht allein ausgehen sollten, so daß sie entweder zu Hause bleiben oder nur mit einem Mann zusammen fortgehen:

»Ein alter Freund heiratete und lud mich zur Hochzeit ein. Es war eine ganz besondere Einladung für mich, da wir einander schon lange gekannt, uns dann aber aus den Augen verloren hatten. Es kam nir nie in den Sinn, jemanden mitzunehmen. Dort würde ich viele Freundinnen und Freunde treffen, und ich hatte keine Lust, irgend jemanden zu fragen, ob er mitkäme; ich wollte reden können, mit wem es mir Spaß machte, und gehen können, wenn mir danach war.

Nach der Feier gingen alle zum Empfang in ein wunderschönes altes Haus. Ich holte mir an der Bar einen Drink. Alle anderen dort waren Männer, als ob Frauen sich nicht allein ihre Getränke besorgen könnten. Ich fühlte mich komisch – sie dachten anscheinend, es sei eine Schande, niemanden dabeizuhaben, der mich bediente! Als ich dann anfing, mit den Leuten zu reden, fragte mich jeder und jede einzelne von ihnen, mit wem ich denn da wäre! Und als ich sagte: ›Mit niemandem, ich bin allein gekommen‹, zog eine der Frauen doch tatsächlich ein Gesicht und faßte mich am Arm und sagte mit so einer Stimme, als rede sie mit einem kleinen Kind: ›Oh, Sie armes kleines Ding! Wir müssen Ihnen jemanden besorgen.‹ Es war so blöd und peinlich. Schließlich ging ich und kam mir wie eine Exotin vor oder so was. Nach einer Weile fragt man sich nämlich schon selbst, ob da was dran sein könnte!«

Die meisten Frauen haben schon erlebt, wie ihre Umwelt einfach von ihnen erwartet, daß sie »in Begleitung« sind, und auf sie herabsieht, wenn dem nicht so ist.

»Sogar meine Freundinnen sind erstaunt, eine Frau vor sich zu haben, die zwar gut aussieht, aber keinen Mann hat. Sie können sich das nur so erklären, daß sie entweder arbeitswütig ist, oder seelisch labil oder lesbisch! Warum kommen sie eigentlich nicht gleich darauf, daß sie ihr Leben allein genießt?!«

Männer mit Ehephobie: Kann ich ihn überzeugen, daß ich ihn nicht heiraten will?

Viele Singles betonen, das ständige Medien-Gerede von ehewütigen Frauen hätte einen nachhaltigen Einfluß darauf, wie Männer sich ihnen gegenüber benehmen. Viele Männer gingen einfach davon aus, *alle* alleinstehenden Frauen seien davon besessen zu heiraten.

Die Frauen können mit diesem Vorurteil nur schwer umgehen, da es jede ihrer Handlungen beeinträchtigt. Was immer sie auch sagt oder tut, der Mann reagiert so darauf, als wolle sie ihn doch nur einfangen, wie diese Frau erzählt:

»Die Männer, die ich kenne, reißen ständig Witze über die Frauen, mit denen sie zusammen sind. Nur laufen die Witze heute etwas anders. Früher ging es immer nur um Frauen, die die Männer am Vergnügen hindern wollten und sich an sie hängten. Heute machen sie Witze über Frauen, die sie in Bars oder auf Feten treffen und die alle auf der Suche nach einem Ehemann sind. Was Medien und Bücher ständig über die Heiratswut der Frauen verbreiten, hat uns sehr geschadet. Es war schon früher schwer genug, die Männer davon zu überzeugen, daß wir sie nicht unbedingt heiraten wollten. Wir galten nur als raffinierte, manipulierende Weiber. Jeder Zentimeter, den wir gewonnen haben, ist wieder verloren. Nun müssen wir wieder ganz von vorne anfangen.«

Eine andere Frau beschreibt, was bei ihrem ersten Rendezvous passierte:

»An meinem neuen Arbeitsplatz traf ich einen Mann, der sehr gut aussah, gut angezogen und sexy war. Außerdem war er sehr aufmerksam und hörte immer zu, was ich zu sagen hatte, und zwar anscheinend wirklich interessiert und ernsthaft. Es sah so aus, als hätten wir große Chancen, uns gut zu vertragen.

Als er mich zum ersten Mal ausführen wollte, war ich sehr nervös. Schon seit längerer Zeit war ich nicht mehr ausgegangen; niemand hatte mich sonderlich interessiert. Aber dieser Mann war anders. Ich dachte daran, wie es wohl wäre, mit ihm zu schlafen. Aufregend!

Als er mich abholte, sah er toll aus. Er war auch nervös, das konnte ich spüren, und er sagte mir auch ganz offen, daß er sich schon lange nicht mehr so auf eine Verabredung gefreut hätte.

Wir gingen ins Kino und danach ins Restaurant, wir erzählten einander von unserem Leben, plauderten und lachten. Ich genoß seine Gegenwart und fühlte mich ganz natürlich und entspannt.

Als wir nachher zu mir gingen, tranken wir noch einen Kaffee. Im Verlauf des Gesprächs fragte er mich, was ich am Wochenende vorhätte. Ich erzählte ihm, daß ich zur Hochzeit einer Freundin eingeladen sei. Und dabei machte ich die Bemerkung, wie viele Leute dieser Tage heirateten und wie merkwürdig das für mich sei. Ich fragte ihn, ob ihm das mit seinen Freunden auch so ginge und ob er sich als Junggeselle etwa auch allmählich komisch fühlte.

Das wurde er ganz bleich! Als riefe meine Frage in ihm eine körperliche Reaktion hervor. Von dem Moment an schleppte sich das Gespräch so hin, weil er aufgrund meiner harmlosen Frage offensichtlich annahm, ich sei schon wieder eine von denen, die ihm nur nach seiner Unabhängigkeit trachten.

Ich konnte es einfach nicht fassen. Da saß er und hielt Vorträge darüber, wie wenig er Frauen ausstehen könne, die nichts anderes vorhätten, als zu heiraten (und zwar ihn), und nur so täten, als seien sie unabhängig. Er sagte, er hätte genug von den Frauen, die den ganzen Abend immer säuselten, wie wichtig ihnen die Karriere sei, wo er doch genau wisse, daß sie nichts anderes im Sinn hätten, als so rasch wie möglich vor den Traualtar zu treten und ihre Karriere sausen zu lassen. Er fühle sich wie ein verfolgtes Wild und habe genug davon.

Meine erste Reaktion darauf war, ihm zu sagen, ich verstünde seine Gefühle, vor allem wenn Frauen ganz offensichtlich bloß an der finanziellen Sicherheit interessiert seien, die er ihnen bieten könne, und daran, ob seine Familie viel Geld hätte. Dann erzählte ich ihm ähnliche Erfahrungen, die ich gemacht hatte, wenn mich Männer immer gleich fragten, ob ich denn Kinder gerne hatte, und so fort. Ich versuchte, ihm zu zeigen, daß ich ihn verstehe. Ich konnte einfach nicht glauben, daß er alle alleinstehenden Frauen in einen Topf werfen würde.

Aber von dem Moment an wollte er einfach nichts mehr hören, schon gar nicht meine Ansicht. Schließlich teilte ich ihm in aller Deutlichkeit mit, daß ich gegenwärtig an einer Ehe überhaupt nicht interessiert sei, und sagte sogar wortwörtlich: ›Ich will nicht heiraten.‹ Deutlicher geht's wohl nicht. Und dabei fühlte ich mich gedemütigt, daß ich das überhaupt aussprechen mußte. Aber ich dachte, wenn er es unbedingt hören wollte … aber von da an zog er sich in sein Schneckenhaus zurück und sah in mir nur die verzweifelte, schwächliche Gegnerin. Ich war so schrecklich enttäuscht. Es reichte nur noch für ein gemurmeltes ›Gute Nacht‹, und er ging fort.«

Und so reagierte eine andere Frau auf die lächerlichen Vorurteile gegenüber alleinstehenden Frauen:

»Ich gehe an Buchläden vorbei und sehe all diese Bücher über ›Wie finde ich einen Mann in dreißig Tagen?‹ oder ›Wie bringe ich ihn vor den Traualtar?‹, und das stört mich schwer. Wenn *ich* diese Bücher sehe, müssen Männer sie ja wohl auch bemerken. Ganz zu schweigen von den ganzen Fernseh-Shows, in denen auf demselben Thema herumgeritten wird. Und wenn ich dann einen Mann treffe, so trägt er gleich ein unsichtbares Schild mit sich herum: ›Erwähne ja nicht das Wort *heiraten* in meiner Gegenwart!‹ Es ist ja so wahnsinnig arrogant. Am liebsten würde ich ihm sagen, gleich nachdem ich seine Bekanntschaft gemacht habe: ›Ich heiße Julia, und will auf keinen Fall heiraten!‹«

Da haben wir wieder einmal ein Beispiel dafür, wie der gesellschaftliche Druck Frauen in die Defensive drängt. Viele Frauen berichten, daß dieser Druck um die Dreißig herum stärker wird.

Dreißig und noch immer ledig – der absolute Horror?

Es ist interessant, daß gerade dann, wenn viele Frauen an Ehe und Familie denken, weil biologisch die Zeit für eine Entscheidung gekommen ist, der äußere Druck auf sie wächst. Sie können sich nicht etwa zurücklehnen und in Ruhe überlegen: Die Entscheidung wird ihnen vielmehr aufgedrängt! Wie viele haben schon die Frage über sich ergehen lassen müssen: »Also, wann kommst du endlich unter die Haube und setzt Kinder in die Welt?« Manchmal fragen uns das sogar ziemlich fremde Leute, nur weil sie entdecken, daß wir über dreißig sind.

Und dann müssen wir anfangen, uns mit den ganzen Klischeevorstellungen auseinanderzusetzen, die uns an den Kopf geworfen werden:

»Plötzlich bin ich aufgewacht, und es ist mir klar geworden, daß alle meine Freundinnen verheiratet sind. Ist vielleicht irgendwas mit mir nicht in Ordnung, werde ich immer allein bleiben? Ich vermute, ja, und dann fange ich an, mich mit der Vorstellung anzufreunden. Ich frage mich, was aus mir wird, wenn ich älter bin und so. Ein bißchen ängstigt es mich schon; andererseits kann ich mir eigentlich nicht vorstellen zu heiraten. Das ist blöd, denn es klingt so, als müßte ich mich fragen, warum ich eigentlich nicht für mich selbst sorgen kann.«

»Der Druck, zu heiraten oder einen Lebenspartner zu finden, ist groß, und wir setzen uns ihm oft selbst aus. Ich denke, wenn ich nicht bald jemanden finde, stimmt etwas nicht mit mir. Ich möchte aber kein großes Tamtam darum machen, sonst fühle ich mich noch wie die sprichwörtliche Frau, die jeden x-beliebigen armen, arglosen Mann vor den Altar schleppen will.«

Viele alleinstehende Frauen berichten, sie fühlten sich von der Annahme, sie seien bloß aufs Heiraten aus, derart angegriffen, daß es ihnen sehr schwerfalle, sich ihre eigene, unabhängige Ansicht zu bewahren. Darüber hinaus haben sie ganz schön gegen diesen Druck zu kämpfen, um das Alleinsein noch genießen zu können.

Eine Möglichkeit, sich vor solch massivem, irrationalem Druck zu schützen, besteht darin, den Frauen zuzuhören – den Frauen in diesem Buch und überall um uns herum, die erzählen, wie ihr Leben *tatsächlich* aussieht.

Die große Diskussion: Sollten Sie heiraten – oder lieber nicht?

Für Frauen kann es sehr schwer sein, zu einem klaren Entschluß zu kommen, ob sie heiraten wollen oder nicht, wenn der Druck der Umwelt so stark ist. Die meisten Frauen betrachten die Ehe mit gemischten Gefühlen, und sie nehmen ihre eigenen Empfindungen und Motive unter die Lupe:

> »Die Vorstellung, eine Familie zu haben, Liebe, miteinander in die Ferien zu fahren, hört sich toll an, und da ich nun schon so lange gewartet habe, würde ich es eigentlich gern versuchen. Aber was ist, wenn mir die Ehe nicht gefällt? Werde ich den Mann dann je wieder los? Oder wird er mich verletzen? Ich wollte nie jemanden heiraten, den ich nicht wirklich liebe – zum Beispiel die Männer, die mir bereits Heiratsanträge gemacht haben, mit denen wollte ich ganz einfach nicht so eng zusammensein –, und jetzt stehe ich da. Vielleicht glaube ich jetzt nur, daß ich endlich heiraten müßte, weil alle anderen das auch tun. Andererseits klingt das Wort ›verheiratet‹ in meinen Ohren so ähnlich wie ›geliebt werden, akzeptiert werden‹. Wahrscheinlich würde es mir großen Spaß machen zu sagen: ›Ich bin verheiratet.‹«

> »Im Moment bin ich ganz durcheinander. Ich war schon mit verschiedenen Männern zusammen und weiß genau, daß ich keinen von ihnen hätte heiraten mögen. Aber ich möchte auch gerne ständig mit jemandem zusammensein. Brauche ich das wirklich – oder sind wir Frauen nur erzogen worden zu glauben, wir bräuchten einen Mann, damit unser Leben erfüllt ist?«

Einige sagen auch, sie seien an einer Ehe einfach nicht interessiert. Sie würden niemals heiraten wollen, zumindest nicht in absehbarer Zeit:

»Heirat wird so oft überschätzt – die Leute sehnen sich nach einer Sicherheit, die heute so einfach nicht mehr existiert. Denn sie beruht auf unrealistischen Vorstellungen. Heiratsverträge sind übrigens ziemlich unfair und haben selten etwas mit Gleichberechtigung zu tun. Ich hoffe, ich heirate nie!«

»Die Vorstellung zu heiraten jagt mir im Augenblick eher Angst ein. Die Ehe mag für manche Leute wichtig sein, aber nicht für alle. Ich glaube zum Beispiel nicht, daß ich von Natur aus monogam bin!«

Selbst wenn sie in Beziehungen leben, mit denen sie zufrieden sind, denken manche Frauen keineswegs ans Heiraten:

»Wir haben sehr viele Gemeinsamkeiten – wir lachen und weinen zusammen, wir interessieren uns für dieselben Dinge, und wir haben die gleichen politischen Ansichten – konservative. Ich kann meinem Geliebten alles erzählen und tue das in aller Regel auch. Ich bin sehr, sehr glücklich, und er auch. Was jedoch die Zukunft anbelangt, sind wir beide zu jung, um uns fürs ganze Leben zu binden.«

Manchmal fühlen sich diese Frauen richtig schuldig, wenn sie nicht in den Ehehafen einlaufen wollen:

»Ich liebe meinen Freund, aber ich möchte keine Lebenspläne mit ihm machen. Wir kennen uns jetzt ungefähr ein Jahr, und es macht mich ganz krank, immer gefragt zu werden, wann wir denn nun endlich zusammenziehen und so weiter. Warum soll ich es denn nicht gutfinden, wie es im Augenblick ist? Bin ich etwa zu oberflächlich?«

Frauen, die schon einmal verheiratet waren, zögern oft ganz besonders, bevor sie ein zweites Mal heiraten:

»Während ich hier sitze und schreibe, habe ich das Gefühl, ich könnte immer weiter schreiben, einen ganzen Roman darüber, wie schön es ist, allein zu sein. Es klingt vielleicht übertrieben dramatisch, wenn ich sage, daß ich mein neues Alleinsein empfinde, als sei ich gerade aus einem Gefängnis entlassen worden, aber das ist die reinste Wahrheit. Ich habe das Gefühl, mich acht Jahre lang nur verleugnet zu haben, mich mit täglichen Enttäuschungen abgefunden, meinen Zorn hinuntergeschluckt, Demütigungen und Kritik eingesteckt zu haben, als hätte ich in einem Land gelebt, in dem das alles Gesetz war. Jetzt lebe ich in einem Land, in dem meine eigenen Gesetze gelten – meine eigenen Gefühle; hier werde ich so geliebt, wie ich bin, von mir und meinen Freunden. Nie wieder möchte ich so leben wie damals, als ich eine Beziehung hatte – in die ich mich ohnehin nicht ›einbezogen‹ fühlte!«

»Den größten Teil meines Erwachsenenlebens war ich verheiratet; jetzt bin ich achtundvierzig und geschieden. Es ist wunderschön, sein eigenes Leben führen zu können und niemandem verantwortlich zu sein als mir selbst – ich finde das toll. Aber was ich gar nicht mag, das ist, wenn so viele Leute mich für ›ungeliebt‹ oder ›unvollständig‹ halten. Mir geht's prima! Warum sehen mich die Leute bloß nicht, wie ich wirklich bin (nämlich alleinstehend und mit diesem Zustand sehr zufrieden), statt immerzu darauf zu bestehen, ich sei doch ganz bestimmt unglücklich, einsam und auf der Verliererseite?«

Andere Frauen wiederum, und zwar vor allem solche ohne Eheerfahrung, wollen sehr gerne heiraten:

»Im Kopf weiß ich, daß Leute ihr ganzes Leben lang allein sein können. Ich habe auch ein paar Rollenvorbilder (weibliche), die ebenfalls unverheiratet waren, und so hätte ich wahrscheinlich genügend Unterstützung, wenn ich mich dazu entschließen würde, allein zu bleiben. Gefühlsmäßig jedoch bin ich mehr fürs Heiraten. Irgendein Teil von mir möchte nicht das ganze Leben allein sein.«

Viele Frauen fühlen sich sogar nachgerade peinlich berührt, »zugeben« zu müssen, daß sie gern heiraten möchten (kein Wunder, wenn Frauen ob ihrer angeblichen Heiratswut gescholten werden):

> »Es ist schwer einzugestehen, daß ich eigentlich wirklich gern einen Mann hätte, gern verheiratet wäre. Egal, was ich politisch darüber denke, egal, wie unmöglich oder blöd das scheint ... ich möchte es einfach. Aber ich habe den Eindruck, einem großen Druck ausgesetzt zu sein, mich ja nicht allzusehr auf Liebe und romantische Gefühle einzulassen, mich ja nicht von einer Liebesbeziehung abhängig zu machen.«

Andere Frauen haben sich entschlossen, es nach einer Reihe unbefriedigender Beziehungen nun einmal mit der Ehe zu versuchen:

> »Ich möchte gern heiraten, weil ich meine Liebe nicht immer aufteilen möchte. Ich war früher schon mal verliebt, dann war es aus mit der Liebe, dann ging's woanders wieder von vorne los, und das will ich alles nicht mehr. Ich möchte einen Mann heiraten, in den ich mich verliebt habe, und ihm meine Liebe geben und ihm treu sein, und zwar nur ihm. Das fände ich sehr befriedigend.«

> »Es hat eine Menge Spaß gemacht. Während der ganzen Uni-Zeit habe ich ziemlich viele Männer gekannt. Manche habe ich geliebt, andere waren der reinste Horror. Jetzt möchte ich endlich einen Ring am Finger, und zwar für lange. Ich möchte gern an Ostern was Schönes unternehmen und wissen, daß wir uns Weihnachten noch an Ostern erinnern. Ich möchte gerne eine Einladung zum Abendessen geben und wissen, daß aus Ed nicht inzwischen John geworden ist, nachdem ich vorher all meinen Freundinnen erzählt habe, wer zum Essen kommt. Und vor allen Dingen möchte ich gerne mal jemanden richtig lieben.«

Verständlicherweise jedoch – und vor allem, wenn wir uns anschauen, was die Frauen in diesem Buch alles berichten – fragen sich viele Singles, ob eine feste Beziehung für sie je das Gelbe vom Ei sein könnte:

»Ich weiß nicht, ich treffe immerzu irgendwelche Typen, auf die ich mich einlasse, und dann hält es nicht – mal aus dem einen, dann aus dem anderen Grund. Meist deshalb, weil sie von mir erwarten, ich solle jemand anders sein, als ich bin, oder auch, weil es zwischen uns einfach nicht funkt. Manchmal denke ich, ich müßte wohl meine Erwartungen ein bißchen herunterschrauben, oder ich werde immer allein sein – nie den Richtigen treffen. Ich mag zwar mein Leben, so wie es jetzt ist, aber ich würde irgendwann auch gerne einmal eine langfristige Beziehung haben. Aber ich frage mich, ob mir das je passieren wird.«

»Entweder will ich eine feste Beziehung und der Mann nicht, oder er will was Festes und ich nicht. Nie paßt es zusammen. Ich fange schon an zu glauben, daß es vielleicht nie anders wird, und das macht mir Angst.«

Die Angst, daß aus ihren Beziehungen nie »etwas werden« könnte, macht vielen Frauen zu schaffen; aber das heißt noch lange nicht, daß sie auf der Jagd nach einem Ehemann sind – sie wollen ganz einfach tiefere Beziehungen herstellen.

Sollte ich den »Falschen« heiraten oder lieber riskieren, immer allein zu bleiben?

Und was ist, wenn Sie tatsächlich nie »den Richtigen« treffen oder zumindest einen Mann, mit dem Sie sich richtig wohl fühlen, jemanden, der für Ihr Leben eine echte Bereicherung darstellt? Eine Frau erzählt folgendes:

»Ich habe bloß geheiratet, damit die anderen endlich Ruhe geben. Ich war dreißig und mochte mir das einfach nicht mehr länger anhören.«

Wenn wir an diesen Druck denken, ist es nicht verwunderlich, daß manche Frauen sich fragen, ob sie nicht lieber klein beigeben und einfach »jemand Nettes« heiraten sollten:

»Ich sage mir immer – wenn ich diesen Mann nicht heirate, heirate ich vielleicht überhaupt nicht mehr. Vielleicht ist er wirklich der beste, den ich finden kann.«

»Immer wieder dieser ganze Druck... Er ist wirklich ein netter Kerl, aber ich weiß nicht, irgendwie geht mir bei ihm ein gewisser Enthusiasmus ab; vielleicht bringt er dem Leben nicht genügend Enthusiasmus entgegen, vielleicht will ich auch zu viel auf einmal, vielleicht bin ich im tiefsten Innern eben unverbesserlich romantisch und warte immer noch auf den Märchenprinzen oder so. Aber warum soll ich jemanden heiraten, nach dem ich überhaupt nicht verrückt bin? Andererseits finde ich vielleicht keinen anderen mehr. Ob es mir wohl später leid täte?«

Die Angst, allein zu bleiben

Was ist, wenn ich eines Tages aufwache und noch Kinder haben will – und es dafür zu spät ist?

Die meisten Frauen denken irgendwann in ihrem Leben darüber nach, ob sie ein Kind haben wollen. Während viele Frauen glücklich sind in dem Entschluß, ihr Leben ohne Kinder führen zu wollen, fürchten andere (da ja die biologische Uhr unerbittlich weitertickt), daß sie eines Tages mit einem tiefen, nicht zu verdrängenden Kinderwunsch aufwachen könnten:

»Ich war immer ziemlich sicher, daß ich nie ein Kind haben wollte, aber in letzter Zeit habe ich mich öfter gefragt, ob ich mir wohl eines Tages eines wünsche, und dann ist vielleicht niemand da, mit dem zusammen ich es machen könnte! Dazu kommt, daß ich nicht weiß, ob ich finanziell mit einem Kind allein fertig würde.«

»Ich bin jetzt achtundzwanzig, und ich habe nie so richtig übers Kinderkriegen nachgedacht, allenfalls darüber, wie unheimlich schmerzhaft das ist. In der letzten Zeit jedoch habe ich immer wieder so romantische Vorstellungen, in einem Kreißsaal zu liegen, mir zur Seite ein liebender Ehemann, der mir die ganze Zeit Händchen hält. Ich habe das Gefühl, das wäre eine ganz wahnsinnig tiefgehende Erfahrung. Ich glaube zwar immer noch, daß ich kein Kind möchte, aber wenn ich mich noch anders entscheiden sollte, müßte ich das bald tun.«

»Ich kriege immer so ein Ziehen im Bauch, wenn ich Babys sehe. Ist das irgendwie komisch? Ich habe aber noch niemandem davon erzählt – in meinen Kreisen würde das nicht als besonders ›in‹ gelten.«

Kann ich es mir finanziell leisten, immer allein zu leben? Eine weitere Angst betrifft das Geld. Viele alleinstehende Frauen genießen zwar ihre Unabhängigkeit, fragen sich aber, ob sie sich ihr Leben lang selbst ernähren können. Das nimmt auch nicht wunder, denn es gibt viele Faktoren, die es Frauen erschweren, ihr ganzes Leben lang ein ordentliches Gehalt zu beziehen, und den meisten Frauen wird auch nicht beigebracht, mit Lebensversicherungen, Aktien oder allgemeinen finanziellen Strategien umzugehen. Wenn wir es aber genau betrachten, geht es uns vergleichsweise gut. Zumindest in den Vereinigten Staaten haben Frauen, die sich selbständig machen, die höchste Erfolgsquote bei neuen Unternehmungen aufzuweisen; und in der Familie sind es natürlich auch meist die Frauen, die sich um das Haushaltsbudget und die allmonatlichen Rechnungen kümmern.

Trotzdem ist es vor allem für geschiedene, alleinstehende Mütter mit Kindern schwer, die ganze finanzielle Last auf unbegrenzte Zeit allein tragen zu müssen:

»Ich finde es toll, niemandem finanziell Rechenschaft ablegen zu müssen, aber ich mache mir manchmal auch Sorgen ums Geld. Ich sehe immer, was meine verheirateten Freundinnen alles haben (materiell, meine ich). Was wäre, wenn ich einmal krank würde? Dann käme keinerlei Geld herein, und ich würde sehr rasch meine Wohnung und mein Auto verlieren. Wenn ich verheiratet wäre, könnte mein Mann den Unterhalt für eine Weile übernehmen. Oder wenn ich in einer Beziehung leben würde, dann könnte der andere mal für mich mit einkaufen oder so. Ich fühle mich ja ein bißchen schuldig, weil ich so denke, aber irgendwo ist es doch wahr.«

»Ich bin im Moment im vierten Schwangerschaftsmonat und arbeite für eine große Firma. Mein Freund und ich wollen zwar heiraten, sobald wir eine Wohnung gefunden haben, aber ich frage mich manchmal, ob das je passieren wird. Manchmal denke ich, ich muß das Kind vielleicht allein aufziehen. Ich habe Angst. Was würde dann werden? Ich glaube, das würde ich nicht schaffen.«

Wenn Sie im Augenblick allein leben und damit gut zurechtkommen, stehen die Chancen sehr gut, daß Sie das auch in zwanzig, dreißig oder vierzig Jahren noch können. Und bedenken Sie: Selbst wenn Sie heute eine feste Beziehung eingehen, haben Sie keine Garantie dafür, daß die Beziehung immerzu halten oder immer Geld dasein wird – und das gilt für beide.

Die unaussprechbare Angst vor dem Altern

Viele jüngere alleinstehende Frauen sorgen sich: »Wenn ich nicht heirate, stehe ich dann nicht irgendwann ganz allein da? Niemand will mich dann mehr. Ich werde bloß noch alt und häßlich sein.« Diese Angst wird uns Tag und Nacht aufoktroyiert: daß wir »keinen Mann mehr kriegen« werden, vor allem nicht, wenn wir über vierzig sind! Das Resultat: Viele Frauen denken innerlich: »Ich muß einfach weitersuchen, bis ich jemanden finde, oder den Nächstbesten nehmen, bevor es zu spät ist!«

Wie viele von uns haben manchmal den Alptraum, eine »zittrige alte Dame« zu sein, die »arm und bemitleidenswert« an der

Tür auf den Milchmann wartet, weil er der einzige Mensch ist, mit dem sie täglich ein paar Worte wechseln kann? Das hat jedoch nicht das geringste mit der Wirklichkeit zu tun, ob Sie nun heiraten oder nie heiraten oder nie wieder heiraten wollen. Diese Vorstellung wird uns von Leuten ins Hirn gepflanzt, die der Meinung sind, alt sei »schlecht« (und für Frauen sei alt gar noch schlimmer).

Solche Ängste haben mit der Realität des Lebens alter Frauen sehr wenig zu tun, aber sie üben große Macht auf uns aus.

> »Ich denke im Moment nicht viel darüber nach, wie es wäre, mich zu verlieben; ich habe einfach zu viel zu tun. Aber wovor ich Angst habe, das ist, allein alt zu werden. Eine abhängige alte Frau zu werden. So eine, um die alle Leute sich Sorgen machen müssen, weil sie so einsam ist. Bemitleidenswert. Ich kann mir das zwar nicht recht vorstellen, weil mein Leben heute so ausgefüllt ist. Aber wenn ich verheiratet wäre, hätte ich ja Kinder und Enkelkinder – ich wäre dann später mal nicht einsam.«

Es ist sehr verständlich, daß Sie manchmal unsicher sind und Angst vor einer einsamen Zukunft haben, auch wenn Sie im Augenblick ganz sicher sind, daß Sie gern allein leben. Jeder Mensch ist gelegentlich im Zweifel, ob seine Entscheidungen richtig waren. Aber lesen Sie einmal die folgenden Beispiele, in denen Frauen in den Sechzigern oder Siebzigern erzählen, wie sie allein zurechtkommen und ihre Freiheiten genießen. Sie führen ein sehr anregendes Leben und können uns allen ein Beispiel sein!

Ältere Frauen – und wie sie ihr Leben genießen

Die allgemeine Auffassung, ältere, alleinlebende Frauen seien »unglücklich«, stimmt nicht mit dem Eindruck überein, den die betroffenen Frauen selbst von sich haben.

> »Das Wort ›alleinstehend‹ ärgert mich richtig. Es klingt so negativ! Als müßte ich mich dauernd mies fühlen und depressiv sein. Eben irgendwie bemitleidenswert. Aber ich liebe mein Leben – und zwar rundum! Ich hatte früher feste Beziehun-

gen, ich war verheiratet, aber jetzt habe ich mich dafür entschieden, allein zu leben. Anscheinend kann niemand einsehen, daß Alleinleben auch etwas mit freier Wahl zu tun hat! Aber ich habe diese Wahl selbst getroffen – mein Leben ist ausgefüllt und unheimlich aufregend. Ich genieße jede einzelne Minute!«

Viele Frauen über fünfundsechzig bewerten ihr eigenes Leben auf der Glücksskala ziemlich hoch. Hören Sie sich diese charmante Siebzigjährige an:

»Ich bin eine siebzigjährige Großmutter, die allein lebt und sich quicklebendig fühlt. Ich habe zwei Hunde, liebe es, mich fortzubilden, und liebe Kinder, vor allem meine Enkel. Im Moment bin ich glücklich. Wer weiß, was morgen ist?

Mein Geliebter ist diesen Frühling gestorben. Ich vermisse ihn. Andererseits bin ich aber auch irgendwie erleichtert. Was ich gar nicht vermisse, ist, wie er mich manchmal fertiggemacht hat. Seit er gestorben ist, habe ich unheimlich viele Schundromane gelesen. Meine Ziele im Leben? Ein bißchen zu schreiben, fischen zu gehen, Designs zu machen. Dem Tod mit Humor zu begegnen! Im Augenblick genieße ich es, allein zu sein. Normalerweise, als ich noch nicht allein war, waren die anderen immer wichtiger als ich. Jetzt bin ich selbst das Wichtigste – und finde es wunderschön! Bislang habe ich immer nach der Liebe Ausschau gehalten. Jetzt habe ich nur noch mich, aber das macht mir nichts aus, ich finde es gut so. Wenn man allein ist, kann man alles machen, was man will. Und ich muß nichts tun, was ich nicht will. Ich bewundere Frauen, die etwas aus ihrem Leben gemacht haben: Sally Shelton, Gloria Steinem, Eleanor Roosevelt, Indira Gandhi, Margaret Thatcher, Margaret Mead, Jackie Onassis, Elizabeth Cady Stanton. Ich glaube an die Frauenbewegung. Ich bin Feministin. Die Frauenbewegung hat mir gezeigt, was ich alles nicht verwirklicht habe. Ich war zwar Krankenschwester, aber eigentlich hätte ich Rechtsanwältin werden sollen. Ich finde es schön, gut auszusehen. Weiblichkeit heißt für mich, für Männer sexuell attraktiv zu sein und doch die eigenen Vorstellungen zu verwirklichen. Maskuline Frauen kann ich immer noch nicht leiden. Ich genieße es, mich schön anzuziehen – auch wenn ich auf meiner Farm meist in Jeans herumlaufe. Ich füttere die Pferde, kann aber gut aussehen, wenn ich mich schön anziehe. Ich trage kein Make-up (wie meine Mutter). Zeitweilig sehe ich wohl unmöglich aus, also nicht besonders weiblich. Macht mir aber trotzdem Spaß.

Den Frauen von heute sage ich: Liebt eure Kinder und macht ihnen Mut! Und dann führt euer eigenes Leben. Was die Liebe anbelangt, so macht euch um ›Ende gut, alles gut‹ keine Gedanken – das Leben spielt sich anders ab! Aber ihr könnt es in der Zwischenzeit trotzdem genießen.«

Einige ältere Frauen räumen wirklich mit dem Mythos auf, daß sie nur mit dem Strickzeug in der Hand zu Hause säßen und ihr Sexualtrieb seit langem buchstäblich ausgetrocknet sei:

»Ich bin fünfundsechzig Jahre alt und habe vier erwachsene Kinder. Ich liebe einen zweiundsiebzigjährigen Mann, der mich heiraten will, sobald meine Scheidung durch ist (meine zweite Ehe, sie dauerte achtunddreißig Jahre). Sex mit meinem Geliebten macht mir Spaß. Normalerweise stimuliert er mich mit der Hand, bis ich einen Orgasmus habe. Wenn wir nicht zusammen sind, masturbiere ich. Ich komme am ehesten beim Masturbieren, aber wenn es nicht ziemlich rasch klappt, höre ich auf und lasse es sein. Meist klappt es aber.«

Das Klischee von den »Alten und Einsamen« ist also ziemlich ungenau: Die meisten alleinstehenden Frauen über fünfundsechzig genießen ihr Leben, wie es ist. Sie finden es schön, Freundschaften zu pflegen, zu arbeiten, im Garten zu hantieren, Liebhaber zu haben – also alles, was zum Leben so dazugehört. Geldsorgen können zwar manchmal ein ziemliches Problem sein, aber mit dem Glück ist das anders: Viele Frauen sagen, daß sie sich »alt und allein« sehr viel glücklicher fühlen – glücklicher als je zuvor in ihrem Leben.

Die Umstellung

Es kann schwierig sein – oder zumindest ungewöhnlich –, mit dem Alleinleben anzufangen, wenn eine Frau lange nicht allein war:

»Es ist schon lange her, daß ich ›zu haben‹ war – ich weiß im Augenblick gar nicht recht, was ich machen soll. Eine ganze Reihe von Verhaltensregeln haben sich geändert. Mal ganz von der tödlichen Krankheit abgesehen, höre ich immerzu das Gerede vom Neuen Mann und dem ›sensiblen Typ‹ – aber soweit ich das beurteilen kann, ist das alles bloß Quatsch. Ich meine, es schaut so aus, als hätten die bloß wieder eine neue Methode entwickelt, zu kriegen, was sie haben wollen. Am Ende gewinnen sie ja doch immer noch, und zwar mit ziemlich vielen Punkten.«

Für einige Frauen jedoch ist die Umstellung leicht:

»Ich habe mich nach achtundzwanzig Jahren scheiden lassen und finde es toll. Ich sehe immer noch gut aus, und zur Zeit habe ich zwei Liebhaber. Ob Sie es glauben oder nicht, ich bin sogar Großmutter! Ich habe eine sechsjährige Enkelin und einen zwölfjährigen Enkel. Meine Kinder sind zwar ein bißchen erstaunt über mein aktives Sexualleben, aber sie gewöhnen sich daran. Ralph (mein Hauptliebhaber) hat beim letzten Erntedankfest den Truthahn zubereitet, und zum ersten Mal seit mindestens zwanzig Jahren habe ich gehört, daß an dieser Festtafel gelacht wurde. Meine Ehe basierte auf dem Grundsatz: ›Je weniger geredet wird, um so besser.‹ Jetzt habe ich zwei Männer, die mit mir reden und lachen, sogar im Bett. Ich habe endlich mal laut gesagt, wie ich es im Bett gern hätte, und ich kriege es auch! Mir ist es noch nie so gut gegangen.«

Eine Frau beschreibt, wie sie begonnen hat, sich selbst und ihre Freundschaften in einem ganz neuen Licht zu sehen:

»Allein zu leben, hat mir bislang sehr gut getan, wenn es auch manchmal schwer war, vor allem am Anfang. Ich hatte mich schon ziemlich daran gewöhnt, in einer lieblosen Ehe zu leben, in der wir beide nicht zufrieden waren, aber immerhin bot es doch finanzielle Sicherheit und soziale Geborgenheit, ein Paar zu sein: beide arbeiten, beide erfolgreich und so weiter. Ich war schon von der Schule an mit ihm zusammengewesen und hatte nie richtig allein gelebt, in der ›wirklichen Welt‹. Als ich mich entschloß, ihn zu verlassen, nach vielen Schmerzen, zog ich in ein kleines Apartment in der Nähe, in ein Haus, in dem auch ein paar Freundinnen von mir wohnten. Sie halfen mir beim Umzug, die neue Wohnung zu streichen...

Zuerst fiel es mir ziemlich schwer, mich an das Leben in einer eigenen Wohnung zu gewöhnen. Ich trauerte immer noch wegen der Beziehung, und alles, was ich besaß, erinnerte mich an ›uns‹ und daran, ›wie es einmal war‹. Ich wußte auch nicht, wie ich mein gesellschaftliches Leben handhaben sollte, um abends etwas vorzuhaben. Bislang hatte ich ja jeden Abend mit ihm verbracht, und wenn wir in Gesellschaft waren, dann meistens mit seinen Freunden. Ich wußte nicht, wie ich es anstellen sollte, überall klarzumachen, daß ich mein Leben jetzt selbst in der Hand hatte und Lust darauf, es rundum mit eigenen Aktivitäten zu füllen. Ich wußte einfach nicht, wie ich das machen sollte.

Die ersten Monate waren schwer. Es war Sommer und sehr heiß. Ich ging ein Risiko ein und mietete mit anderen Leuten zusammen ein Haus am Strand – Leute, die ich gar nicht kannte. Jedes Wochenende fuhr ich raus, und damit fing ein ganz neues gesellschaftliches Leben für mich an. Ich lud auch Freundinnen aus der Stadt dorthin ein, und bald war mein Terminkalender vollgestopft. Ich hatte eine kleine Affäre mit einem Arzt damals, und das machte richtig Spaß, weil es meinen Sexualtrieb wieder weckte, der lange Zeit sozusagen geschlafen hatte. Daheim war ich emotional so abgekühlt, daß ich auch körperlich abgekühlt war. Der Arzt war ein toller Liebhaber, und ich konnte gar nicht genug von ihm kriegen!

Aber er wollte ziemlich rasch eine feste Beziehung, und das wiederum wollte ich nicht, ich wollte mein Leben erst einmal frei von Bindungen führen. Irgendwann hatte ich das Gefühl, daß ich darüber noch einmal froh sein würde.

Und das bin ich auch. Heute ist mein Leben völlig anders geworden. Keine endlos langen Nächte mehr, in denen geschwiegen oder gestritten wird. Keine Versuche mehr, die Beziehung in Gang zu halten, und kein ständiges Versagen. Nicht mehr so viel zu rauchen und zu trinken, nur weil ich nicht wußte, was ich sonst hätte machen sollen.

Das Leben kann so schön sein, wenn man tut, was man für das Beste hält. Allein zu leben ist mir einstweilen der liebste Lebensstil.«

Der Kampf um Autonomie:
das eigene Leben in die Hand nehmen

Eine Frau Ende zwanzig beschreibt, wie sie sich dazu entschlossen hat, ihren eigenen Lebensstil wichtiger zu finden als irgendeinen, der ihr von anderen vorgelebt und vorgeschrieben wird:

»Als ich vierzehn war, hatte ich das erste Mal eine Beziehung, und das ging immer so weiter, bis ich letztes Jahr achtundzwanzig wurde. Die Beziehungen dauerten nie länger als ein Jahr und überschnitten sich immer. Die meisten Typen wollten bloß ein Mädchen am Arm, mit dem sie angeben und sich wie ein King fühlen konnten. Ich glaube, ich suchte nach meiner Identität – obwohl es ein paar Jahre dauerte, bis ich merkte, daß ich allein nichts galt, daß ich in den Augen der Gesellschaft (und meinen eigenen) eigentlich nur dann existierte, wenn ich einen Freund hatte. Das war merkwürdig, denn ich hatte eine ziemlich gute Ausbildung und kannte auch die feministischen Argumente, aber irgendwie bezog ich sie nie auf mich selbst.

Na, und als ich dann endlich damit anfing, war es, als explodierte ein Vulkan. Es war eine Erleuchtung. *Ich brauchte keinen Mann, um mich als vollständiges Wesen zu fühlen!* Ich gab mir selbst ein Versprechen: ein Jahr lang allein zu bleiben, bis ich genau wußte, was ich von einer Beziehung erwartete oder ob ich überhaupt eine Beziehung haben wollte. Jetzt wollte ich erstmal mein Leben in die Hand nehmen und es mit all den Dingen ausfüllen, die ich liebte, und nichts machen, was ich nicht gerne machte. Ich wollte keinerlei Kompromisse schließen. Ich wollte keine Zeit mit Leuten verbringen, die ich nicht leiden konnte, oder Dinge tun, die ich ebensowenig leiden konnte (außer morgens zur Arbeit zu gehen, auch wenn ich manchmal lieber weitergeschlafen hätte). Ich fing wieder an zu reiten, ich las viel mehr, und ich versuchte, gesünder zu leben.

Jetzt sind schon zwei Jahre vorbei, und ich kann mich heute kaum noch an mich von damals erinnern: eine Person, die sich selbst nicht treu war und auch irgendwie in der Falle saß. Einsamkeit war ein Gefühl, das ich noch von diesen schrecklichen Beziehungen her kannte, aber heute bin ich buchstäblich niemals einsam. Ich verbringe viel Zeit mit ausgezeichneten Freundinnen und Freunden. Manchmal habe ich ein Rendezvous, und ab und zu schlafe ich auch mit jemandem.

Manchmal mache ich mir Sorgen, ob ich wohl ewig allein sein werde, aber dann merke ich, daß das bloß wieder ein Rückfall in meine alten Denkweisen ist. Wenn mein Leben immer so bliebe, wie es jetzt ist, dann wäre mir das schon recht!«

Heutzutage finden es die meisten Frauen sehr schön, daß sie allein zurechtkommen können – und zwar auch dann, wenn sie einen Mann lieben. Sie finden es toll, ihr Leben selbst in die Hand zu nehmen, ihrer Arbeit, ihren Freundschaften und sich selbst genügend Zeit widmen zu können, frei denken zu können, was sie wollen, ohne irgend jemandem Rechenschaft darüber ablegen zu müssen – und ein Leben ganz nach ihren Wünschen zu führen!

Unsere Zukunft, unser Leben

Loblied aufs Alleinsein

Bislang haben wir gesehen, daß Alleinleben nicht notwendigerweise bedeutet, allein zu sein; ganz im Gegenteil, viele Frauen machen die Erfahrung, daß sie in mancherlei Hinsicht *mehr* mit anderen Menschen und der Außenwelt zu tun haben, wenn sie allein leben. Doch selbst angenommen, allein zu leben würde bedeuten, häufig allein zu sein – wäre das eigentlich so schlimm? Weshalb ist das Wort »allein« von so vielen Ängsten umstellt?

Ob sie mit jemandem zusammen sind oder nicht – die meisten Frauen lieben es, gelegentlich allein zu sein und den Luxus genießen zu können, Zeit nur für sich zu haben. Wenn sie gefragt werden: »Was tun Sie am liebsten für sich?«, wählen die meisten Frauen Aktivitäten, die sie allein erledigen: ein Bad nehmen, ein Buch lesen, einen langen Spaziergang machen, sich hinsetzen und in Ruhe eine Tasse Tee trinken und alles mögliche andere, das normalerweise eine Person ganz für sich allein macht. Warum?

Das führt zu einem sehr wichtigen Punkt: Wenn wir den enormen gesellschaftlichen Druck bedenken, der uns dazu zwingt, im Zusammensein mit anderen nur Teile von uns zuzulassen, nimmt es wirklich nicht wunder, daß Frauen ihre Momente des Alleinseins sehr schätzen. Viele Frauen meinen, sie könnten sehr viel mehr sie selbst sein, wenn sie allein sind. Alleinsein ist für sie weder traurig noch scheußlich, sondern geistig und seelisch sehr erfrischend. In der Zeit, erklären sie, in der sie allein sind, steigen Gefühle an die Oberfläche, die ihnen noch unklar sind, die sie ordnen, wodurch sie sich selbst besser sammeln können. In dieser Zeit können sie auch kreativ sein, Pläne schmieden, Träume für die Zukunft träumen. Und wie soll diese Zukunft aussehen?

Wir sprechen hier von zwei Arten von Zukunft: von Ihrer persönlichen Zukunft und von unserer gemeinsamen Zukunft als Frauen – der Zukunft unserer Gesellschaft, unserer Welt.

Was die folgende Frau sagt, stimmt sowohl für sie persönlich als auch für uns Frauen im allgemeinen:

»Die Zeit, in der ich allein lebe, ist für mich eine Zeit, in der meine eigene Entwicklung Riesenfortschritte macht. Sie legt ganz offensichtlich eine Quelle kreativer Energie in mir frei. Ich glaube, es hat mir sehr gut getan, eine Weile allein zu sein.«

Vielleicht leben wir wirklich in einem neuen geschichtlichen Zeitalter für Frauen: Wenn wir den sozialen Druck ignorieren oder überwinden, der immer noch auf uns lastet (und wenn unsere finanzielle Situation nicht allzu schwierig ist), können wir zum ersten Mal aus unserem Leben machen, was wir wollen.

Abschließend der Bericht einer Frau in den Fünfzigern, der in beherzigenswerter Weise davon erzählt, wie sie allein lebte, wie sie ihr ganzes Leben umkrempelte und wer sie heute ist:

»Ich war fünfundzwanzig Jahre lang Ehefrau und Mutter und praktisch ›Nur-Hausfrau‹. Das Beste, was ich bisher geleistet habe, waren meine vier Jahre College. Ich habe zwar keinen Abschluß gemacht, betrachte das aber trotzdem als meine beste Leistung… neben dem Muttersein. Ich hatte überhaupt nicht das Gefühl, richtig zu leben oder mein Leben in der Hand zu haben, bevor ich geschieden wurde.

Ich verdiene jetzt ungefähr fünftausend Dollar im Jahr. Der beste Job, den ich kriegen konnte, als ich aus meiner Ehe ausbrach, war der als Putzfrau – und darin hatte ich ja auch Erfahrung, das hatte ich fünfundzwanzig Jahre lang gemacht. Es lohnt sich, auf mich allein gestellt zu sein. Mein Leben selbst zu gestalten. Absolute Unabhängigkeit. Ich liebe es, machen zu können, was ich will, zusammensein zu können, mit wem ich will, abends so lang wegbleiben zu können, wie ich will, meine Meinung zu ändern, wann ich will, so leben zu können, wie ich will, und mir die Musik anzuhören, die ich mag.

Ich konnte nie richtig mit meinem Mann reden, nie etwas mit ihm teilen. Die Scheidung war wie Tod und Wiedergeburt. Ich fühlte mich so erleichtert, ein neues Leben beginnen zu können. Noch heute, neun Jahre später, fühle ich mich erleichtert.

Und wie sieht es mit meinem Sexualleben aus? Manchmal

habe ich keins. Aber ich genieße die Zeiten, in denen ich keinen Sex habe, genauso wie die, in denen ich einen Partner habe, oder die, in denen ich sozusagen auf mich allein gestellt bin. Je älter ich werde, desto leichter gehe ich auf die Menschen zu. Früher war ich ganz strikt heterosexuell; heute habe ich gelegentlich viel Freude daran, mit einer Frau ins Bett zu gehen. Meine wichtigste Beziehung zu einem weiblichen Wesen war immer schon die zu meiner Tochter. Sie ist meine beste Freundin. Sie ist ein Sonnenstrahl in meinem Leben. Ich liebe sie sehr.

Frauen möchte ich folgendes sagen: Ihr könnt sein, was ihr sein wollt. Seht, wie ich mich verändert habe! Ich habe noch mal von vorn angefangen, mir geht es wie T. S. Eliot. Ich kann auch noch hundertmal von vorn anfangen. Ach, wahrscheinlich tausendmal.«

Was könnten wir dem noch hinzufügen? Sie hat alles gesagt. Es ist immer Zeit, noch mal von vorn anzufangen, tausendfach, für uns alle. Die neunziger Jahre werden ein Jahrzehnt der Veränderungen für Frauen. Wenn wir einmal angefangen haben, uns auf unsere eigenen Erfahrungen zu verlassen, werden die kreativen Energien und Ideen zur Veränderung unserer Gesellschaft nur so sprudeln. Machen Sie mit! Wir brauchen Sie!

Frauen als Freundinnen, Frauen als Geliebte

Bislang haben wir in diesem Buch fast ausschließlich über Beziehungen mit Männern gesprochen, weil wir versuchen, Probleme des heterosexuellen Gefühlsvertrags aufzuzeigen und damit Wege zu beschreiben, wie wir in den neunziger Jahren unser Leben neu gestalten können. Ein großer Teil unseres Privatlebens betrifft jedoch Beziehungen zu anderen Frauen – ob als Freundinnen oder als Geliebte. Wie sehen nun Frauenbeziehungen aus?

Die meisten Frauen beschreiben ihre Freundschaften zu Frauen als sehr glücklich und sehr wichtig für sie. Frauen vertrauen einander, sind einander abwechselnd Tochter, Mutter, Schwester und Freundin – und manchmal alles zusammen am gleichen Tag! Natürlich gibt es auch in diesen Beziehungen Augenblicke, in denen eine der beiden sich vernachlässigt oder sogar verraten fühlt, aber das scheint eher die Ausnahme, nicht die Regel zu sein.

Frauen lieben ihre Freundinnen

Wenn sie gefragt werden: »Wer ist Ihre beste Freundin? Was halten Sie von ihr? Wie fühlen Sie sich, wenn Sie zusammen sind?«, dann beschreiben Frauen ihre Beziehungen zu anderen Frauen oftmals als sehr schön, voller Kraft, gemeinsamen Lernprozessen und starken gefühlsmäßigen Bindungen.

> »Ich habe das Gefühl, die ganze Welt gehöre mir, wenn wir beide zusammen sind. Das ist nicht romantisch gemeint, sondern drückt eine Art Erdverbundenheit aus. Wenn meine Freundin zu mir hält, ist buchstäblich alles erreichbar! Ich finde meine Freundin unheimlich witzig, und wenn ich von ihr nach Hause gehe, ist mir leicht ums Herz. Vor allem habe

ich das Gefühl, ich werde akzeptiert, alles ist in Ordnung. Umsorgt.«

»Wenn wir uns getroffen haben, fühle ich mich immer großartig. Wir können alles in unserem Leben bereden. Sie scheint mir die einzige Person zu sein, mit der ich ausnahmslos über alles sprechen kann. In ihrer Gegenwart geht es mir besser als sonst. Wenn ich doch nur eine Beziehung zu einem Mann haben könnte, die auch nur annähernd so wäre, dann wäre ich sehr glücklich!«

»Seit dreizehn Jahren sind wir befreundet. Sie ist klug, sie kennt mich in- und auswendig, sie kann ich nie hinters Licht führen. Durch sie werde ich auf Dinge an mir aufmerksam, die ich sonst nie wahrnehmen würde; sie bringt mich zum Nachdenken, ohne aber meine Probleme für mich lösen zu wollen. Wenn wir zusammen sind, können wir stundenlang reden. Zwischen uns besteht eine starke Bindung.«

Eine Frau porträtiert ihre beste Freundin mit liebevollen Details:

»Jen ist meine älteste und beste Freundin. Sie hat Stil, und die meisten Leute finden, daß sie toll aussieht. Sie ist sexy, lustig und vor allem sehr gescheit. Das ganze Leben haben wir miteinander verbracht. Wenn ich mir klarmache, wie lange wir uns schon kennen, komme ich ins Staunen, oder wenn ich an all das denke, was wir schon gemeinsam oder jede für sich erlebt haben. Die Hochs und Tiefs unserer Freundschaft faszinieren mich, wenngleich die Tiefs nie sehr ausgeprägt waren, nur Wellentäler, die meist durch geographische Entfernung bedingt wurden. Immer sind wir wieder zusammengekommen, und mein Gefühl der Loyalität und des Respekts ihr gegenüber ist nie ins Wanken geraten.

Wir haben uns in der Schule kennengelernt, als wir dreizehn waren. Wie wir uns trafen, weiß ich nicht mehr genau, aber nach einem Jahr waren wir jedenfalls dick befreundet. Wir übernachteten oft beieinander und quatschten über die Stars auf unseren Postern. Zwar kamen wir aus unterschiedlichem Milieu, hatten aber sehr viele Gemeinsamkeiten. Stundenlang konnten wir über irgendeine komische Bemerkung lachen, die eine von uns gemacht hatte.

Als ich zum ersten Mal auf eine Party ging, auf der auch Jungs waren, war Jen dabei. Buchstäblich wochenlang debattierten wir darüber, was wir anziehen sollten, und sie verbrachte einen ganzen Nachmittag damit, den Straß von einer Bluse zu entfernen, die ich an dem Abend anziehen wollte. Ich mochte nämlich keinen Straß. Bis auf den heutigen Tag erinnere ich mich, wieviel mir diese kleine Geste bedeutete.

Als wir älter wurden, streunten wir zu viert herum, sie mit ihrem Freund, ich mit meinem, denn unsere Freunde waren ebenfalls eng befreundet. Wir steckten ständig zusammen, und uns war das sehr recht. Beide wußten wir schon, wieviel Ungerechtigkeiten wir als Frauen zu erleiden hatten und daß wir für die Männer primär Sexualobjekte waren und sie uns aus dem gleichen Grund dann gering schätzten. Dagegen kämpften wir immer an. Aber wir amüsierten uns auch prächtig, gingen zusammen aus, teilten unseren Liebeskummer, besprachen die intimsten Geheimnisse. Wir waren unzertrennlich.

Als ich dann aufs College ging, hatten wir zunächst Probleme miteinander. Mein ganzes Leben veränderte sich, ich eignete mir einen anderen Wortschatz an, neue Einstellungen, und gewann neue Freundinnen. Heute kann ich mir vorstellen, wie bedrohlich das für sie war, als sie plötzlich Briefe von einer bekam, die behauptete, ich zu sein, und sich doch völlig anders anhörte! Als ich dann aber an Weihnachten heimkam, sprachen wir uns aus. Das liebe ich wirklich sehr an Jen: Sie zögert nie, ihre Meinung zu sagen. Ich konnte das nie so gut wie sie, aber was ich kann, verdanke ich ihr – sie zeigte es mir. Sie hat einen sehr starken Charakter, und dafür liebe ich sie.

Seit damals leben wir in zwei verschiedenen Ländern. Ich denke fast täglich an sie. Unsere Freundschaft dauert nun schon seit siebzehn Jahren. Es ist schwer zu beschreiben, was für Gefühle ich ihr entgegenbringe, über das hinaus, was ich schon erzählt habe. Ihr Mut, ihre Disziplin, ihre Hingabe und ihr Sinn für Humor, ihre Loyalität, Liebesfähigkeit, ihr starkes Selbstwertgefühl, die Art, wie sie Probleme in der Familie, in der Arbeit und in Beziehungen löst, ihre Fähigkeit, jeder Situation die besten Seiten abzugewinnen, ihre Hilfestellungen, wenn ich nicht mehr weiß, wo's langgeht, ihre immerwährende Anhänglichkeit an mich, die sie mir beweist, indem sie mich ihre beste Freundin nennt – wegen all dieser Dinge liebe ich sie. Ich würde sie auch lieben, wenn sie total ausflippen würde. Es ist eine Liebe, die nichts verlangt; ich habe sie einfach als lebenslange Freundin akzeptiert.«

Die meisten Frauen sprechen sehr enthusiastisch über ihre Freundinnen und beschreiben dabei eine ganz besondere Bindung, die sie bei Männern nur selten finden – Verständnis in hohem Maße, sehr gute Möglichkeiten, miteinander zu reden, sowie große Zuneigung und Loyalität, die alle möglichen Veränderungen und Katastrophen im Leben überstehen: Entfernungen, Trennungen, Tod.

Obwohl diese intensiven Beziehungen gelegentlich schwierig sind, gibt es doch relativ selten Probleme, und auch sie lassen sich meistens lösen.

Emotionale Nähe

So oft sagen Frauen, sie wünschten sich, mit den Männern in ihrem Leben ebensogut reden zu können wie mit den Frauen; sie scheinen ihre Freundinnen einfach besser zu kennen, ohne dauernd über schwierige und ambivalente Kommunikation und Gefühlsbarrieren klagen zu müssen:

»Wenn ich mal wirklich mit jemandem über meine Gefühle reden möchte, mal richtig mein Herz ausschütten, ist das mit meiner besten Freundin immer leichter und bringt mir mehr. Mein Freund mag solche Gespräche anscheinend nicht, er fühlt sich unwohl dabei. Ich brauche aber das Wissen, lachen und weinen und alles mögliche sagen zu können, und daß alles akzeptiert wird. Ich wünschte, mit ihm wäre das ebenso.«

»Mit ihr kann ich über alles reden. Da geht's nicht ums Ego oder um falschen Stolz, wie bei so vielen Männern, die ich gekannt habe. Nach einem Gespräch mit einem Mann bin ich meist längst nicht so zufrieden wie nach einem Gespräch mit ihr oder auch mit irgendeiner anderen Frau.«

»Männer neigen dazu, die Welt und alles, was dazugehört, mechanistisch auseinanderzunehmen. Sie sehen das Leben nicht in seiner Gesamtheit. Frauen haben den besseren Überblick. Sie sehen den Zusammenhang, nicht nur die Einzelteile. Wenn ich Rat brauche, gehe ich zu einer Frau, und zwar noch nicht mal unbedingt zu einer, die ich sehr gut kenne. Einmal mußte ich eine wichtige Entscheidung treffen; es ging um eine Beziehung. Meine beste Freundin war gerade nicht da, und so schüttete ich mein Herz einer völlig Fremden aus. Sie war so ruhig und teilnahmsvoll. Sie wollte mir nicht gleich gute Ratschläge erteilen, sondern hörte ganz einfach zu. Ihre ehrliche Teilnahme und ihr Mitgefühl waren deutlich spürbar und halfen mir, mein Selbstvertrauen wiederzugewinnen.«

Frauen berichten, daß sie mit anderen Frauen mehr ins Detail gehen können; sie können besser zuhören, so daß ihre Gesprächspartnerin mehr aus sich herausgehen und ihre Gefühle klarer ausdrücken kann. Männer, so klagen Frauen, scheinen dabei oft eher gegen sie zu arbeiten und vermitteln ihnen das Gefühl, gegen den Strom zu schwimmen. Eine Frau analysiert das wie folgt:

»Die Männer, die ich geliebt habe, waren sehr verschlossen im Vergleich zu meinen Freundinnen. Offenbar haben sie Schwierigkeiten, sich zu öffnen; sie fühlen sich wahrscheinlich einfach selbst nicht so. Vielleicht meinen sie auch, es sei schwach oder weibisch, Gefühle zu zeigen. Mit solchen Menschen sind Gespräche sehr schwierig.«

Insgesamt fühlen Frauen sich nicht so erschöpft, so ausgelaugt in ihren Beziehungen zu Freundinnen, denn die Gefühle fließen in beiden Richtungen. Keine von beiden gibt immer nur, ohne nicht auch zu bekommen.

Liegt der Grund vielleicht darin, daß eine Liebesbeziehung einfach verwundbarer ist als eine Freundschaft? Oder ist es leichter, mit Frauen zu reden, weil sie weniger konkurrenzbetont sind, miteinander anders umgehen und einander besser stützen? Eine Liebesbeziehung ist zwar manchmal intensiver und anspruchsvoller als eine Freundschaft; doch geben auch Männer zu, daß die Menschen, mit denen sie am besten ein persönliches Gespräch führen können, Frauen oder ihre eigenen Ehepartnerinnen sind. Da also sowohl Frauen als auch Männer es einfacher und schöner finden, mit Frauen zu reden, ist die weibliche Form der Kommunikation ganz offenbar vorzuziehen – sie ist liebevoll und fürsorglich.

Warum Frauen anders reagieren: ihre vier Begabungen

Was ist es nun, das sowohl Frauen als auch Männer an der weiblichen Art, mit anderen Menschen umzugehen, so anziehend finden? Frauen schildern ihre Freundschaften mit anderen Frauen als offen und spontan; sie betonen, wie leicht es ist, mit ihnen zu reden; sie hören gut zu und äußern Teilnahme, fällen aber nur selten Urteile. Selten versuchen sie, Druck dahingehend auszuüben, daß sich die andere einer vorgefaßten Meinung anpassen muß, oder verurteilen sie, wenn sie sich weigert, derselben Meinung zu sein.

Uneingeschränkte emotionale Unterstützung

Eins der größten Geschenke, die Frauen einander machen, ist das Wissen, daß sie füreinander da sind, um einander emotionale Unterstützung zu geben, und daß sie die andere nicht verurteilen werden. Diese Akzeptanz ist die Grundlage vieler Freundschaften: Daraus entsteht ein Gefühl der Sicherheit, das die Offenheit und Bereitschaft, sich ohne Vorbehalte preiszugeben, fördert.

Frauen berichten normalerweise, daß sie miteinander viel

freier und aufrichtiger reden können als mit Männern, die sich vielleicht sogar weigern, ein Gespräch zu führen, oder die Frauen für das herabwürdigen, was sie sagen:

»Ich weiß, ihr kann ich alles sagen, und sie wird nie so darauf reagieren: ›Wie kannst du das sagen, wie kannst du nur so etwas denken? Das ist ja ganz furchtbar!‹ Mit Männern ist mir das schon oft passiert.«

»Meine Schwester und ich können alles bereden, ganz egal, wie intim oder schockierend es auch sein mag. Sie hört immer zu und verurteilt mich nie – sie unterstützt mich nur liebevoll.«

»Egal, wie lange ich meine Freundinnen nicht mehr gesehen habe – sobald wir uns treffen, ist die alte Gesprächsbasis wieder da. Sie verurteilen nicht, sondern leisten Beistand, und ich weiß, sie sind für mich da, wenn ich sie brauche. Meine Geheimnisse sind bei ihnen gut verwahrt, und sie sind völlig offen mit mir.«

»Nie werde ich vergessen, wie ich mich zum ersten Mal im Gespräch mit dieser älteren Frau, die ich schon lange kannte, völlig geöffnet habe. Das war der Anfang einer Freundschaft, die inzwischen dazu geführt hat, daß ich sie als echte Mentorin meiner Gefühle empfinde. Ihr konnte ich einige dunkle Geheimnisse aus den Tiefen meiner Seele erzählen, die ich sonst niemandem preisgegeben hätte. Mir war gar nicht wohl dabei, aber ich hatte das Gefühl, sie würde mich verstehen. Ich sah ihr dabei immer wieder ins Gesicht, aber sie sah gar nicht schockiert aus. Sie sagte nur: ›Ich bin froh, daß du mir das gesagt hast, daß du genug Vertrauen zu mir hast. Das bedeutet mir sehr viel.‹ Ich konnte es kaum glauben, daß *sie* es war, die mir dankte, nachdem sie *mir* so viel gegeben hatte. Dieses Erlebnis, mich so akzeptiert zu fühlen, hat meine ganze Einstellung zu anderen Menschen verändert.«

Zuhören – mit echtem Interesse

Vor allem die Bereitschaft, die Gedanken und Erfahrungen anderer anzuhören, zeichnet Frauen aus – wie Frauen selbst immer wieder voller Begeisterung berichten:

»Wenn ich mit meinen Freundinnen spreche, weiß ich, daß sie sich wirklich konzentrieren und aufnehmen, was ich sage, ob es nun wichtig oder nebensächlich ist. Allerdings verwöhnen sie mich gewissermaßen auch, denn draußen, in der Männerwelt, schenkt man mir nicht dasselbe Gehör, und es überrascht mich immer wieder, wie schlecht Männer zuhören können. Warum können sie mir nicht auch so viel Respekt entgegenbringen?«

»Sie hört mir mit Interesse zu, wenn ich ihr etwas erzähle. Was ich über bestimmte Dinge denke, wie mein Alltag aussieht, welche Leute ich kennenlerne – alles interessiert sie. Sie ist echt neugierig zu erfahren, was ich so mache, und ihr Interesse ist von Respekt getragen, von Mitgefühl und Liebe –, ich spüre ganz einfach, daß sie mir nur das Beste wünscht. Wenn ich eine Entscheidung fällen muß, steht sie mir bei und gibt mir das Gefühl, wichtig zu sein – als ob alles, was ich tue, wesentlich sei.«

»Meine Freundin ist schön und begabt, obwohl sie sich vielleicht selbst nicht so sieht. Sie hat schon tolle Dinge in ihrem Leben unternommen und sich seit dem Beginn unserer Freundschaft sehr entwickelt. Ursprünglich war ich die Stärkere, aber inzwischen ist die Beziehung sehr ausgeglichen. Und wenn ich heute mal schlecht drauf bin, kann ich sie immer anrufen, und sie fühlt sich ganz in mein Problem ein, auch wenn sie es nicht aus eigener Erfahrung kennt. Sie hat ein phantastisches Einfühlungsvermögen. Das ist mir so wichtig. Wenn ich sie zu Hause oder im Büro anrufe, fühle ich mich nach dem Telefonat wärmer, stärker und von ihr unterstützt. Ich liebe sie sehr.«

Konstruktive Kritik und Ideen

Frauen sagen, die Unterstützung, die sie von ihren Freundinnen erführen, führe häufig dazu, daß sie eine Situation klarer sähen und daraus lernten. Ihre Freundinnen weisen sie auf Fehler hin, die sie gemacht haben, und helfen ihnen, destruktive Angewohnheiten abzulegen oder aus einer Situation wieder herauszukommen, die ihnen nicht guttut (was sie selbst oft noch gar nicht gemerkt haben). Solche Ratschläge werden auch gerne angenommen, weil so deutlich wird, daß sie aus Zuneigung und Loyalität gegeben werden:

»Anfangs störten mich ihre ständigen Kommentare über meine damalige Beziehung. Sie ließ nicht locker und betonte, daß ich etwas Besseres verdient hätte und mir das nicht länger bieten lassen sollte. Sie hatte recht. Aber ich fand das erst gar nicht gut, denn ich dachte, sie würde mich kritisieren. Mir war nicht klar, daß es ihr wehtat, mich in solchen Schwierigkeiten zu sehen. Die Zeiten, in denen mir dieser Mann so viel gegeben hatte, daß es sich für mich gelohnt hätte, bei ihm zu bleiben, waren längst vorbei. Schließlich fiel mir auf, daß sie mich nie als Mensch ablehnte, auch wenn sie sein Benehmen oder meine Unfähigkeit, mich von ihm zu trennen, sanft, aber bestimmt kritisierte. Im Gegenteil, sie versicherte mir, daß sie mich durchaus verstehen könne, da sie selbst auch einmal in einer ähnlichen Lage gewesen wäre. Als mir das klar wurde, schätzte ich sie um so mehr. Sie hatte recht. Ihre Ratschläge waren gut.«

Eine andere Frau beschreibt, wie ihre beste Freundin ihr stets mit liebevoller Kritik zur Seite stand:

»Schon zweieinhalb Jahre sind wir gut befreundet. Wir haben viel gemeinsam, aber vieles trennt uns auch. Von allem Anfang an haben wir vieles auf einer sehr tiefen Gefühlsebene miteinander besprochen. Anfangs waren es nur Gespräche; inzwischen schütten wir einander das Herz aus und zeigen einander ohne Scham unsere Verletzlichkeit und unsere Tränen.

Vor zwei Jahren war ich in einer sehr destruktiven Beziehung gefangen, und sie war voll für mich da. Wenn sie den Eindruck hatte, daß ich mir selbst schadete, sprach sie das offen aus und half mir, die Dinge auf eine neue Weise zu betrachten. Wenn ich Mitgefühl brauchte, gab sie es mir. Wir wohnten ganz nahe beieinander, und manchmal verbrachte ich ganze Tage mit ihr, oft zum Reden, manchmal auch nur zum Essen oder Fernsehen, in aller Ruhe. Ihre Verläßlichkeit und Unterstützung halfen mir, diese Sache durchzustehen. Ich habe daraus und aus der Freundschaft mit ihr viel gelernt. Heute leben wir in verschiedenen Städten, und immer noch spüre ich dieselbe Nähe. Wir sind immer noch füreinander da, wir rufen einander an, wenn wir Bestätigung und Liebe brauchen. Wenn ich im Sommer heirate, wird sie meine Trauzeugin sein. Ich finde kaum Worte, die ausdrücken könnten, was sie mir ist. Sie gibt mir Nähe und Intimität, Macht und Stärke. Das bedeutet mir alles.«

Mut und Kraft in schlechten Zeiten

Wie oft haben Frauen einander in schwierigen Zeiten schon beigestanden? In früheren Zeiten waren es vor allem Frauen, die bei Geburten Hilfe leisteten, als Hebamme arbeiteten und auch alles Notwendige taten. Ob Frauen Hilfe brauchten oder jemanden, der auf die Kinder aufpaßte, ob sie irgendwo unterkriechen wollten, sonst irgendeine Unterstützung brauchten, fast immer waren andere Frauen für sie da. Wen würden Sie in einer Krise anrufen? Frauen wissen meist, was zu tun ist:

»Ich hatte eine Freundin am College; sie war sehr attraktiv, sehr katholisch und sehr intelligent. Alle hatten sie gerne; sie arbeitete sehr viel und trieb sich nicht soviel auf Partys herum wie ich. Als ich merkte, daß ich schwanger war, war ich am Boden zerstört. Ich wußte zwar, was ich zu tun hatte, aber ich schaffte es nicht, allein hinzugehen. Ich rief sie an, und keine Minute lang wurde es peinlich zwischen uns. Sie rief sofort in der Klinik an und verschaffte mir einen Termin für den nächsten Vormittag. Dann kam sie zu mir, richtete mir das Essen und übernachtete bei mir. Nicht ein einziges Mal ließ sie mich spüren, daß sie weltanschauliche oder religiöse Probleme mit Abtreibungen hatte. Ihre Loyalität und Verläßlichkeit beeindruckten mich sehr, und sie ließ mich stets spüren, daß sie meinen Entschluß verstehen und akzeptieren konnte. Vor allem war ich ihr sehr dankbar für ihre Entschlußkraft in einer Zeit, in der ich selbst handlungsunfähig war. Ich werde ihr diese Hilfe nie vergessen.«

Diese Haltung wird weithin unterschätzt

Bedauerlicherweise werden diese vier Eigenschaften in Frauenfreundschaften von der Gesellschaft längst nicht hinreichend gewürdigt. Sowohl Frauen als auch Männer genießen sie zwar und nehmen sie in Anspruch, aber anstatt die Frauen für ihre emotionalen Qualitäten und ihre besondere Beziehungsfähigkeit zu loben, heißt es dann oft, sie »liebten allzu sehr«, sie seien zu »gefühlsbetont« und so weiter. Wo bleiben die positiven Ausdrücke für weibliche Tugenden?

Geschichtlich bedingt, versuchen Frauen in jüngster Zeit vielfach, diese Eigenschaften an sich zu unterdrücken. Sie stehen allgemein unter dem großen Druck der Gesellschaft – beispielsweise in der Arbeitswelt –, sich nicht wie Frauen, sondern eher wie Männer zu benehmen, ihre Gefühle im Zaum zu halten, nicht zu viel zu reden und männliche Gesten und Verhaltensweisen zu entwickeln. Andere Frauen wehren sich gegen diesen Druck; sie weigern sich, männliche Arbeitskleidung zu tragen, wenn sie dazu keine Lust haben, und wollen am Arbeitsplatz nicht bloß ein Kumpel wie jeder andere sein. Wenn Frauen sich eher wie die Männer benehmen, werden sie dafür mit größeren Aufstiegschancen oder besserer Bezahlung belohnt – kein Wunder also, daß Frauen ihr Verhalten zu verändern versuchen! Andererseits wäre doch niemandem damit gedient, wenn Frauen wirklich ihre traditionelle Wärme und Hilfsbereitschaft aufgäben. Sinnvoll wäre doch vielmehr, wenn *Männer* sich angewöhnten, liebevoller und offener zu sein und weniger konkurrenzbetont!

Wir haben es bitter nötig, das Wertsystem unserer Gesellschaft dahingehend zu verändern, daß Mitgefühl und Tätigkeiten zum Nutzen des Allgemeinwohls höher bewertet werden als Aggressivität und kriegerische Eigenschaften. Eine solche Veränderung könnte vieles zum Besseren wenden, woran unsere Gesellschaft krankt, beispielsweise die Umweltverschmutzung und -ausbeutung. Die dominante, ausbeuterische Haltung der Männer Frauen gegenüber spiegelt sich auch in der gesellschaftlichen Einstellung zur Natur wider; unsere Annahme, wir könnten die Umwelt einfach für unsere Zwecke mißbrauchen und hätten es nicht nötig, anderen Lebensformen respektvoll zu begegnen und sie in unser Handeln einzubeziehen, hat uns schließlich in die heutige Misere gebracht.

Mit einer Freundin Schluß machen

Bisher haben wir nur die positiven Seiten der Frauenfreundschaften aufgezeigt. Aber – man höre und staune – auch Frauenfreundschaften sind nicht immer vollkommen:

»Mir fällt es immer schrecklich schwer, ihr gegenüber Wut auszudrücken. Sie ist so unglaublich empfindlich, daß sie jedesmal zu weinen beginnt, wenn ich ihr zu erklären versuche, warum ich böse bin. Dabei glaube ich, daß das ein wesentlicher Aspekt einer Freundschaft ist: die Möglichkeit, miteinander offen nicht nur über die ›guten‹, sondern auch über die ›schlechten‹ Gefühle zu reden.«

»Nichts ist schöner, als mit ihr zusammen zu sein, wenn es ihr gutgeht; es ist schöner als mit irgend jemandem sonst. Aber manchmal wird sie so schrecklich traurig, und ich fühle mich dann sehr frustriert. Was auch immer ich sage, nichts nützt, und sic braucht lange, bis sie aus dieser Stimmung herauskommt. Ich kann nicht viel mehr tun, als ihr stundenlang zuhören und wieder auf bessere Zeiten warten.«

»Ich bin auf meine beste Freundin eifersüchtig. Bisher habe ich es nie zugegeben und empfinde dabei auch schreckliche Schuldgefühle. Aber wenn sie sich anderen widmet, komme ich mir ausgestoßen vor. Das hasse ich. Ich versuche jedoch, mir das *nie* anmerken zu lassen.«

Und nicht alle Probleme lassen sich bereinigen. Manche Frauen beschreiben ihren Schmerz, wenn die Freundschaft mit einer Frau zu Ende geht:

»Meine beste Freundin und ich entfremden uns allmählich voneinander. Sie möchte Tänzerin werden und beschäftigt sich mit ganz exotischen Tänzen. Ich habe ihr dabei zwar noch nie zugesehen, aber ich kann es mir vorstellen. Sie ist zwar nicht ganz nackt, aber sie hat jedenfalls nicht gerade viel an. Sie tanzt in Bars und läßt sich dafür gut bezahlen. Ihr gefällt das, und sie weiß, daß ich damit nichts anfangen kann. Seither ist unsere Beziehung anders geworden. Ich finde das alles absolut ekelerregend, wenn die Männer so herumsitzen und sie anstarren, nicht weil sie gut tanzt, sondern weil sie ihre sexuelle Ausstrahlung benutzt, um sie auf sich aufmerksam zu machen.«

»Sie hat jetzt einen Job und eine Beziehung, die miteinander zu tun haben – ihr Chef ist ihr Geliebter –, und nun hat sie keine Zeit mehr für mich. Manchmal besuche ich sie in der Arbeit, aber sie hat nie Zeit zum Reden und vertröstet mich immer auf das Wochenende. Dann sagt sie im letzten Moment ab, weil sie etwas Besseres vorhat.

Nun habe ich das Gefühl, ich sei nur eine Art Notnagel gewesen, bis sie das bekam, was sie immer gewollt hat: eine Karriere und einen Freund. Jetzt bin ich nicht mehr interessant. Das tut mir sehr weh, weil ich gefühlsmäßig auf sie fixiert bin. Ich brauche ihre Energie in meinem Leben, den Austausch mit ihr, das gemeinsame Lachen. Richtig betrogen fühle ich mich.«

»Meine sogenannte beste Freundin ist eine schöne, gescheite Frau, die viel durchgemacht hat. Immer hat sie geglaubt, alle Welt warte nur auf sie. Auch in alten Zeiten, als wir oft zusammen ausgegangen sind, ist sie zu Einladungen zum Essen immer zu spät gekommen oder hat im letzten Moment abgesagt oder ist einfach nicht aufgetaucht. Alle, auch ich, haben nur gelacht und gesagt: ›So ist sie nun einmal, die liebe Anna.‹ Wir machten uns alle immer Sorgen um sie, um ihre Gesundheit und ihr Wohlbefinden. Sie hat zu viel getrunken.

In den letzten paar Jahren hat sie mich so oft hängen lassen, daß ich das nicht mehr komisch finde. So oft habe ich sie für eine Woche zu uns eingeladen, und sie hat immer fest zugesagt. Gekommen ist sie nicht. Ich habe meine Enttäuschung anfänglich verborgen und wie immer gesagt: ›Ja, die Anna, so ist sie halt.‹ In letzter Zeit geht es mir aber auf die Nerven. Nie würde ich jemanden so behandeln.

Der Tropfen, der das Faß zum Überlaufen brachte, war die letzte Silvestereinladung. Ich freute mich sehr darauf, daß sie kommen wollte, denn sie lebt so weit von uns entfernt, und wir sehen uns so selten. Ich bestellte einen Tisch in einem tollen Restaurant – auf ihren Wunsch hin – und kaufte besonderes Essen für sie ein, weil sie kein Fleisch ißt. Am Tag davor rief sie an und meinte nur: ›Es tut mir leid, meine Liebe, aber ich bin bei Freunden auf dem Land, und niemand will mich recht in deine Richtung bringen.‹ Alle anderen waren schuld, nur sie nicht.

Als ich aufgehängt hatte, kam mir die ganze Enttäuschung der letzten achtzehn Jahre hoch. Und jetzt schreibe ich ihr einen Brief, um ihr zu sagen, daß ich die Freundschaft auf dieser Basis nicht weiterführen will.«

Schüchternheit – wie Sie damit umgehen können

Grenzen Frauenfreundschaften nicht manchmal an Verliebtheit? Wenn wir andere Frauen für sehr anziehend halten, ist das nicht eine Art von Verliebtheit? Können wir das der Frau sagen? Ist das überhaupt nötig? Und wie würden wir ihr das sagen?

Ganz allgemein gesagt, enthält unser Wortschatz nicht die richtigen Ausdrücke für das Gefühl gegenseitiger Anziehung zwischen Frauen – für Frauen, die keine lesbische Beziehung möchten, aber die dennoch ihrer intensiven Freundschaft in besonderer Weise Ausdruck verleihen wollen. Wie gehen Frauen damit um? Was haben sie für Möglichkeiten?

Im viktorianischen Zeitalter redeten Frauen viel persönlicher miteinander, wie aus schriftlichen Zeugnissen hervorgeht. Sie gebrauchten Anreden wie »Meine Liebe« und »wenn ich dir nahe bin, jubelt mein Herz« oder erinnern an gemeinsame Zeiten: »Deine Wärme hüllte mich ein.« Diese Ausdrucksweise war nicht ungewöhnlich; wir finden sie immer wieder in Dokumenten von Frauen aus jener Zeit. Überdies war es auch durchaus üblich, Frauen Arm in Arm oder Hand in Hand auf der Straße gehen zu sehen, und niemand dachte sich etwas dabei; es galt lediglich als Zeichen, daß die beiden befreundet waren. Davon ist heute nur noch der Wangenkuß geblieben, den Frauen einander bei der Ankunft oder beim Abschied geben »dürfen« (so lange sie zumindest darauf achten, ihre Körper wie die Balken eines »A« voneinander fernzuhalten, so daß sie sich unterhalb des Halses ja nicht berühren!).

Wie kommt es, daß unser Körpergefühl sich so zurückentwikkelt hat, daß jeder Mensch, den wir länger als ein paar Sekunden berühren, wohl unser »Verhältnis« sein muß? Daß die einzige körperliche Zuwendung, die wir von anderen Menschen bekommen können, Sex ist? Die Grenze zwischen Höflichkeit Freundinnen und Freunden gegenüber und körperlicher Intimität ist zu scharf geworden, zu sehr schwarzweiß.

Warum »dürfen« wir nicht mit einer Freundin, die wir schon zehn Jahre lang kennen, zusammengekuschelt vor dem Fernseher sitzen? In der Schule geht das noch halbwegs; später wird es immer weniger akzeptiert. Vor allem verheiratete Frauen werden das »Eigentum« ihres Mannes. Das spüren wir auch daran, daß wir alle Hemmungen haben, die intimeren Angelegenheiten der Beziehungen mit Freundinnen zu besprechen, um ja nicht illoyal zu wirken. Dies haben wir schon im fünften Kapitel beschrieben.

Es gibt nichts dagegen zu sagen, wenn wir uns einer Freundin gegenüber ebenso ausdrücken wie einem Geliebten gegenüber, wenn uns danach ist. Körperliche Nähe zwischen Freundinnen sollte möglich sein, ohne gleich als Anfang sexueller Handlungen betrachtet zu werden. Aber wer traut sich als erste vor?

Wenn aus Freundschaft eine sexuelle Beziehung wird

Eine Frau beschreibt, wie sie sich während einer schwierigen heterosexuellen Beziehung allmählich in eine Freundin verliebte:

»Die beste Beziehung, die ich je hatte, war die mit einer Frau. Die Freundschaft entwickelte sich rasch – und allmählich auch zu einer intimen Beziehung. Damals lebte ich mit einem unmöglichen Mann zusammen; er spielte immer grausame Spielchen mit mir und tat mir sogar körperlich weh. Es waren schreckliche fünf Jahre mit ihm, voller Eifersucht und Mißtrauen.

Ich traf sie bei der Arbeit. Wir waren uns sofort sympathisch, nicht in körperlicher Hinsicht, aber wir fühlten uns doch beide stark zueinander hingezogen. Allmählich kam ich darauf, daß ich lieber mit ihr als mit ihm zusammen sein wollte. Bei ihr fühlte ich Wärme, Wertschätzung und Sicherheit – bei ihm gab es nur Hohlheit und ein Gefühl großen Mangels. Alles, was ich in einer Beziehung suchte, bekam ich von ihr: Fürsorge, Respekt, Bestätigung und Vertrauen. Er hingegen erstickte und lähmte mich. Sie förderte mich und machte mich stärker. Zum ersten Mal fühlte ich mich frei genug, ich selbst zu sein.

Nach einem Jahr passierte es – der erste Kuß. Ich weiß nicht, ob es die Heimlichkeit war oder das Gefühl, etwas Verbotenes zu tun, aber es war so gefühlvoll... ich war wie in Trance. Es schien uns alles ganz natürlich. Wir schämten uns nicht. Für uns beide war das neu und schien doch so richtig. Ich verließ ihn schließlich und zog zu ihr.«

Eine andere Frau hatte bereits Beziehungen mit einem Mann und mehreren Frauen gehabt. Sie beschreibt, warum sie die Frauenbeziehungen lieber hat: Für sie liegt der Unterschied vor allem in der Gefühlsintensität und in der Kommunikation miteinander.

»Die Gespräche mit Anne-Marie waren immer so umfassend und einbeziehend. Zum Beispiel: ›Dies Essen heute abend, zu dem wir eingeladen sind, mich freut das gar nicht recht. Was denkst du darüber?‹ Und dann sprachen wir darüber und tauschten unsere Gedanken aus. Und wenn wir Streit hatten, sagte eine von uns: ›Du nützt mich aus‹, und dann fragte die andere: ›Was meinst du damit? Erklär mir das bitte genauer und ausführlicher.‹ Und dann hörte sie mir ruhig fünf oder zehn Minuten lang zu. Sie beklagte sich vielleicht auch mal über etwas, das ich ihr gesagt hatte, aber sie war auch bereit zuzuhören. So war unsere Beziehung.

In einer Frauenbeziehung wird nichts als selbstverständlich hingenommen. Männer hingegen scheinen oft zu glauben, man müßte nur einfach so weitermachen, und alles würde dann automatisch in Ordnung kommen. Mit Frauen gibt es immer ein Gespräch, jedesmal, und die Richtung der Beziehung wird ständig neu bestimmt. So ist es zumindest zwischen uns. Wenn ich hingegen früher mit meinem Ex-Freund Krach hatte, bekam ich – gar nichts. Ich wurde nur mißachtet. Und wenn ich insistierte, sagte er bloß: ›Du bist verrückt, darüber will ich mit dir nicht reden.‹ Und damit war das Gespräch zu Ende. Ich schimpfte und fluchte vor mich hin, und er hörte mir nicht einmal zu, schenkte mir nicht die geringste Beachtung. Er wandte sich einfach einer anderen Beschäftigung zu, räumte seinen Schreibtisch auf oder ähnliches. Und wenn ich dann immer weiter schimpfte, sagte er bloß: ›Siehst du? Du bist wirklich komplett verrückt.‹ Und dann ging er wortlos fort. Von meiner Freundin kommen ganz andere Reaktionen. Mit ihr zu reden ist etwas ganz anderes. (Natürlich hängt es auch davon ab, wieviel Geduld wir an dem Tag füreinander aufbringen können.) Meistens reagiert sie etwa so, wenn ich ein Thema anschneide oder eine Bemerkung mache: ›Was meinst du damit, wie kannst du so was sagen?‹ oder: ›Sag mir doch genauer, was du damit gemeint hast.‹

Andererseits, mit meiner früheren Freundin war alles immer sehr psychologisierend, sehr kompliziert und manchmal sehr belastend. Was immer wir auch anfaßten, konnte auf tausenderlei Art interpretiert werden, und darüber zu reden wurde dann eine Riesenaffäre. Während eines dieser Gespräche riet mir meine frühere Freundin einmal schlicht, ich solle doch abhauen. Offenbar wollte sie nicht so viel analysieren, die Gefühlsintensität war ihr zu groß. Natürlich kann es passieren, daß zwischen Frauen der Austausch von Gefühlen und Gedanken so intensiv wird, daß er zerstörerisch wirkt. Und doch – es ist ganz toll. In den Gesprächen, glaube ich, entwikkelt sich die eigene Identität. Für mich ist es eine Entdekkungsreise, und für sie auch. Es ist eine tolle Erfahrung.«

Eine andere Frau lieben

Natürlich birgt die Liebe zwischen Frauen grundsätzlich dieselben Schwierigkeiten, wie sie in einer heterosexuellen Beziehung auftreten. Viele haben jedoch den Eindruck, daß die Liebe zwischen Frauen *tatsächlich* einfacher ist und besser funktioniert – und manche nehmen sie in bestimmter Weise auch ernster:

»Es ist nicht so wichtig, daß man sich verliebt, sondern daß man sich nicht entliebt. Die Beziehungen mit Frauen, in die ich unendlich verliebt bin – wobei es unwichtig ist, ob die Beziehung auch eine sexuelle ist oder nicht –, sind mir wichtiger als alle anderen. Die Geliebte, die mir näher ist als eine Freundin – Freundschaften, die tiefer und vielschichtiger sind als Liebesbeziehungen. Diese Freundinnen treffe ich immer wieder, und ich weiß, wo auch immer sie sein mögen, unsere Zuneigung vergessen sie nie. Sie bereichert uns immer.«

»Eine Liebesbeziehung zwischen zwei Frauen ist viel ernster als eine Beziehung zwischen Frau und Mann. Frauen bewegen sich auf einem höheren Gefühlsniveau, als Männer es sich gestatten, und sie gehen inniger miteinander um.«

Birgt die Liebe zwischen Frauen größere Gleichberechtigung? Wenn wir uns ansehen, was Frauen in diesem Buch über den Unterschied in der Kommunikation mit Frauen und mit Männern berichtet haben, müßte die Antwort lauten: Ja. In diesen Beziehungen herrscht weit mehr Gleichberechtigung, und sie laufen auf einer anderen Basis ab. Lesbische Frauen beschreiben das Leben mit ihren Partnerinnen oft als gefühlsreich und beglückend, und ihre Schilderungen vom gemeinsamen Leben lesen sich so:

»Ich bin gerne eine Frau und ebenso gerne lesbisch. Beinahe alle meine Freundinnen sind lesbisch. Jetzt habe ich eine Geliebte und wir haben eine aufregende, wenn auch etwas turbulente Beziehung miteinander. Nicht immer ist sie eitel Wonne und Sonnenschein! Aber es geht uns gut, und sie inspiriert mich. Ich glaube, ich liebe sie.«

»Lachen, reden, trinken, essen, diskutieren – wir lieben uns auch dabei. Auf verschiedene Weise sind wir den ganzen Tag leidenschaftlich. Es ist wunderschön zusammenzusein und macht viel Spaß.«

»Am liebsten würde ich alles nur mit ihr zusammen tun und nur mit ihr zusammen sehen, was zu sehen sich lohnt. Es gibt nichts, das ich nicht liebend gerne mit ihr teilen würde. Wir gehen auf Feste miteinander, machen Spaziergänge im Park, spielen Ball, gehen zusammen in die Badewanne und lieben einander. Wir lesen einander auch gerne etwas vor. Am schönsten ist es, morgens aufzuwachen, sie anzusehen und zu wissen, daß sie mich liebt. Es ist das Schönste, was es gibt!«

Eine ältere lesbische Frau schildert, wie sie ihr Leben findet, und beschreibt voller Wärme ihren großen Freundinnenkreis, zu dem auch mehrere ehemalige Geliebte gehören:

»Ich bin lesbisch; ich war es immer. Ich habe viele Freundinnen und viele ehemalige Geliebte, mit denen ich jetzt befreundet bin. Ich fand es immer toll, lesbisch zu sein, als Gleiche unter Gleichen akzeptiert zu werden. Frauen sind wunderbar, ich liebe Frauen einfach, schon immer. In meinem Leben habe ich mehrere langandauernde Beziehungen gehabt. Mit einer Frau habe ich zehn Jahre zusammengelebt, mit einer anderen sieben. Das waren die längsten Beziehungen, aber vier Jahre hat es meistens gedauert, oder drei so in etwa. Ich hatte eigentlich meistens eine Partnerin... Eine Frau habe ich besonders geliebt – sie war sehr schön und sehr reich, vielleicht nicht überaus intelligent. Wir hatten eine starke sexuelle Bindung – die körperliche Beziehung war unübertroffen. Wenn ich sie bloß sah, schmolz ich schon dahin, und in ihren Armen war ich wie Wachs. Ich fühlte mich wie in einer anderen Welt...

Wenn ich verallgemeinern müßte, so würde ich sagen, Frauen sind fürsorglicher. Ich bin selbst eine Frau, und so kann ich mit Frauen natürlich besser umgehen. Sie sind einfach netter. Überdies bin ich gerne unter Gleichen, ich habe Leute gerne, die so sind wie ich... Frauen – wie sie schon duften. Und sich anfühlen. Sie riechen einfach besser als Männer, fühlen sich besser an, sehen besser aus. Sie hören sich sogar besser an. Ich mag alles an ihnen lieber!

Ich liebe das Leben. Was ich mache, tue ich gerne. Ich gehe gerne unter Leute, gehe gerne ins Kino, ich liebe es, allein zu sein, fernzusehen, auf Partys zu gehen, zu tanzen, mit dem Hund spazieren zu gehen, am Strand herumzuliegen. Das Leben macht mir viel Freude. Ich finde einfach schön, was ich mache.«

Sex zwischen Frauen
Lesbische Frauen beschreiben ein sehr vielseitiges Sexualleben:

»Wenn wir uns lieben, nehmen wir beide immer verschiedene Rollen ein. Manchmal wälzen wir uns im Bett, eine liegt auf der anderen, eine übernimmt die Initiative, und danach die andere. Es ist sehr erregend, aber es spiegelt auch unsere Beziehung wider. Keine beherrscht die andere. Wir liegen einander in den Armen, riechen unseren Atem, der sich vermischt, und unseren Körpergeruch. Ich spüre eine ruhige und tiefe Leidenschaft, so, als wäre ich gerade ein Ganzes geworden. Sex mit Männern war nie so schön.«

»Mein Sexualleben ist jetzt glücklich, schön und erfüllt. Sex bis zum Orgasmus gibt es vielleicht einmal die Woche. Aber die bloße Berührung, das Kuscheln und das Festhalten sind mindestens genau so wichtig, und das machen wir täglich. Sex ist wie ein Nachtisch – toll, wenn uns danach ist und wir Zeit dafür haben, aber nicht die Essenz unserer Liebe.«

»Ich fühle mich begehrt, wenn sie mich liebt. Ich spüre, daß sie meine Verletzlichkeit erkennt und sanft mit mir umgeht.«

»Mir ist Sex lieber, wenn es dabei rauh und leidenschaftlich zugeht, wenn dabei die Schranken der Nettigkeit überschritten werden, die Frauen sonst so um sich herum aufbauen. Keine Zurückhaltung wie beim sanften, höflichen ›politisch richtigen‹ Sex.«

Was heißt es, eine andere Frau zu lieben?
Wer kann schon sagen, ob es »natürlicher« ist, eine Person des anderen oder des gleichen Geschlechts zu lieben? Die griechischen Männer der Antike wären bei der Beantwortung dieser Frage ziemlich in Bedrängnis geraten!

Viele Frauen geben tiefen Gefühlen der Liebe Ausdruck und sprechen mit Freude, Leidenschaft und Sorge von der geliebten Frau, seien sie nun in einer Freundschafts- oder in einer Liebesbeziehung. Auf dieser Ebene haben wir alle die Möglichkeit, an der Schönheit der Weiblichkeit teilzuhaben und ihre Kraft zu genießen.

Die Problematik und Politik der Frauenfreundschaften

Vielleicht lieben wir unsere Freundinnen – aber nehmen wir sie auch ernst? Glauben wir tatsächlich, daß sie so wichtig sind wie Männer? Daß sie ein Regierungsamt ausüben können oder eine große Firma leiten? Oder auch nur, daß sie rational denken können?

Frauen sprechen gut über ihre Freundinnen und lieben sie ganz offensichtlich. Und doch existieren diese Beziehungen außerhalb der Machtverhältnisse von Beruf, Familie und so weiter. Unsere Liebe füreinander spielt sich außerhalb der Gesellschaft ab, sie ist nicht Teil der »realen« Welt.

Wie viele von uns glauben, daß Männer wichtiger sind als wir, weil sie schließlich die Welt beherrschen und das Geld und die Macht haben? Auch wenn wir es ungern zugeben, manchmal denken wir anscheinend tatsächlich so. Dieser Mangel an Selbstachtung äußert sich etwa darin, wie leicht eine Frau eine andere versetzt, wenn ein Mann mit ihr ausgehen will.

Wenn Frauen Männer vorziehen: Verabredungen absagen

Viele Frauen fühlen sich sehr verletzt, wenn ihre Freundinnen ihnen Männer vorziehen:

> »Meine Freundinnen sagen mir immer kurzfristig wegen eines Mannes ab, womöglich noch an dem Tag, an dem wir uns eigentlich treffen wollten. Das macht mich wirklich böse. Ich kann es nicht ausstehen, weniger wichtig genommen, als selbstverständlich betrachtet zu werden. Ich würde das einer anderen Frau nie antun.«

»Nie ruft sie an; immer wartet sie, daß ich sie anrufe. Und sie plant schon gar nichts mehr für uns beide. Wenn eine Frau einmal einen Mann hat oder gar heiratet, wird alles anders.«

»Einmal habe ich eine Verabredung mit einer Frau abgesagt, weil ich mich mit meinem Freund wieder mal gestritten hatte und er mich danach zum Essen einlud. Sie wurde böse und sagte: ›Offenbar ist dir deine Beziehung zu ihm wichtiger als die zu mir!‹ Das hat mich sehr getroffen, und ich verteidigte mich vor mir selbst gegen diesen Vorwurf. Allmählich wurde mir allerdings klar, daß sie recht hatte. Ich habe sie gekränkt; ich würde mir das auch ungern bieten lassen. Jetzt bin ich auch überzeugt davon, daß es nicht richtig ist, Männer immer an die erste Stelle zu setzen. Meine Freundinnen sind mir sehr wichtig. Wenn ich mit ihnen verabredet bin, ist das genauso verbindlich, als wenn ich mich mit einem Mann treffen will.«

Sprechen wir zuviel über Männer?

Obgleich viele Frauen gerne mit ihren Freundinnen über ihre Männerbeziehungen reden, sind manche doch der Ansicht, allzuviel darüber zu reden bedeute einen Mißbrauch der Freundschaft. Gleichsam, als würde die Freundschaft ausschließlich dazu benutzt, daß Frauen Männern gegenüber zusammenhalten, anstatt die Freundschaft selbst zu fördern:

»Mir hat an Frauen immer mißfallen, daß sie ständig über ihre Probleme mit Männern reden. Es stört mich, daß wir nicht genug über unsere *eigenen* Probleme und Zukunftspläne reden.«

»Früher hat es mir oft wehgetan, wenn sie mir das Gefühl gab, meine Rolle sei ausschließlich die einer Zuhörerin, sobald sie ihre Probleme mit Männern schilderte. In einer Freundschaft müßte es doch mehr geben als immer bloß Gespräche über Männer, was sie uns antun und wie wir uns dabei fühlen.«

»Einer der ermüdendsten Aspekte von Frauenfreundschaften ist vielleicht, daß so viele Frauen ständig über Männer reden. Es reicht mir einfach, immer mitanhören zu müssen, ob wohl ›tolle Männer aufkreuzen werden‹. Gibt es denn nichts anderes im Leben einer alleinstehenden Frau? Ich antworte dann: ›Ist das nicht ganz egal?‹«

»Diese Frauen, die immer nur über ihre Probleme mit Männern reden, hängen mir schon zum Hals raus. Wir besprachen immer nur das, was sie eigentlich mit ihren Männern hätte besprechen sollen.«

Die Mehrzahl der Frauen empfindet das jedoch nicht so. Sie entgegnen, daß diese Gespräche sehr wichtig für sie seien, da sie so ihre Gefühle aufarbeiten und ihr eigenes Wertsystem bestätigen könnten:

»Ich hätte diese Beziehung nie überlebt und ihn auch nie verlassen, hätte sie mich nicht ständig angehört und mich unterstützt, wenn ich mich ausweinen wollte. Sie war stark, humorvoll und gütig. Ohne sie als Zuhörerin hätte ich nie zu meinen tieferen, wahrhaftigeren Gefühlen gefunden, die schon so lange verschüttet waren.«

Mißbrauchen wir unsere Freundinnen, wenn wir mit ihnen viel über Männer reden? Oder gehört das dazu, wenn wir uns über unser eigenes Leben klarwerden wollen?

Solche Gespräche sind extrem wichtig und haben nichts mit dummem Mädchengeschwätz zu tun. Oft sind sie überaus philosophisch: Indem sie über Situationen und männliche Einstellungen zu Frauen und Liebe reden (»Was geht eigentlich in ihm vor? Warum verhält er sich so?«), klären die Frauen ihre eigene Haltung. Sie erkennen die Lage klarer und überlegen ihre Reaktion mit Bedacht. Durch diese Gespräche entwickeln Frauen ihre eigenen Werte, die spezifischen Einstellungen der Frauen. Sie teilen ihre Gefühle und ihre Erfahrungen mit einer Freundin.

Viele Frauen sind der Ansicht, dieser Erfahrungsaustausch

verschaffe ihnen Klarheit darüber, ob eine Beziehung ihnen wirklich das gibt, was sie von ihr erwarten. Dieser Austausch gibt ihnen auch emotionale Kraft und verhindert, daß sie sich total isoliert fühlen, wie das Frauen in problematischen Beziehungen oft passiert (siehe auch Kapitel fünf).

Was Frauen miteinander besprechen, hat häufig mit der emotionalen Aggression zu tun, die wir schon im ersten Kapitel besprochen haben. In diesen Gesprächen hören und bestätigen Frauen, was andere Frauen – ihre Freundinnen – erleben. Das ist ganz besonders wichtig, denn die Gesellschaft bestreitet bislang, daß es ein solches Muster emotionaler und psychischer Gewalt überhaupt gibt. Ohne es aufzuzeigen und mit einer anderen zusammen zu analysieren, müßten Frauen einfach akzeptieren, was die Gesellschaft ihnen beibringt: Falls Probleme auftauchen, seien stets die Frauen daran schuld; ihre Ansichten seien falsch, und *sie* müßten diese ändern; und wenn alles nichts nützt, müßten sie eben einen Psychiater aufsuchen. Mit einem Psychoanalytiker oder Gesprächstherapeuten zu reden, kann manchmal durchaus hilfreich sein; die meisten von ihnen nehmen jedoch nicht zur Kenntnis, daß der Status von Frauen und die männliche Haltung Frauen gegenüber ein riesiges gesellschaftliches Problem darstellen, das sich auch auf Beziehungen auswirkt. Das muß aber mitbedacht werden, wenn darüber geredet wird, was eigentlich los ist. Die Hilfe, die Frauen in dieser Hinsicht von ihren Freundinnen bekommen, ist also außerordentlich wertvoll.

Angst vor anderen Frauen

Eifersucht und Neid

Wie steht es mit dem althergebrachten Vorurteil, Frauen seien kleinlich und eifersüchtig aufeinander? Trifft es heute noch zu, hat es je zugetroffen?

Einige Frauen bringen es fertig, über diese traditionellen Eifersuchtsgefühle zu sprechen, wenn auch meist mit Schuldgefühlen – über Neid oder auch die Angst, ausgeschlossen zu sein:

»Meine Freundin Ellen ist hübscher als ich. Ich wünschte, ich fühlte mich dadurch nicht so verunsichert. Ich rede mir ein, Selbstvertrauen zu haben; ich nehme mir vor, ihr Komplimente über ihr Aussehen zu machen. Wenn sie dann allerdings tatsächlich erscheint, in einem tollen Kleid, lächelnd und selbstbewußt, ist es mit meiner Nettigkeit vorbei. Im Geiste nehme ich sie auseinander und versuche, Fehler an ihr zu entdecken. Es ist schrecklich! Theoretisch möchte ich gerne attraktive Frauen als Freundinnen haben, sie in unseren Freundeskreis aufnehmen und keine Angst um meinen Freund haben müssen. Muß denn jede gutaussehende Frau eine Bedrohung für mich sein? In der Wirklichkeit spielt es sich leider so ab. Anscheinend bin ich sehr dafür, alle Macht den Frauen zu übertragen – solange sie nicht hübscher sind als ich! Wie scheinheilig von mir!«

»Meine Chefin ist schön, wohlhabend und mächtig. Ich bin verrückt vor Eifersucht; es ist einfach zuviel für mich! Ich hasse sie, am liebsten wäre ich an ihrer Stelle. Aber ich lasse es mir nie anmerken, denn da sähe ich doch ziemlich armselig aus. Ich *bin* armselig. Warum kann ich nicht darüber hinwegkommen? Und – was das Allerschlimmste ist – dabei mag ich sie sehr!«

»Im Urlaub war ich an einem Nacktbadestrand. Dort war ich ganz eifersüchtig auf andere Frauen und hatte Angst, mein Begleiter könnte sie viel schöner und attraktiver finden als mich. Aber auch sonst hätte ich mich gefragt: ›Warum kann ich nicht auch so aussehen?‹ Oder: ›Warum bewege ich mich nicht auch so frei, wenn ich nackt bin?‹ Ich brachte diesen Frauen kein Vertrauen entgegen und suchte auch nie Kontakt zu ihnen. Ich könnte mich viel eher akzeptieren, wenn ich mich durch sie nicht so bedroht fühlte!«

Diese Frau schildert, wie sie mit ihrer Eifersucht fertig wurde:

»Früher war ich auf meine beste Freundin sehr eifersüchtig, doch ich versuchte, es zu verbergen. Sie war einfach gelassener, anziehender für Männer und hatte ihr Leben besser im Griff. Ich beschloß, ihr zu sagen, wie mir zumute war, in der Hoffnung, auf diese Art meine Gefühle loszuwerden. Es war zwar ein Risiko, aber ich dachte, na und wenn schon, so mag ich mich selbst nicht, was habe ich schon zu verlieren? Und außerdem wollte ich sie auch wirklich zur Freundin haben. Als ich ihr das sagte, war sie überrascht und sehr herzlich. Sie erzählte mir alles, was sie an sich selbst nicht leiden konnte, an ihrem Aussehen und ihrem Charakter. Sie bekannte, wie sehr sie mich um bestimmte Seiten meiner Persönlichkeit beneidete und wie toll sie meine Beine fand! Seit sie mir ihre Unsicherheiten offengelegt hat, fühle ich mich viel stärker. Seither holt sie sich von mir ebenso oft Bestätigung wie ich mir von ihr. Ich sehe sie jetzt mit ganz anderen Augen.«

Unsicherheit in Anwesenheit anderer Frauen

Oft fürchten wir uns davor, von anderen Frauen kritisiert zu werden, wie das unsere Mütter immer mit uns gemacht haben. Immerhin war es bei den meisten von uns die Mutter, die uns beaufsichtigte, die uns Grenzen setzte und uns ins Leben einführte. Unsere Mütter haben uns nicht nur bestärkt, sondern auch kritisiert. Das hat oft sehr weh getan, da es doch von einer so mächtigen Person kam, und es schien uns auch oft so, als schränke sie damit unsere Freiheit und unsere Persönlichkeitsentwicklung ein.

Das Resultat ist, daß Frauen, wie auch Männer, manchmal unbewußt Angst vor anderen Frauen haben. Sie erwarten Schlechtes von ihnen, auch wenn die Beziehung an der Oberfläche gut aussieht – insbesondere am Arbeitsplatz beispielsweise. Wenn wir eine negative Äußerung von einer Frau hören, streichen wir oft viel schneller die Segel, als wenn ein Mann uns kritisiert oder herablassend begegnet...

Empfinden wir etwa, genau wie Männer, eine Haßliebe zu anderen Frauen? Und ist es etwa so, daß wir sie, genau wie Männer, nicht sonderlich respektieren? Das hieße natürlich auch, daß wir *uns selbst* nicht sonderlich viel Respekt entgegenbringen. Was für Zustände! Damit müssen wir uns unbedingt auseinandersetzen. Wenn wir das nicht schaffen, sind wir dazu verdammt, die alten Fehler ständig zu wiederholen und Frauen gegenüber dieselben Klischees anzuwenden, die wir so bejammern, wenn sie uns selbst betreffen. Wir behindern uns selbst dadurch.

Wenn wir aneinander glauben würden, könnten wir buchstäblich alles schaffen. Immerhin machen wir mehr als die Hälfte der Bevölkerung aus! Warum können wir uns nicht zusammentun und beispielsweise zumindest Leute wählen, die sicherstellen, daß Frauen für die gleiche Arbeit genausoviel bezahlt bekommen wie Männer?

Solidaritätskonflikte

Der Grund für unsere mangelnde Solidarität liegt nicht in irgendeiner »natürlichen Eifersucht«, sondern darin, daß wir keine hinreichend hohe Achtung vor anderen Frauen haben, zumindest gegenwärtig noch nicht. Und wir merken das meistens nicht einmal – noch nicht! Zum Beispiel hat eine Frau, die Anwältin werden wollte, gesagt: »Ich möchte nicht als Frau, als Rechts*anwältin* angesehen werden, wenn ich fertig bin, sondern als Person im Anwaltsberuf.« Es ist zwar verständlich, wenn sie nicht »diskriminiert« werden will, indem sie anders bezeichnet wird als ihre Kollegen und damit irgendwie auch als »anders« herausgestellt wird. Jedoch geht es hier um etwas anderes. Männern macht es nichts aus, wenn sie auch als Männer bezeichnet werden. Männer sind gerne »richtige Männer«, sie sind meistens sehr stolz darauf und streben danach. Für viele Frauen jedoch, denen die vorherrschende Abwertung der Frau in Fleisch und Blut übergegangen ist, ist die Bezeichnung als Frau gleichbedeutend mit gesellschaftlicher Minderwertigkeit.

Natürlich wäre es ideal, wenn die Gesellschaft nicht so viel Wert auf das Geschlecht legen würde und wir dieses Problem überhaupt nicht hätten. Aber wir werden nun einmal danach eingeteilt, und zwar von Geburt an; das beginnt bei jedem Formular, das wir in unserem Leben ausfüllen müssen, und geht bis zur täglichen Form der Anrede, Herr oder Frau Sowieso. In dieser Wirklichkeit leben wir, und wir müssen irgendwie damit umgehen und darüber nachdenken, wo wir selbst uns einordnen wollen. Warum also nicht stolz darauf sein, stolz darauf, was Frauen alles schon erreicht haben? Es gibt viele Bücher, in denen die Vergangenheit, Gegenwart und Zukunft der Frau gefeiert werden, auch wenn der weibliche Beitrag zur Weltgeschichte in den meisten historischen Werken unterschlagen wird – und auch in vielen heutigen Medien.

Die Lage der Frauen ist jener der Schwarzen nicht unähnlich. Vor einigen Jahren wurden Schwarze noch als Bürger zweiter Klasse angesehen. Sie werden heute immer noch viel schlechter bezahlt als Weiße, aber mit »schwarzem Stolz«, mit einer Bewußtseinsveränderung, ist es ihnen gelungen, die Welt um sie herum allmählich umzuerziehen.

Glauben auch wir, daß Männer wichtiger sind?

Das Phänomen, daß Frauen ihre Geschlechtsgenossinnen nicht wirklich respektieren, obschon sie sie manchmal lieben, zeigt sich ganz deutlich in den Äußerungen von Frauen über ihre Mütter. Die Mehrzahl der Frauen berichtet, sie hätten sich in ihrer Kindheit den Vätern näher gefühlt als den Müttern, sie hätten sie mehr bewundert und wären lieber ihnen als ihren Müttern ähnlich gewesen.

> »Ich identifiziere mich mehr mit meinem Vater, denn er hat immer einen Job gehabt und ich auch; ich möchte ihm ähnlich sein, nicht meiner Mutter. Mit meiner Mutter hingegen kann ich auf eine Art und Weise reden, die mit meinem Vater undenkbar ist. Sie ist immer für mich da – nicht in jeder Hinsicht, aber wenn's ums Überleben geht, dann kann ich auf sie zählen. An sie wende ich mich, wenn ich ganz sicher sein will.«

Diese Identifizierung mit den Vätern rührt daher, daß unsere Väter einen höheren Status besitzen; sie haben das Geld, sie führen das aufregendere Leben, und vielleicht hatten sie oft auch mehr Zeit, mit uns zu spielen, weil sie keine Hausarbeit zu erledigen hatten. Aber so verinnerlichen wir wieder die Ansicht von der minderwertigen Frau, die weniger erstrebenswert, weniger lustig, weniger interessant ist und so weiter.

Hier liegt ein weitgehend unausgeloteter Aspekt unserer Beziehung zu unseren Müttern und zu uns selbst. Frauen erkennen diese Muster deutlich, wenn sie ihre Freundinnen dabei beobachten, wie sie Männer behandeln, als wären diese ihnen überlegen. Oft fühlen sie sich dadurch sehr verletzt.

Angst vor männlicher Macht

Frauen erwähnen zum Beispiel häufig, daß es sie traurig macht, wie anders sich ihre Freundinnen Männern gegenüber verhalten. Sie benehmen sich beinahe unterwürfig, haben Angst, offen zu sagen, was sie denken, oder ziehen sich sofort zurück, wenn sie die Mißbilligung eines Mannes zu befürchten haben – mit anderen Worten, sie machen sich klein und armselig:

> »Meine Freundin hat sehr ausgeprägte Meinungen. Ich habe es so gerne, wenn sie aus sich herausgeht. Wenn jedoch ein Mann dabei ist, wird sie ein unterwürfiges, kleines Mädchen und nickt immer nur zustimmend. Es macht mich ganz wild.«

> »Ich bewundere Frauen, die andere Frauen lieben können und sich bei den Männern nicht anbiedern. Frauen mit gespaltener Persönlichkeit kann ich nicht ausstehen – sie zeigen ihren Freundinnen das eine Gesicht und den Männern, die sie kennen, ein ganz anderes. Ich bewundere eine Frau, die sich so liebt, wie sie ist, und die nicht immer den Erwartungen anderer Leute gerecht werden will.«

Eine Frau beschreibt, wie ihr zum ersten Mal an ihr selbst aufgefallen ist, daß sie sich so unterwürfig benimmt, und wie sie sich das abgewöhnt hat:

> »Eines Tages wurde mir klar, daß ich nie ich selbst war, wenn ich mich in Gesellschaft von Männern bewegte. Es war anfangs nur so ein Gefühl. Dann begriff ich, daß ich mich in ihrer

Gesellschaft nicht natürlich benahm. Es ist schwer zu erklären, aber irgendwie wußte ich, wenn ich mich so benehmen würde, wie ich wirklich bin – stark, diskussionsfreudig, anregend –, würde ich die Männer eher abstoßen. Und da mir eingeprägt worden war, daß ich ihnen zu gefallen hätte, mußte ich mich so weit zurücknehmen, bis ich kaum noch vorhanden war. Als mir das klar wurde, fühlte ich mich ganz erleichtert – denn damit beschloß ich gleichzeitig, daß ich mich hinfort anders verhalten würde. Wenn es den Männern dann nicht paßt, kann ich auch nichts machen. Aber ich wollte mich nie mehr unterwürfig zeigen.«

Angst, offen die Meinung zu sagen

Wenn wir uns auf unsere Freundinnen in der Öffentlichkeit nicht verlassen können, wenn wir sehen, wie sie ihren Kotau vor männlicher Macht machen, wie können wir ihnen dann Respekt entgegenbringen? Für viele Frauen ist es sehr schwer zu beobachten, wie ihre Freundinnen Männer und Frauen unterschiedlich behandeln und Männern Vertrauen entgegenbringen, als verdienten sie einfach einen höheren Status und mehr Respekt. Oder auch zu erfahren, daß diese Freundinnen zwar grundsätzlich einsehen, wie sehr sie unter Ungerechtigkeiten in einer männlich dominierten Welt zu leiden haben, aber keinen Finger rühren, diese selbsternannten Autoritäten anzufechten.

Frauen berichten oft von solchen Beobachtungen. Vielfach sind es nur Kleinigkeiten, die sie wütend machen, auch im alltäglichen Leben. Es kann ziemlich schwierig sein, dann den Mund aufzumachen und zu sagen, was wir denken, denn uns wurde immer beigebracht, die Gedanken und Vorstellungen der Männer seien weitaus wichtiger als unsere. Und wenn eine Frau wirklich einmal in einer gemischten Gruppe ihre Meinung kundtut, wird ihr oftmals gesagt, sie versuche, »dominant« zu sein oder »die Männer unterzubuttern«. Wenn sie allerdings kein Wort sagt, wird sie als unterwürfig bezeichnet. Die anwesenden Männer (oder sogar Frauen) haben ihr dann wahrscheinlich deutlich zu verstehen gegeben, daß Männer »aggressive« Frauen nicht ausstehen können. Was soll sie nun machen?

Was Sie selbst denken und fühlen, ist natürlich ganz genauso wichtig wie das, was irgendein Mann denkt und fühlt. Sie haben genau das gleiche Recht wie jeder Mann zu sagen, was Sie denken, und es ist mindestens ebenso bedeutsam! Was natürlich trotzdem mancher Frau den Mund verschließt, ist die Angst vor der Macht des Mannes (zum Beispiel im Falle ihres Arbeitgebers). Wenn wir Frauen jedoch immer zusammenhalten, können wir auch diese Macht brechen! Wir müssen ohne Furcht immer offen sagen, was wir denken, dürfen uns nicht mehr einschüchtern lassen und müssen uns gegenseitig unterstützen und verteidigen, wenn wir es tun.

Was halten Sie nun wirklich von Frauen?

Stellen Sie sich die folgenden Fragen, wenn Sie wissen wollen, wie Sie denn nun wirklich über die Frauen in Ihrem Leben denken – Ihre Freundinnen, Ihre Schwestern, Ihre Arbeitskolleginnen, Ihre Mutter:

- Wer ist Ihre beste Freundin? Wie stark stehen sie hinter ihr, gefühlsmäßig, in politischen Fragen?
- Fühlen Sie sich schuldig wegen Dingen, die Sie Frauen in gesellschaftlichen oder beruflichen Situationen angetan haben? Oder gibt es etwas, worauf Sie stolz sind?
- Stützen Sie sich in ähnlich starker Weise auf die Verläßlichkeit und Kraft Ihrer Freundin, wie Männer das bei Ihnen tun?
- Wann haben Sie zum letzten Mal Ihre Freundin angerufen, ohne sich ausweinen zu wollen, ganz einfach nur, um sich nach ihrem Befinden zu erkundigen?
- Sind manche Ihrer Freundinnen unattraktiver und weniger erfolgreich als Sie? Hat das irgendeine Bedeutung für Sie, falls es so ist?
- Halten Sie Frauen für oberflächlich, wenn sie viel Geld für Make-up ausgeben? Stört Sie das? Oder finden Sie, daß es Spaß macht, sich gelegentlich aufzuputzen?
- Gehen Sie auf der Straße je Hand in Hand mit Ihrer Freundin? Wie lange halten Sie es aus, ohne sich unbehaglich zu fühlen?
- Erwarten Sie von Frauen weniger als von Männern? Oder

mehr? Halten Sie sie für fähiger oder für weniger fähig als Männer?

- Machen Sie den Mund auf, wenn Männer Frauen diskriminieren? Oder vermeiden Sie lieber eine Konfrontation?
- Wenn Ihre beste Freundin ein politisches Amt anstreben würde, glaubten Sie dann insgeheim, daß sie weniger geeignet wäre als ihre männlichen Gegner?
- Glauben Sie tief im Innern, daß Frauen die Hälfte aller wichtigen Ämter in Ihrem Land, in Ihrer Firma, in den Haushalten innehaben sollten? Und möchten Sie eine dieser Frauen sein?
- Wenn eine Frau die Zeremonien bei Ihrer Eheschließung vornähme, fühlten Sie sich dann genauso verheiratet?
- Kennen Sie das Datum des Internationalen Frauentages?

Solidarität unter Frauen: der Schlüssel zur Zukunft

Wenn wir Frauen nicht ebenso ernst nehmen wie Männer, können wir nie die Solidarität erreichen, die wir brauchen, um die Lage grundlegend zu ändern.

Aber wir *müssen* sie verändern: Unter den Armen und Elenden der Welt machen Frauen und Kinder den höchsten Prozentsatz aus, und dieser Prozentsatz steigt ständig. Eine Frau, die sich scheiden läßt, muß meistens feststellen, daß ihr Einkommen nach der Scheidung drastisch zurückgeht; die wenigsten bekommen Unterhalt für die Kinder. (Beides bezieht sich auf amerikanische Verhältnisse; Anmerkung der Übersetzerin.) Frauen erhalten für vergleichbare Arbeit immer noch nur etwas mehr als die Hälfte des männlichen Verdienstes. Ist das gerecht? Möchten Sie, daß sich das ändert? Wollen Sie auch die gefühlsmäßige Ungleichheit ändern, die sich so schlimm auf die meisten Beziehungen zwischen Männern und Frauen auswirkt?

Die Männer haben vielleicht mehr Macht als wir. Wenn Frauen sich allerdings zusammentun, indem sie etwa nachdrücklich gute Kindertagesstätten verlangen und ein Ende der Geschlechtsdiskriminierung in der Ausbildung und am Arbeitsplatz, könnte sich die Lage sehr schnell ändern. Warum sehen das so viele Frauen nicht ein, und warum tun sie nichts dagegen? Hat es damit zu tun, daß sie – als Bürger »zweiter Ordnung« – sich lieber mit den Männern identifizieren? Und dann eine (falsche) Überlegenheit verspüren?

Nur wenn wir Mut haben und füreinander da sind, können wir die Gleichberechtigung herbeiführen. Ohne Solidarität werden wir weiter nur Socken waschen, gefühlsmäßig ausgelaugt sein und uns der Gewalt der Männer ausliefern – sei es emotionale oder körperliche Gewalt. Wir müssen aufeinander stolz sein; nur so können wir unseren Status verbessern – und damit sogar auch unser Beziehung zu Männern, die wir lieben!

Wie können wir Veränderungen herbeiführen? Wir müssen uns zusammentun und für Ziele arbeiten, über die wir uns einig sind – etwa gleiche Bezahlung für gleiche Arbeit. Und wir müssen auch unser Privatleben verändern – den Gefühlsvertrag ändern, von dem hier die Rede war. Bestehen Sie darauf, daß die Männer sich ändern, bestehen Sie darauf, daß sie mit uns zusammenarbeiten und mit uns für unsere Gleichberechtigung kämpfen! Und lassen Sie uns immer, wo wir auch sind, in der Freundschaft wie in der Liebe, als Frauen füreinander einstehen.

Aneinander glauben

Wie lautet der wichtigste Rat, den Frauen heute einander geben können?

»Mein Rat an die Frauen? Lieben und achten Sie sich gegenseitig. Der Rest kommt dann von selbst.«

»Machen Sie die Augen auf. Legen Sie großen Wert auf Ihre Freundschaften zu Frauen, lieben Sie sich selbst und andere Frauen, und zwar vorrangig. Haben Sie keine Angst davor, stark zu sein und über *sich selbst zu bestimmen.*«

»Als ich ungefähr dreiundzwanzig war, wurde mir endlich klar, wie Männer sich in Beziehungen benehmen und wieviel Energie ich dauernd dafür aufwenden muß, damit die Beziehung gut läuft. Ich hörte dann irgendwie auf, Männer zu lieben. Heute habe ich das Gefühl, wenn ich Frauen unterstütze und wertschätze, ihnen meine Zeit und Energie und Liebe widme, so tue ich gleichzeitig mein Bestes dafür, die Welt zu verändern. Ich bin sicher, daß das auch Männer verändert. Es fordert sie nämlich dazu heraus, ihr Verhalten in Frage zu stellen, und sie fangen vielleicht auch damit an, miteinander zu reden und einander emotional mehr zu unterstützen. Jedes Mal, wenn ein Mann von einer Frau verlassen wird, zwingt ihn das, sein Verhalten in Frage zu stellen – wenigstens ein bißchen.«

»Sehen Sie zu, daß Sie immer die Unterstützung einer Gruppe von Frauen haben. Frauen sind gescheit und stark, sie können Gefühle ausdrücken, sind liebevoll und motiviert.«

»Wenn ich anderen Frauen einen Rat zu erteilen hätte, wäre es folgender: ›Trennen Sie sich von den Dingen, die Sie unglücklich machen. Kündigen Sie die unbefriedigende Stellung, geben Sie die unglückliche Beziehung auf. Nehmen Sie kein Leiden auf sich in der Hoffnung, in Zukunft würde alles besser werden. Befassen Sie sich mit Dingen, die Sie glücklich machen. Lieben Sie andere Frauen! Lassen Sie sich von den Dingen, wie sie sind, nicht überrollen! *Sie sind toll, und Sie werden es schaffen!*‹«

Wenn wir weiterhin in unseren Herzen die alten gesellschaftlichen Vorurteile gegenüber Frauen hegen und wenn wir keine Veränderungen herbeiführen (unsere eigenen Einstellungen eingeschlossen), dann könnte damit alle Arbeit, die Frauen in letzter Zeit für die Gleichberechtigung geleistet haben, hinfällig werden: gleiche Kreditwürdigkeit für Frauen bei den Banken, das Recht der Frauen, allein zu leben, das Recht darauf, in der Ehe nicht geschlagen zu werden, und so weiter. Vergewaltigungen von Frauen und andere körperliche Gewalt sind scheußliche Verbrechen, und jeder Mensch sollte eigentlich imstande sein, das einzusehen. Und doch passierte es erst in den letzten Jahren, daß mutige und tapfere Frauen den Mund aufgemacht und diese angeblich so »natürlichen« Rechte auf breiter Ebene angeprangert haben.

Lassen Sie uns diese Tradition aufrechterhalten! Jeder Schritt in Richtung gleiche Bezahlung für gleiche Arbeit, zum Beispiel, der auch Sie direkt betreffen kann, ist nur dann möglich, wenn wir alle zusammenarbeiten. Lassen Sie uns nicht im Stich – lassen Sie *sich selbst* nicht im Stich! Fangen wir an!

Viele Frauen unterstützen einander schon heute in dieser Weise. Das bedeutet nicht, daß alle Frauen, die wir kennen, vollkommen wären oder daß wir selbst vollkommen sind. Es heißt auch nicht, daß alle Frauen, die wir kennen, diese Fürsorglichkeit und Liebesfähigkeit besitzen, die wir hier so hoch loben. Es gibt Frauen, die heute noch (bis zu einem gewissen Grade) glauben, daß Männer »besser« seien und Frauen »albern« sind. Sie haben die Bedeutung weiblicher Solidarität als Quelle persönlicher Stärke und weiblicher Macht noch nicht erkannt. Diese Einstellung schwindet jedoch allmählich, zumindest aus dem Bewußtsein jener Frauen, die sich mit dem Problem auseinandersetzen.

Das Feld der Möglichkeiten ist weit, wenn wir nur unsere Augen offenhalten: Wenn wir unsere Freundinnen richtig ansehen, werden wir auch uns selbst in neuem Lichte sehen.

An unsere Leserinnen

Wenn Sie Lust haben, uns Ihre Antworten auf irgendeinen der Fragebogen in diesem Buch mitzuteilen, oder wenn Sie uns Ihre Ansicht zu irgendeinem der Themen, die wir hier aufgeworfen haben, schreiben möchten, würden wir uns sehr freuen, von Ihnen zu hören!

Bitte senden Sie die Briefe an folgende Adresse:

Hite Research International
P. O. Box 5282
FDR Station
New York
N. Y. 10022
USA

Über die Autorinnen

Shere Hite
schloß die University of Florida mit einem M. A. in Geschichte (*cum laude*) ab, studierte dann als Doktorandin der Geschichte an der Columbia University in New York. In den siebziger Jahren nahm sie aktiv an der Frauenbewegung teil und veröffentlichte 1976, nach fünfjähriger Forschungsarbeit, den bahnbrechenden *Hite-Report der weiblichen Sexualität.* Diese Arbeit dokumentierte zum allerersten Mal aus der Sicht der Frauen selbst, wie ihr Sexualleben aussieht, und stellte ausdrücklich fest, daß die Definition von Sex als »Geschlechtsverkehr« sozial und kulturell konstruiert, nicht aber biologisch festgelegt ist. Daraus entstand eine völlig neue Theorie über das Wesen der Sexualität. Der *Hite-Report der weiblichen Sexualität* wurde ein internationaler Bestseller und gewann später, zusammen mit dem *Hite-Report der männlichen Sexualität*, einen Preis für ausgezeichnete Forschungsarbeit, den die amerikanische Gesellschaft für Sexualerziehung, -beratung und -therapie vergibt.

In den Jahren 1977 bis 1989 unternahm sie ausgedehnte Reisen durch Europa, Asien und die Vereinigten Staaten sowie durch Länder, in denen ihre Bücher verboten sind, und hielt Reden über die Bedeutung der Frauen in der Geschichte. Außerdem recherchierte sie Material für die letzten beiden Teile ihrer nun bereits klassischen Trilogie, den *Hite-Report der männlichen Sexualität* und den *Hite-Report über Frauen und Liebe. Frauen und Liebe* basiert auf den Zeugnissen von etwa viertausendfünfhundert Frauen und dokumentiert zum ersten Mal das Ausmaß emotionaler Gewalt gegenüber Frauen. Es stellt auch zum ersten Mal dar, wie Frauen selbst den kulturellen Begriff der »Liebe« neu definieren. Hites Ansicht, das neue Denken der Frauen stelle eine kulturelle Revolution dar, ist oft kontrovers diskutiert worden und wurde 1987/88 zum internationalen *cause célèbre*. 1988 wurde ein Verteidigungskomitee für Hite gegründet.

Shere Hite lehrte an der University of Florida und an der New York University und hat bereits zahlreiche Auszeichnungen erhalten. Im *World Almanac* von 1978 wurde sie als eine der fünfundzwanzig einflußreichsten Frauen Amerikas genannt. Hite ist außerdem bekannt für ihre philanthropischen Arbeiten und engagiert sich derzeit aktiv in der Umweltschutzbewegung. Derzeit schreibt sie an einem satirischen Roman, der auch Themen des Umweltschutzes aufgreift.

Sie ist mit dem deutschen Konzertpianisten Friedrich Höricke verheiratet und lebt in Köln.

Kate Colleran
wurde 1959 in New York geboren und wuchs in England auf. 1977 kehrte sie in die Vereinigten Staaten zurück. Nach einem Abschluß in englischer Literatur, den sie am Smith College/ Massachusetts erwarb, arbeitete sie in der Publizistik und am Theater sowie für Shere Hite.

Kate Colleran, die Tochter der Schauspielerin Lee Remick, hat weite Reisen durch die Welt gemacht und lebt jetzt vorwiegend in New York. 1989 heiratete sie Pike Sullivan.

SERIE PIPER

Helma Sick

frau & geld

Ein Finanzratgeber. 159 Seiten mit fünf Cartoons von Rita Wildenauer. SP 2007

Finanzielle Unabhängigkeit macht frei – in Beziehungen, in der Lebensgestaltung, im Beruf. Und doch haben immer noch viele Frauen eine tief verwurzelte Scheu vor dem Thema Geld, vor nüchterner, selbstbewußter Finanzplanung. Die Münchner Finanzberaterin Helma Sick, die vor allem Frauen berät, gibt gut verständlich Auskunft: Wie Sie mit Geld umgehen sollten, welche Geldanlagen für einen Vermögensaufbau geeignet sind, mit welchen Chancen und Risiken Sie rechnen können und müssen. Sie lernen Grundprinzipien der Vermögensplanung kennen und sehen, welche Geldanlagen in welchen Lebensabschnitten sinnvoll sind; warum Altersvorsorge wichtig ist und warum Frauen dies gern verdrängen.

»Ein überaus nützliches, aber auch spannend zu lesendes Buch, weil Helma Sick Frauen klarmacht, warum Geld nicht länger ein Tabu-Thema sein darf.«

Brigitte

Lee Bryce

Frauen auf Erfolgskurs

Strategien für den beruflichen Aufstieg. Aus dem Amerikanischen von Annemarie Döring. 238 Seiten. SP 1534

Frauen haben es, wenn sie sich im Beruf durchsetzen wollen, noch immer schwerer als Männer, obwohl sie häufig härter arbeiten als ihre Kollegen und oft auch besser qualifiziert sind. Daran sind auch innere Blockaden schuld, die viele Frauen hemmen: ein bestimmtes Muster von »Weiblichkeit«, Angst ums Privatleben u. a. Lee Bryce zeigt, wie Frauen diese Hindernisse überwinden können und wie sich Erfolg mit Weiblichkeit verbinden läßt.

»Lee Bryce hat die Eigenschaften gründlich analysiert, die der karriereorientierten Frau zum Erfolg verhelfen und sie zur ebenbürtigen Partnerin des Mannes im Berufsleben aufsteigen lassen.«

Handelsblatt

»Die Qualitäten des Buches liegen in der Vielfalt der geschilderten Erfahrungen, in der Sensibilität der Analyse und in der Praktikabilität der Hinweise.«

Kai von Holleben

SERIE PIPER

Sandra S. Kahn

Scheiden tut weh – wenn Frauen nicht loslassen können

Aus dem Amerikanischen von Brigitte Stein. 315 Seiten. SP 1738

Sandra S. Kahn geht von der überzeugenden Grundthese aus, daß Frauen – bedingt durch Erziehung und Geschichte – dazu neigen, ihr Selbstwertgefühl durch die Bindung an andere zu definieren und daraus zu beziehen. Anhand vieler konkreter Beispiele zeigt die Autorin auf, wie sich im therapeutischen Prozeß die geheimen Verklammerungen an den Ex-Partner und damit an die Vergangenheit lösen zugunsten eines selbständigen Handelns, das sich auf Gegenwart und Zukunft richtet.

»Ein handfester Ratgeber ohne Schönfärberei und falsche Versprechungen. Sandra S. Kahn gibt auch konkrete Rechts- und Lebenshilfen zum Umgang mit Kindern und Familie(n), mit Geld und Anwälten sowie zum schwersten Teil des Geschehens: zur Rückkehr in ein eigenes soziales und sexuelles Leben.«
Brigitte

Helga Felbinger

Nimm dir Zeit, nicht gleich den Nächsten

Ratgeber für Geschiedene. 158 Seiten. SP 1646

Ende (der Ehe) gut, alles gut – das ist leider ein weitverbreiteter Irrtum. Helga Felbinger zeigt in diesem »Ratgeber für Geschiedene«, was zu tun ist, um nach einer Scheidung den Weg zu neuem Glück zu ebnen: daß das Ende einer Ehe erst einmal betrauert werden, das Selbstbewußtsein wieder gestärkt und eine neue Rolle in der Gesellschaft gefunden werden muß, bevor eine neue Liebe Aussicht auf Befriedigung und Dauer versprechen kann. Wie man nach einer Zeit bejahten und genutzten Alleinlebens einen neuen Partner sucht und findet; was Mann und Frau von einer neuen Bindung erwarten und welche Vereinbarungen sie treffen sollten, um ihr Glück zu sichern, auch darauf geht dieses Buch einfühlsam und wegbegleitend ein.

»Die Autorin, selbst geschieden, rät: Erstmal allein leben! Ja nicht unter Mutters Rockschöße zurückkriechen!
EMMA

Alice Fuldauer

Fatale Liebe

Mord und Totschlag in der Partnerschaft. Aus dem Niederländischen von Eva Schweikart. 191 Seiten. SP 2239

Täglich schwören sich Paare ewige Liebe – bis daß der Tod uns scheidet. Wenn Liebe in Haß umschlägt, wenn jahrelang Demütigungen und Mißhandlungen das Leiden unerträglich machen oder ein Partner die Beziehung beenden will, kann es passieren, daß das Ehegelöbnis wörtlich genommen wird und ein Ehepartner den anderen umbringt. Die Motive sind so verschieden, wie es kein einheitliches Täterprofil gibt. Alice Fuldauer hat zwölf Jahre lang geforscht und Menschen interviewt, die ihren Partner getötet, zu töten versucht oder bei der Tötung des Partners mitgeholfen haben. Das beunruhigende Fazit ihrer Untersuchungen auf dem Schlachtfeld der Liebe: Jedem von uns kann es passieren. Wenn wir nicht zufällig – oder aus purer Selbsterhaltung – vorher die Notbremse ziehen.

Elisabeth Müller-Luckmann

Die große Kränkung

Wenn Liebe ins Leere fällt. 137 Seiten. SP 2565

Er will »nur mal eben« Zigaretten holen und kommt nicht wieder. Der Märchenprinz hat sich einer anderen zugewandt und hinterläßt eine schmerzliche Leere. Die Gefühle verlassener Frauen hat die Psychologin Elisabeth Müller-Luckmann in diesem Buch untersucht. Setzen Frauen Erwartungen in Liebe und Partnerschaft, die Männer einfach nicht erfüllen können? Ist die große Kränkung also geradezu vorprogrammiert? In ihrer Beratungspraxis hat die Autorin mit vielen Frauen in der Verzweiflung des Verlassenseins gesprochen und dabei bestimmte weibliche Beziehungsmuster entdeckt: Frauen bauen fiktive Manns-Bilder auf, sie erhöhen den Stellenwert des Geliebtwerdens und verlieren so den Kontakt zur Wirklichkeit und zu den eigenen Bedürfnissen. Seit dem Erscheinen 1985 ist dieses Buch zum Standardwerk geworden.

SERIE PIPER

Joachim Gneist

Wenn Haß und Liebe sich umarmen

Das Borderline-Syndrom. 242 Seiten. SP 2333

Menschen, die am Borderline-Syndrom leiden, sind zerrissen von widersprüchlichen, sich gegenseitig ausschließenden Gefühlen und Strebungen. Sie leben ständig in Hochspannung, können sich nicht hinreichend nach außen abgrenzen. Borderline-Menschen verzehren sich nach Nähe und Wärme, aber dem Nächsten, der liebevoll auf sie zukommt, schleudern sie Wut und Haß entgegen. Sie sind unfähig, einen roten Faden durch ihren Alltag zu legen, einen Lebensplan zu entwerfen, Identität zu entwickeln.

»Das Buch hebt sich in Aufbau und Sprache erfreulich ab von den üblichen Psycho-Ratgebern. Es macht bewußt, wie unscharf die Grenze doch ist zwischen gesund und krank.«
Psychologie heute

Silvano Arieti

Schizophrenie

Ursachen, Verlauf, Therapie, Hilfen für Betroffene. Aus dem Amerikanischen von Brigitte Stein. Mit einem Vorwort von Asmus Finzen. 252 Seiten. SP 713

Die Wahrscheinlichkeit, an Schizophrenie zu erkranken, ist genauso wie bei Diabetes – sie liegt bei einem Prozent. Im Gegensatz zu anderen Krankheiten haftet ihr jedoch immer noch der Ruch des Unheilbaren an. Dabei ist eine erfolgreiche Behandlung der Schizophrenie möglich. Silvano Arieti gibt allgemeinverständlich und umfassend Auskunft über den Forschungsstand zur Schizophrenie: Was kann geheilt werden und was nicht? Wie sehen die Anzeichen einer beginnenden Schizophrenie aus? Wie verlaufen die einzelnen Stadien der Krankheit, welche Ursachen hat sie, und welches sind die wichtigsten Behandlungsmethoden?

Thomas Weiss / Gabriele Haertel-Weiss

Familientherapie ohne Familie

Kurztherapie mit Einzelpatienten. Mit einem Vorwort von Helm Stierlin und einem Nachtrag der Autoren zur Taschenbuchausgabe. 222 Seiten. SP 1161

Die Familientherapie hat eine faszinierende Entwicklung in der Psychotherapie bewirkt. Bis dahin ungewöhnliche therapeutische Interventionen führten häufig zu schnellen Erfolgen.
Der Schwerpunkt des Buches liegt in der lebensnahen Vermittlung der therapeutischen Interviewtechnik, dem sogenannten »zirkulären« Fragen. Dieses Verfahren versucht, das jeweilige Symptom in seiner aktuellen Einbindung in das Beziehungssystem des Patienten zu verstehen und die »gesunden«, positiven Anteile des Patienten herauszufinden und für die Therapie zu mobilisieren. Die Autoren gehen davon aus, daß der Patient selbst den Schüssel zur Lösung in sich trägt und die Aufgabe des Therapeuten lediglich darin besteht, ihm beim Suchen zu helfen.

Renate Daimler

Warum wir streiten, wenn wir lieben

Familienmuster als unsichtbare Mitspieler in der Partnerschaft. 240 Seiten. SP 2430

Zwei Menschen lieben sich und wählen einander aus freiem Willen. Doch immer sind sie in Begleitung von unsichtbaren Mitspielern. Diese beeinflussen unsere Partnerwahl. Ihre geheimen Botschaften und Aufträge erfüllen wir unbewußt in unseren Beziehungen. Es sind nicht nur unsere Eltern, die so mächtig hinter uns stehen, auch Großeltern, der Bruder, die Tante ... In diesem Buch kommen fünf Paare zu Wort: Frauen und Männer, die nach gemeinsam verbrachten Jahren Bilanz ziehen. Unabhängig voneinander erzählen sie über ihr Leben mit dem andern, die eigene Kindheit, über Träume und Sehnsüchte, über Enttäuschungen und Betrug. Hierzu hat die Autorin Auskünfte von Paartherapeuten gestellt, die nicht nur unbewußte Zusammenhänge erhellen, sondern auch Wege weisen für eine glücklichere Paarbeziehung.

SERIE PIPER

SERIE PIPER

Jürgen Hesse
Hans Christian Schrader

Die Neurosen der Chefs
Die seelischen Kosten der Karriere. 237 Seiten. SP 2229

Sie werden gesucht, sie werden gebraucht, aber sie versagen: Führungskräfte, Vorgesetzte, Manager und Chefs. Die Hauptquelle von Frust, Verzweiflung und Ineffektivität am Arbeitsplatz sind unfähige Führungskräfte. Doch woher kommt diese zunehmend beklagte Unfähigkeit? Ist die Quelle dieser Persönlichkeitsdefizite in der Firmenstruktur oder in der ganz persönlichen Biographie zu suchen? Wer die Leiden der Leitenden – Einsamkeit, Neid, Rivalität, Streß –, wer ihre Süchte – Alkohol, Medikamente, Arbeit, Macht – und wer ihre Krankheiten und ihr kriminelles Potential kennt und durchschaut, hat schon viel für sich gewonnen.

Wer was verdient
und worauf es ankommt, wenn Sie Ihr Gehalt verhandeln. 246 Seiten. SP 2525

Zwischen dem Lohn der Aldi-Kassiererin und den Bezügen des Vorstandsvorsitzenden von Daimler-Benz liegen nicht nur Welten, sondern auch die Frage nach der Gerechtigkeit. Immer mehr verdienen immer weniger, und immer weniger verdienen immer mehr. Geld ist ein Symbol der Macht, was sich unschwer an der Unterbezahlung von Frauen und der Ersatzerotik alternder Vorstandsmillionäre erkennen läßt. Die Psychologen Jürgen Hesse und Hans Christian Schrader untersuchen die tiefgreifende Wirkung des Geldes und stellen die Frage nach Sinn und Gerechtigkeit bestehender Lohnsysteme. Sie brechen das Schweigen über Löhne und Gehälter und nennen Zahlen, Roß und Reiter. Außerdem schildern sie wichtige Strategien, die eigene Gehaltsvorstellung zu überprüfen und gegebenenfalls eine Gehaltserhöhung durchzusetzen. Denn: Verhandeln ums Geld lohnt sich fast immer.

SERIE PIPER

Heiner Keupp (Hrsg.)

Der Mensch als soziales Wesen

Sozialpsychologisches Denken im 20. Jahrhundert. Ein Lesebuch. 378 Seiten. SP 1975

Wie sehr Menschen soziale Wesen sind, wird ihnen erst bewußt, wenn sich ihr vertrauter gesellschaftlicher Rahmen verändert. Sie fühlen sich dann zunehmend »unbehaust« und suchen nach ihren Fundamenten, nach Heimat, Gemeinschaft, Identität. Gegenwärtig leben wir in einer solchen Situation. Die Auseinandersetzung mit der Frage, was eigentlich den Menschen zum »sozialen Wesen« macht, bekommt in der Krise aktuellen Sinn. Ist der Mensch von seiner Triebausstattung her dazu verurteilt, des Menschen Wolf zu sein? Kann er überhaupt die ihm spezifische Chance zu Freiheit und Selbstbestimmung wahrnehmen? Zu diesen Grundfragen der Sozialpsychologie versammelt dieses Lesebuch zentrale Texte des 20. Jahrhunderts.

Otto Marmet

Ich und du und so weiter

Kleine Einführung in die Sozialpsychologie. Überarbeitete Ausgabe. 123 Seiten mit Illustrationen von Etienne. SP 1103

Was bedeutet »soziale Rolle«? Wie entwickeln sich Gruppen? Was heißt Kommunikation? Wie nehmen wir unser eigenes Verhalten wahr? Wie löst man Konflikte? Dieser kleine Abriß der Sozialpsychologie vermittelt sehr anschaulich und zugänglich die wichtigsten sozial- und gruppenpsychologischen Grundkenntnisse – ideal für die Aus- und Fortbildung von Lehrern, Erziehern, Ärzten, Pflegepersonal, Sozialarbeitern und vielen mehr und geeignet als Grundlektüre in der praxisbezogenen Erwachsenenbildung. Alltagsnah und anschaulich werden die zentralen Themen der Sozialpsychologie nahegebracht: Kommunikation, Gruppenbeziehungen, Sozialisation, soziale Wahrnehmung, soziales Lernen.

SERIE PIPER

Felix von Cube

Besiege deinen Nächsten wie dich selbst

Aggression im Alltag.
168 Seiten. SP 1745

»Der Mensch ist keine Graugans«, mit diesem Argument wird die Übertragung verhaltensbiologischer Erkenntnisse auf menschliche Verhaltensweisen von vielen Sozial- und Geisteswissenschaftlern infragegestellt. Der Erziehungswissenschaftler Felix von Cube weist dagegen im vorliegenden Buch nach, daß Aggression ein spontaner Trieb ist, der der natürlichen Veranlagung des Menschen entspricht. Alle traditionellen Moralen konnten die Ausübung von Gewalt nicht verhindern. Wir müssen mit der Aggression leben, es fragt sich nur, wie. Das ist für Felix von Cube der Ausgangspunkt seiner Anleitung zum Umgang mit der dem Menschen innewohnenden Aggression. Sie zu leugnen oder zu tabuisieren, argumentiert von Cube, führe zwangsläufig zu innerer und äußerer Gewalt. Aus der Erkenntnis, daß nicht die Gewaltausübung an sich, sondern das Gefühl des Siegens den Aggressionstrieb befriedigt, entwickelt Felix von Cube anschaulich Möglichkeiten der Kultivierung der Aggression.

Fordern statt Verwöhnen

Die Erkenntnisse der Verhaltensbiologie in Erziehung und Führung. 336 Seiten. SP 949

Der Mensch strebte schon immer nach Verwöhnung, nach Lust ohne Anstrengung. Technik, Wohlstand, Freizeitkonsum machen dies heute möglich. Aggressive Langeweile, Gewalt, Drogenkonsum sind die Folgen. Wir zerstören die Umwelt und uns selbst.
Müssen wir Verzicht üben und Askese? Die Erkenntnisse der Verhaltensbiologie zeigen einen eigenen Weg: Aktivität statt Apathie, Abenteuer statt Langeweile, lustvoller Einsatz natürlicher Energien statt Schonen. Erziehung muß zur Selbstforderung befähigen.

»Für Pägagogen und Führungskräfte von allerhöchster Bedeutung.«
Die höhere Schule

Erving Goffman

Wir alle spielen Theater

Die Selbstdarstellung im Alltag. Aus dem Amerikanischen von Peter Weber-Schäfer. Vorwort von Ralf Dahrendorf. 256 Seiten. SP 312

An verblüffenden Beispielen zeigt der Soziologe Goffman in diesem Klassiker das »Theater des Alltags«, die Selbstdarstellung, wie wir alle im sozialen Kontakt, oft nicht einmal bewußt, sie betreiben, vor Vorgesetzten oder Kunden, Untergebenen oder Patienten, in der Familie, vor Kollegen, vor Freunden.

Erving Goffman gibt in diesem Buch eine profunde Analyse der vielfältigen Praktiken, Listen und Tricks, mit denen sich der einzelne vor anderen Menschen möglichst vorteilhaft darzustellen sucht. Goffman wählt dazu die Perspektive des Theaters. Wie ein Schauspieler durch seine Handlungen und Worte, durch Kleidung und Gestik, angewiesen von einer unsichtbaren Regie, einen bestimmten Eindruck vermittelt, so inszenieren einzelne und Gruppen im Alltag »Vorstellungen«, um Geschäftspartner oder Arbeitskollegen von den eigenen echten oder vorgetäuschten Fähigkeiten zu überzeugen. Daß dies nichts mit Verstellung zu tun hat, sondern ein notwendiges Element des menschlichen Lebens ist, macht Goffman anschaulich und überzeugend klar.

»Die soziale Welt ist eine Bühne, eine komplizierte Bühne sogar, mit Publikum, Darstellern und Außenseitern, mit Zuschauerraum und Kulissen, und mit manchen Eigentümlichkeiten, die das Schauspiel dann doch nicht kennt... Goffman geht es... um den Nachweis, daß die Selbstdarstellung des einzelnen nach vorgegebenen Regeln und unter vorgegebenen Kontrollen ein notwendiges Element des menschlichen Lebens ist. Der Sozialwissenschaftler, der dieses Element in seine Begriffe hineinstilisiert – Rolle, Sanktion, Sozialisation usw. –, nimmt nur auf, was die Wirklichkeit ihm bietet... Soziologie macht das Selbstverständliche zum Gegenstand der Reflexion.«

Ralf Dahrendorf

SERIE PIPER

Mut zum neuen Ich

Von Beatrice Poschenrieder,
176 Seiten, 7 s/w-Zeichnungen, kartoniert
ISBN: 3-8068-**1893**-2
DM 19,90

Jeden Tag ein bisschen selbstbewusster und die eigenen Stärken entwickeln: Für Frauen, die das lernen möchten, hat Beatrice Poschenrieder dieses Buch geschrieben. Es vermittelt Hilfe zur Selbsthilfe in Sachen Selbstbewusstsein. Nicht schrill und kämpferisch, sondern gelassen und bestimmt. So, dass die neu erworbene Selbstsicherheit Sympathie und Erfolg einbringt.

FALKEN